U0709739

紹興大典
史部

嘉靖 山陰縣志

中華書局

圖書在版編目(CIP)數據

(嘉靖)山陰縣志 / (明)許東望修;(明)張天復,(明)柳文纂. —北京:中華書局,2024.4
(紹興大典·史部)
ISBN 978-7-101-16580-7

Ⅰ.嘉… Ⅱ.①許… ②張… ③柳… Ⅲ.紹興-地方志-明代 Ⅳ.K295.53

中國國家版本館 CIP 數據核字(2024)第 054952 號

書　　名	(嘉靖)山陰縣志
叢 書 名	紹興大典·史部
修　　者	〔明〕許東望
纂　　者	〔明〕張天復　柳文
項目策劃	許旭虹
責任編輯	許慶江
裝幀設計	許麗娟
責任印製	管　斌
出版發行	中華書局
	(北京市豐臺區太平橋西里38號 100073)
	http://www.zhbc.com.cn
	E-mail: zhbc@zhbc.com.cn
印　　刷	天津藝嘉印刷科技有限公司
版　　次	2024年4月第1版
	2024年4月第1次印刷
規　　格	開本787×1092毫米　1/16
	印張38¼
國際書號	ISBN 978-7-101-16580-7
定　　價	628.00元

學術顧問（按姓氏筆畫排序）

編纂工作指導委員會

主　　任　盛閱春（二〇二二年九月至二〇二三年一月在任）

　　　　　温　暖　施惠芳　肖啓明　熊遠明

第一副主任　丁如興

副 主 任　陳偉軍　汪俊昌　馮建榮

成　　員（按姓氏筆畫排序）

　　　　　王静静　朱全紅　沈志江　金水法　俞正英

　　　　　胡華良　茹福軍　徐　軍　陳　豪　黄旭榮

　　　　　裘建勇　樓　芳　魯霞光　魏建東

編纂委員會

主　　編　馮建榮

副 主 編　黄錫雲　尹　濤　王静静　李聖華　陳紅彦

委　　員（按姓氏筆畫排序）

王静静　尹　濤　那　艶　李聖華　俞國林

陳紅彦　陳　誼　許旭虹　馮建榮　葉　卿

黄錫雲　黄顯功　楊水土

史部主編　黄錫雲　許旭虹

序

紹興是國務院公布的首批中國歷史文化名城，是中華文明的多點起源地之一和越文化的發祥、壯大之地。從嵊州小黄山遺址迄今，已有一萬多年的文化史；從大禹治水迄今，已有四千多年的文明史；從越國築句踐小城和山陰大城迄今，已有兩千五百多年的建城史。建炎四年（一一三〇），宋高宗駐蹕越州，取義「紹奕世之宏庥，興百年之丕緒」，次年改元紹興，賜名紹興府，領會稽、山陰、蕭山、諸暨、餘姚、上虞、嵊、新昌等八縣。元改紹興路，明初復爲紹興府，清沿之。

紹興坐陸面海，嶽峙川流，風光綺麗，物産富饒，民風淳樸，士如過江之鯽，彬彬稱盛。春秋末越國有「八大夫」佐助越王卧薪嘗膽，力行「五政」，崛起東南，威續戰國，四分天下有其一，成就越文化的第一次輝煌。秦漢一統後，越文化從尚武漸變崇文。晋室東渡，北方士族大批南遷，王、謝諸大家紛紛遷居於此，一時人物之盛，雲蒸霞蔚，學術與文學之盛冠於江左，給越文化注入了新的活力。唐時的越州是詩人行旅歌詠之地，形成一條江南唐詩之路。至宋代，尤其是宋室南遷後，越中理學繁榮，文學昌盛，領一時之先。明代陽明心學崛起，這一時期的越文化，宣導致良知、知行合一，重於事功，伴隨而來的是越中詩文、書畫、戲曲的興盛。明清易代，有劉宗周等履忠蹈義，慷慨赴死，亦有黄宗羲率其門人，讀書窮經，關注世用，成其梨洲一派。至清中葉，會稽章學誠等人紹承梨洲之學而開浙東史學之新局。晚清至現代，越中知識分子心懷天下，秉持先賢「膽劍精神」，再次站在歷史變革的潮頭，蔡元培、魯迅等人「開拓越學」，使紹興成爲新文化運動和新民主主義革命的重要陣地。越文化兼容並包，與時偕變，勇於創新，隨着中國社會歷史的變遷，無論其內涵和特質發生何種變化，均以其獨特、强盛的生命力，推動了中華文明的發展。

文獻典籍承載着廣博厚重的精神財富、生生不息的歷史文脉。紹興典籍之富，甲於東南，號爲文獻之邦。從兩漢到魏晋再至近現代，紹興人留下了浩如煙海、綿延不斷的文獻典籍。陳橋驛先生在《紹興地方文獻考録・前言》中説：「紹興是我國歷史上地方文獻最豐富的地方之一。」有我國地方志的開山之作《越絶書》，有唯物主義的哲學巨著《論衡》，有書法藝術和文學價值均登峰造極的《蘭亭集序》，有詩爲「中興之冠」的陸游《劍南詩稿》，有輯録陽明心學精義的儒學著作《傳習録》等，這些文獻，不僅對紹興一地具有重要價值，對浙江乃至全國來説，也有深遠意義。

紹興藏書文化源遠流長。歷史上的藏書家多達百位，知名藏書樓不下三十座，其中以澹生堂最爲著名，藏書十萬餘卷。近現代，紹興又首開國內公共圖書館之先河。光緒二十六年（一九〇〇），紹興鄉紳徐樹蘭獨力捐銀三萬餘兩，圖書七萬餘卷，創辦國內首個公共圖書館——古越藏書樓。越中多名士，自也與藏書聚書風氣有關。

習近平總書記强調，「我們要加强考古工作和歷史研究，讓收藏在博物館裏的文物、陳列在廣闊大地上的遺産、書寫在古籍裏的文字都活起來，豐富全社會歷史文化滋養」。黨的十八大以來，黨中央站在實現中華民族偉大復興的高度，對傳承和弘揚中華優秀傳統文化作出一系列重大決策部署。中共中央辦公廳、國務院辦公廳二〇一七年一月印發了《關於實施中華優秀傳統文化傳承發展工程的意見》，二〇二二年四月又印發了《關於推進新時代古籍工作的意見》。

盛世修典，是中華民族的優秀傳統，是國家昌盛的重要象徵。近年來，紹興地方文獻典籍的利用呈現出多層次、多方位探索的局面，從文史界到全社會都在醞釀進一步保護、整理、開發、利用紹興歷史文獻的措施，形成了廣泛共識。中共紹興市委、市政府深入學習貫徹習近平總書記重要指示精神，積極響應國家重大戰略部署，以提振紹興人文氣運的文化自覺和存續一方文脈的歷史擔當，作出了編纂出版《紹興大典》的重大決定，計劃用十年時間，系統、全面、客觀梳理紹興文化傳承脈絡，收集、整理、編纂、出版紹興地方歷史文獻。二〇二二年十月，中共紹興市委辦公室、紹興市人民政府辦公室印發《關於〈紹興大典〉編纂出版工作實施方案的通知》。自此，《紹興大典》編纂出版各項工作開始有序推進。

百餘年前，魯迅先生提出「開拓越學，俾其曼衍，至於無疆」的願景，今天，我們繼先賢之志，實施紹興歷史上前無古人的文化工程，希冀通過《紹興大典》的編纂出版，從浩瀚的紹興典籍中尋找歷史印記，從豐富的紹興文化中挖掘鮮活資源，從悠遠的紹興歷史中把握發展脈絡，古爲今用，繼往開來，爲新時代「文化紹興」建設注入强大動力。我們將懷敬畏之心，以古人「三不朽」的立德修身要求，爲紹興這座中國歷史文化名城和「東亞文化之都」立傳畫像，爲全世界紹興人築就恒久的精神家園。

是爲序。

溫暖

二〇二三年十月

前言

越國故地，是中華文明的重要起源地，中華優秀傳統文化的重要貢獻地，中華文獻典籍的重要誕生地。紹興，是越國古都，國務院公布的第一批歷史文化名城。編纂出版《紹興大典》，是綿延中華文獻之大計，弘揚中華文化之良策，傳承中華文明之壯舉。

一

紹興有源遠流長的文明，是中華文明的縮影。

中國有百萬年的人類史，一萬年的文化史，五千多年的文明史。中華文明，是中華民族長期實踐的積累，集體智慧的結晶，不斷發展的産物。各個民族，各個地方，都爲中華文明作出了自己獨具特色的貢獻。紹興人同樣爲中華文明的起源與發展，作出了自己傑出的貢獻。

現代考古發掘表明，早在約十六萬年前，於越先民便已經在今天的紹興大地上繁衍生息。二〇一七年初，在嵊州崇仁安江村蘭山廟附近，出土了於越先民約十六萬年前使用過的打製石器[一]。這是曹娥江流域首次發現的舊石器遺存，爲探究這一地區中更新世晚期至晚更新世早期的人類活動、

[一] 陸瑩等撰《浙江蘭山廟舊石器遺址網紋紅土釋光測年》，《地理學報》英文版，二〇二〇年第九期，第一四三六至一四五〇頁。

華南地區與現代人起源的關係、小黄山遺址的源頭等提供了重要綫索。

距今約一萬至八千年的嵊州小黄山遺址〔一〕，於二〇〇六年與上山遺址一起，被命名爲上山文化。該遺址中的四個重大發現，引人矚目：一是水稻實物的穀粒印痕遺存，以及儲藏坑、鐮形器、石磨棒、石磨盤等稻米儲存空間與收割、加工工具的遺存；二是種類與器型衆多的夾砂、夾炭、夾灰紅衣陶與黑陶等遺存；三是我國迄今發現的最早的立柱建築遺存，以及石杵立柱遺存；四是我國新石器時代遺址中迄今發現的最早的石雕人首。

蕭山跨湖橋遺址出土的山茶種實，表明於越先民在八千多年前已開始對茶樹及茶的利用與探索〔二〕。距今約六千年前的餘姚田螺山遺址發現的山茶屬茶樹根遺存，有規則地分布在聚落房屋附近，特别是其中出土了一把與現今茶壺頗爲相似的陶壺，表明那時的於越先民已經在有意識地種茶用茶了〔三〕。

對美好生活的嚮往無止境，創新便無止境。於越先民在一萬年前燒製出世界上最早的彩陶的基礎上〔四〕，經過數千年的探索實踐，終於在夏商之際，燒製出了人類歷史上最早的原始瓷〔五〕；繼而又在東漢時，燒製出了人類歷史上最早的成熟瓷。現代考古發掘表明，漢時越地的窑址，僅曹娥江兩岸的上虞，就多達六十一處〔六〕。

中國是目前發現早期稻作遺址最多的國家，是世界上最早發現和利用茶樹的國家，更是瓷器的故

〔一〕浙江省文物考古研究所編《上山文化：發現與記述》，文物出版社二〇一六年版，第七一頁。

〔二〕浙江省文物考古研究所、蕭山博物館編《跨湖橋》，文物出版社二〇〇四年版，彩版四五。

〔三〕北京大學中國考古學研究中心、浙江省文物考古研究所編《田螺山遺址自然遺存綜合研究》，文物出版社二〇一一年版，第一一七頁。

〔四〕孫瀚龍、趙曄著《浙江史前陶器》，浙江人民出版社二〇二二年版，第三頁。

〔五〕鄭建華、謝西營、張馨月著《浙江古代青瓷》，浙江人民出版社二〇二二年版，上册，第四頁。

〔六〕宋建明主編《早期越窑——上虞歷史文化的豐碑》，中國書店二〇一四年版，第二四頁。

鄉。《（嘉泰）會稽志》卷十七記載「會稽之産稻之美者，凡五十六種」，稻作文明的進步又直接促成了紹興釀酒業的發展。同卷又單列「日鑄茶」一條，釋曰「日鑄嶺在會稽縣東南五十五里，嶺下有僧寺名資壽，其陽坡名油車，朝暮常有日，産茶絶奇，故謂之日鑄」。可見紹興歷史上物質文明之發達，真可謂「天下無儔」。

二

紹興有博大精深的文化，是中華文化的縮影。

文化是一條源遠流長的河，流過昨天，流到今天，還要流向明天。悠悠萬事若曇花一現，唯有文化與日月同輝。

大量的歷史文獻與遺址古迹表明，四千多年前，大禹與紹興結下了不解之緣。大禹治平天下之水，漸九川，定九州，至於諸夏乂安，《史記·夏本紀》載：「禹會諸侯江南，計功而崩，因葬焉，命曰會稽。會稽者，會計也。」裴駰注引《皇覽》曰：「禹冢在山陰縣會稽山上。會稽山本名苗山，在縣南，去縣七里。」《（嘉泰）會稽志》卷六「大禹陵」：「禹巡守江南，上苗山，會稽諸侯，死而葬焉。……劉向書云：禹葬會稽，不改其列，謂不改林木百物之列也。苗山自禹葬後，更名會稽。是山之東，有隴隱若劍脊，西嚮而下，下有窆石，或云此正葬處。」另外，大禹在以會稽山爲中心的越地，還有一系列重大事迹的記載，包括娶妻塗山、得書宛委、畢功了溪、誅殺防風、禪祭會稽、築治邑室等。

以至越王句踐，「其先禹之苗裔，而夏后帝少康之庶子也，封於會稽，以奉守禹之祀」（《史記·越王句踐世家》）。句踐的功績，集中體現在他一系列的改革舉措以及由此而致的强國大業上。

他創造了「法天象地」這一中國古代都城選址與布局的成功範例，奠定了近一個半世紀越國號稱天下强國的基礎，造就了紹興發展史上的第一個高峰，更實現了東周以來中國東部沿海地區暨長江下游地區的首次一體化，讓人們在數百年的分裂戰亂當中，依稀看到了一統天下的希望，爲後來秦始皇統一中國，建立真正大一統的中央政權，進行了區域性的準備。因此，司馬遷稱：「苗裔句踐，苦身焦思，終滅强吴，北觀兵中國，以尊周室，號稱霸王。句踐可不謂賢哉！蓋有禹之遺烈焉。」

千百年來，紹興涌現出了諸多譽滿海内、雄稱天下的思想家，他們的著述世不絶傳、遺澤至今，他們的思想卓犖英發、光彩奪目。哲學領域，聚諸子之精髓，啓後世之思想。政治領域，以家國之情懷，革社會之弊病。經濟領域，重生民之生業，謀民生之大計。教育領域，育天下之英才，啓時代之新風。史學領域，創史志之新例，傳千年之文脉。

紹興是中國古典詩歌藝術的寶庫。四言詩《候人歌》被稱爲「南音之始」。於越《彈歌》是我國文學史上僅存的二言詩。《越人歌》是越地的第一首情歌、中國的第一首譯詩。山水詩的鼻祖，是上虞人謝靈運。唐代，這裏涌現出了賀知章等三十多位著名詩人。宋元時，這裏出了别開詩歌藝術天地的陸游、王冕、楊維楨。

紹興是中國傳統書法藝術的故鄉。鳥蟲書與《會稽刻石》中的小篆，影響深遠。中國的文字成爲藝術品之習尚；文字由書寫轉向書法，是從越人的鳥蟲書開始的。而自王羲之《蘭亭序》之後，紹興更是成爲中國書法藝術的聖地。翰墨碑刻，代有名家精品。

紹興是中國古代繪畫藝術的重鎮。世界上最早彩陶的燒製，展現了越人的審美情趣。「文身斷髮」與「鳥蟲書」，實現了藝術與生活最原始的結合。戴逵與戴顒父子、僧仲仁、王冕、徐渭、陳洪綬、趙之謙、任熊、任伯年等在中國繪畫史上有開宗立派的地位。

一九一二年一月，魯迅爲紹興《越鐸日報》創刊號所作發刊詞中寫道：「於越故稱無敵於天下，海岳精液，善生俊異，後先絡繹，展其殊才；其民復存大禹卓苦勤勞之風，同句踐堅確慷慨之志，力作治生，綽然足以自理。」可見，紹興自古便是中華文化的重要發源地與傳承地，紹興人更是世代流淌着「卓苦勤勞」「堅確慷慨」的精神血脉。

三

紹興有琳琅滿目的文獻，是中華文獻的縮影。

自有文字以來，文獻典籍便成了人類文明與人類文化的基本載體。紹興地方文獻同樣爲中華文明與中華文化的傳承發展，作出了傑出的貢獻。

中華文明之所以成爲世界上唯一沒有中斷、綿延至今、益發輝煌的文明，在於因文字的綿延不絶而致的文獻的源遠流長、浩如煙海。中華文化之所以成爲中華民族有别於世界上其他任何民族的顯著特徵並流傳到今天，靠的是中華兒女一代又一代的言傳身教、口口相傳，更靠的是文獻典籍一代又一代的忠實書寫、守望相傳。

無數的甲骨、簡牘、古籍、拓片等中華文獻，無不昭示着中華文明的光輝燦爛、欣欣向榮，無不昭示着中華文化的廣博淵綜、蒸蒸日上。它們既是中華文明與中華文化的基本載體，又是中華文明與中華文化的重要組成部分，是十分重要的物質文化遺產。

紹興地方文獻作爲中華文獻重要的組成部分，積澱極其豐厚，特色十分明顯。

（一）文獻體系完備

紹興的文獻典籍根基深厚，載體體系完備，大體經歷了四個階段的歷史演變。

一是以刻符、紋樣、器型爲主的史前時代。代表性的，有作爲上山文化的小黄山遺址中出土的彩陶上的刻符、印紋、圖案等。

二是以金石文字爲主的銘刻時代。代表性的，有越國時期玉器與青銅劍上的鳥蟲書等銘文、秦《會稽刻石》、漢「大吉」摩崖、漢魏六朝時的會稽磚甓銘文與會稽青銅鏡銘文等。

三是以雕版印刷爲主的版刻時代。代表性的，有中唐時期越州刊刻的元稹、白居易的詩集。唐長慶四年（八二四），浙東觀察使兼越州刺史元稹，在爲時任杭州刺史的好友白居易《白氏長慶集》所作的序言中寫道：「揚、越間多作書模勒樂天及予雜詩，賣於市肆之中也。」這是有關中國刊印書籍的最早記載之一，説明越地開創了「模勒」這一雕版印刷的風氣之先。宋時，兩浙路茶鹽司等機關和紹興府、紹興府學等，競相刻書，版刻業快速繁榮，紹興成爲兩浙乃至全國的重要刻書地，所刻之書多稱「越本」「越州本」。明代，紹興刊刻呈現出了官書刻印多、鄉賢先哲著作和地方文獻多、私家刻印特色叢書多的特點。清代至民國，紹興整理、刊刻古籍叢書成風，趙之謙、平步青、徐友蘭、章壽康、羅振玉等，均有大量輯刊，蔡元培早年應聘於徐家校書達四年之久。

四是以機器印刷爲主的近代出版時期。這一時期呈現出傳統技術與西方新技術並存、傳統出版物與維新圖强讀物並存的特點。代表性的出版機構，在紹興的有徐友蘭於一八六二年創辦的墨潤堂等。另外，吴隱於一九〇四年參與創辦了西泠印社；紹興人沈知方於一九一二年參與創辦了中華書局，還於一九一七年創辦了世界書局。代表性的期刊，有羅振玉於一八九七年在上海創辦的《農學報》，杜亞泉於一九〇一年在上海創辦的《普通學報》，羅振玉於一九〇一年在上海發起、王國維主筆的《教育世界》，杜亞泉等於一九〇二年在上海編輯的《中外算報》，秋瑾於一九〇七年在上海創辦的《中國女報》等。代表性的報紙，有蔡元培於一九〇三年在上海創辦的《俄事警聞》等。

紹興文獻典籍的這四個演進階段，既相互承接，又各具特色，充分彰顯了走在歷史前列、引領時代潮流的特徵，總體上呈現出了載體越來越多元、內涵越來越豐富、傳播越來越廣泛、對社會生活的影響越來越深遠的歷史趨勢。

（二）藏書聲聞華夏

紹興歷史上刻書多，便爲藏書提供了前提條件，因而藏書也多。大禹曾「登宛委山，發金簡之書，案金簡玉字，得通水之理」（《吴越春秋》卷六），還「巡狩大越，見耆老，納詩書」（《越絶書》卷八），這是紹興有關采集收藏圖書的最早記載。句踐曾修築「石室」藏書，「晝書不倦，晦誦竟旦」（《越絶書》卷十二）。

造紙術與印刷術的發明和推廣，使得書籍可以成批刷印，爲藏書提供了極大便利。王充得益於藏書資料，寫出了不朽的《論衡》。南朝梁時，山陰人孔休源「聚書盈七千卷，手自校治」（《梁書·孔休源傳》），成爲紹興歷史上第一位有明文記載的藏書家。唐代時，越州出現了集刻書、藏書、讀書於一體的書院。五代十國時，南唐會稽人徐鍇精於校勘，雅好藏書，「江南藏書之盛，爲天下冠，鍇力居多」（《南唐書·徐鍇傳》）。

宋代雕版印刷術日趨成熟，爲書籍的化身千百與大規模印製創造了有利條件，也爲藏書提供了更多來源。特別是宋室南渡、越州升爲紹興府後，更是出現了以陸氏、石氏、李氏、諸葛氏等爲代表的藏書世家。陸游曾作《書巢記》，稱「吾室之内，或棲於櫝，或陳於前，或枕藉於床，俯仰四顧，無非書者」。《（嘉泰）會稽志》中專設《藏書》一目，説明了當時藏書之風的盛行。元時，楊維楨「積書數萬卷」（《鐵笛道人自傳》）。

明代藏書業大發展，出現了鈕石溪的世學樓等著名藏書樓。其中影響最大的藏書家族，當數山陰祁氏；影響最大的藏書樓，當數祁承㸁創辦的澹生堂，至其子彪佳時，藏書達三萬多卷。

清代是紹興藏書業的鼎盛時期，有史可稽者凡二十六家，諸如章學誠、李慈銘、陶濬宣等。上虞王望霖建天香樓，藏書萬餘卷，尤以藏書家之墨迹與鈎摹鐫石聞名。徐樹蘭創辦的古越藏書樓，以存古開新爲宗旨，以資人觀覽爲初心，成爲中國近代第一家公共圖書館。

民國時，代表性的紹興藏書家與藏書樓有：羅振玉的大雲書庫、徐維則的初學草堂、蔡元培創辦的養新書藏、王子餘開設的萬卷書樓、魯迅先生讀過書的三味書屋等。

根據二〇一六年完成的古籍普查結果，紹興全市十家公藏單位，共藏有一九一二年以前産生的中國傳統裝幀書籍與民國時期的傳統裝幀書籍三萬九千七百七十七種、二十二萬六千一百二十五册，分别占了浙江省三十三萬七千四百零五種的百分之十一點七九、二百五十萬六千六百三十三册的百分之九點零二。這些館藏的文獻典籍，有不少屬於名人名著，其中包括在别處難得見到的珍稀文獻。這是紹興這個地靈人傑的文獻名邦確實不同凡響的重要見證。

一部紹興的藏書史，其實也是一部紹興人的讀書、用書、著書史。歷史上的紹興，刻書、藏書、讀書、用書、著書，良性循環，互相促進，成爲中國文化史上一道亮麗的風景。

（三）著述豐富多彩

紹興自古以來，論道立説、卓然成家者代見輩出，創意立言、名動天下者繼踵接武，歷朝皆有傳世之作，各代俱見槃槃之著。這些文獻，不僅對紹興一地有重要價值，而且也是浙江文化乃至中國古代文化的重要組成部分。

一是著述之風，遍及各界。越人的創作著述，文學之士自不待言，爲政、從軍、業賈者亦多喜筆耕，屢有不刊之著。甚至於鄉野市井之口頭創作、謡歌俚曲，亦代代敷演，蔚爲大觀，其中更是多有内藴厚重、哲理深刻、色彩斑斕之精品，遠非下里巴人，足稱陽春白雪。

二是著述整理，尤爲重視。越人的著述，包括對越中文獻乃至我國古代文獻的整理。宋孔延之的《會稽掇英總集》，清杜春生的《越中金石記》，近代魯迅的《會稽郡故書雜集》等，都是收輯整理地方文獻的重要成果。陳橋驛所著《紹興地方文獻考録》，是另一種形式的著述整理，其中考録一九四九年前紹興地方文獻一千二百餘種。清代康熙年間，紹興府山陰縣吴楚材、吴調侯叔侄選編的《古文觀止》，自問世以來，一直是古文啓蒙的必備書，也深受古文愛好者的推崇。

三是著述領域，相涉廣泛。越人的著述，涉及諸多領域。其中古代以經、史與諸子百家研核之作爲多，且基本上涵蓋了經、史、子、集的各個分類，近現代以文藝創作爲多，當代則以科學研究論著爲多。這也體現了越中賢傑經世致用、與時俱進的家國情懷。

四

盛世修典，承古啓新，以「紹興」之名，行紹興之實。

紹興這個名字，源自宋高宗的升越州爲府，並冠以年號，時在紹興元年（一一三一）的十月廿六日。這是對這座城市傳統的畫龍點睛。紹興這兩個字合在一起，蘊含的正是承繼前業而壯大之、開創未來而昌興之的意思。數往而知來，今天的紹興人正賦予這座城市、這個名字以新的意蕴，那就是繼承中華優秀傳統文化，建設中華民族現代文明，爲實現中華民族偉大復興，作出自己新的更大的貢獻。

編纂出版《紹興大典》，正是紹興地方黨委、政府文化自信、文化自覺的體現，是集思廣益、精心實施的德政，是承前啓後、繼往開來的偉業。

（一）科學的決策

《紹興大典》的編纂出版，堪稱黨委、政府科學決策的典範。二〇二〇年十二月十一日，中共紹興市委八届九次全體（擴大）會議審議通過了關於紹興市「十四五」規劃和二〇三五年遠景目標的建議，其中首次提出要啓動《紹興大典》的編纂出版工作。

二〇二一年二月五日，紹興市第八届人民代表大會第六次會議批准了市政府根據市委建議編製的紹興市「十四五」規劃和二〇三五年遠景目標綱要，其中又專門寫到要啓動《紹興大典》的編纂出版工作。二月八日，紹興市人民政府正式印發了這個重要文件。

二〇二二年二月二十八日的中共紹興市第九次代表大會市委工作報告與三月三十日的紹興市九届人大一次會議政府工作報告，均對編纂出版《紹興大典》提出了要求。

二〇二二年九月十五日，紹興市人民政府第十一次常務會議專題聽取了《〈紹興大典〉編纂出版工作實施方案》起草情况的匯報，决定根據討論意見對實施意見進行修改完善後，提交市委常委會議審議。九月十六日，中共紹興市委九届二十次常委會議專題聽取《〈紹興大典〉編纂出版工作實施方案》起草情况的匯報，並進行了討論，決定批准這個方案。十月十日，中共紹興市委辦公室、紹興市人民政府辦公室正式印發了《〈紹興大典〉編纂出版工作實施方案》。

（二）嚴謹的體例

在中共紹興市委、紹興市人民政府研究批准的實施方案中，《紹興大典》編纂出版的各項相關事宜，均得以明確。

一是主要目標。系統、全面、客觀梳理紹興文化傳承脉絡，收集、整理、編纂、研究、出版紹興地方文獻，使《紹興大典》成爲全國鄉邦文獻整理編纂出版的典範和紹興文化史上的豐碑，爲努力打造「文獻保護名邦」「文史研究重鎮」「文化轉化高地」三張紹興文化的金名片作出貢獻。

二是收録範圍。《紹興大典》收録的時間範圍爲：起自先秦時期，迄至一九四九年九月三十日，部分文獻酌情下延。地域範圍爲：今紹興市所轄之區、縣（市），兼及歷史上紹興府所轄之蕭山、餘姚。内容範圍爲：紹興人的著述，域外人士有關紹興的著述，歷史上紹興刻印的古籍善本和紹興收藏的珍稀古籍善本。

三是編纂方法。對所録文獻典籍，按經、史、子、集和叢五部分類方法編纂出版。

根據實施方案明確的時間安排與階段劃分，在具體編纂工作中，采用先易後難、先急後緩，邊編纂出版、邊深入摸底的方法。即先編纂出版情况明瞭、現實急需的典籍，與此同時，對面上的典籍情况進行深入的摸底調查。這樣的方法，既可以用最快的速度出書，以滿足保護之需、利用之需，又可以爲一些難題的破解争取時間；既可以充分發揮我國實力最强的專業古籍出版社中華書局的編輯出版優勢，又可以充分借助與紹興相關的典籍一半以上收藏於我國古代典籍收藏最爲宏富的國家圖書館的優勢。這是最大限度地避免時間與經費上的重複浪費的方法，也是地方文獻編纂出版工作方法上的創新。

另外，還將適時延伸出版《紹興大典·要籍點校叢刊》《紹興大典·文獻研究叢書》《紹興大典·善本影真叢覽》等。

（三）非凡的意義

正如紹興的文獻典籍在中華文獻典籍史上具有重要的影響那樣，編纂出版《紹興大典》的意義，同樣也是非同尋常的。

一是編纂出版《紹興大典》，對於文獻典籍的更好保護——活下來，具有非同尋常的意義。歷史上的文獻典籍，是中華文明歷經滄桑留下的最寶貴的東西。然而，這些瑰寶或因天災人禍，或因自然老化，或因使用過度，或因其他緣故，有不少已經處於岌岌可危甚至奄奄一息的境況。

編纂出版《紹興大典》，可以爲系統修復、深度整理這些珍貴的古籍争取時間；可以最大限度呈現底本的原貌，緩解藏用的矛盾，更好地方便閲讀與研究。這是文獻典籍眼下的當務之急，最好的續命之舉。

二是編纂出版《紹興大典》，對於文獻典籍的更好利用——活起來，具有非同尋常的意義。歷史上的文獻典籍，流傳到今天，實屬不易，殊爲難得。它們雖然大多保存完好，其中不少還是善本，但分散藏於公私，積久塵封，世人難見；也有的已成孤本，或至今未曾刊印，僅有稿本、抄本，秘不示人，無法查閲。

編纂出版《紹興大典》，將穿越千年的文獻、深庋密鎖的秘藏、散落全球的珍寶匯聚起來，化身萬千，走向社會，走近讀者，走進生活，既可防它們失傳之虞，又可使它們嘉惠學林，也可使它們古爲今用，文旅融合，還可使它們延年益壽，推陳出新。這是於文獻典籍利用一本萬利、一舉多得的好事。

三是編纂出版《紹興大典》，對於文獻典籍的更好傳承——活下去，具有非同尋常的意義。歷史上的文獻典籍，能保存至今，是先賢們不惜代價，有的是不惜用生命爲代價换來的。對這些傳承至今的古籍本身，我們應當倍加珍惜。

編纂出版《紹興大典》，正是爲了述録先人的開拓，啓迪來者的奮鬥，使這些珍貴古籍世代相傳，使蘊藏在這些珍貴古籍身上的中華優秀傳統文化世代相傳。這是中華文化創造性轉化、創新性發展的通途所在。

編纂出版《紹興大典》，是紹興文化發展史上的曠古偉業。編成後的《紹興大典》，將成爲全國範圍内的同類城市中，第一部收録最爲系統、内容最爲豐贍、品質最爲上乘的地方文獻集成。

紹興這個地方，古往今來，都在不懈超越。超乎尋常，追求卓越。超越自我，超越歷史。《紹興大典》的編纂出版，無疑會是紹興文化發展史上的又一次超越。

道阻且長，行則將至；行而不輟，成功可期。「後之視今，亦猶今之視昔」；「後之覽者，亦將有感於斯文」（《蘭亭集序》）。讓我們一起努力吧！

馮建榮

二〇二三年六月十日，星期六，成稿於寓所

二〇二三年中秋、國慶假期，校改於寓所

編纂説明

紹興古稱會稽，歷史悠久。

大禹治水，畢功了溪，計功今紹興城南之茅山（苗山），崩後葬此，此山始稱會稽，此地因名會稽，距今四千多年。

大禹第六代孫夏后少康封庶子無餘於會稽，以奉禹祀，號曰「於越」，此爲吾越得國之始。《竹書紀年》載，成王二十四年，於越來賓。是亦此地史載之始。

距今兩千五百多年，越王句踐遷都築城於會稽山之北（今紹興老城區），是爲紹興建城之始，於今城不移址，海内罕有。

秦始皇滅六國，御海内，立郡縣，成定制。是地屬會稽郡，郡治爲吴縣，所轄大率吴越故地。東漢順帝永建四年（一二九），析浙江之北諸縣置吴郡，是爲吴越分治之始。會稽名仍其舊，郡治遷山陰。由隋至唐，會稽改稱越州，時有反復，至中唐後，「越州」遂爲定稱而至於宋。所轄時有增減，至五代後梁開平二年（九〇八），吴越析剡東十三鄉置新昌縣，自此，越州長期穩定轄領會稽、山陰、蕭山、諸暨、餘姚、上虞、嵊縣、新昌八邑。

建炎四年（一一三〇），宋高宗趙構駐蹕越州，取「紹奕世之宏庥，興百年之丕緒」之意，下詔從建炎五年正月改元紹興。紹興元年（一一三一）十月己丑升越州爲紹興府，斯地乃名紹興，沿用至今。

歷史的悠久，造就了紹興文化的發達。數千年來文化的發展、沉澱，又給紹興留下了燦爛的文化載體——鄉邦文獻。保存至今的紹興歷史文獻，有方志著作、家族史料、雜史輿圖、文人筆記、先賢文集、醫卜星相、碑刻墓誌、摩崖遺存、地名方言、檔案文書等不下三千種，可以説，凡有所録，應有盡有。這些文獻從不同角度記載了紹興的山川地理、風土人情、經濟發展、人物傳記、著述藝文等各個方面，成爲人們瞭解歷史、傳承文明、教育後人、建設社會的重要參考資料，其中許多著作不僅對紹興本地有重要價值，也是江浙文化乃至中華古代文化的重要組成部分。

紹興歷代文人對地方文獻的探尋、收集、整理、刊印等都非常重視，並作出過不朽的貢獻，陳橋驛先生就是代表性人物。正是在他的大力呼籲下，時任紹興縣政府主要領導作出了編纂出版《紹興叢書》的決策，爲今日《紹興大典》的編纂出版積累了經驗，奠定了基礎。

時至今日，爲貫徹落實習近平總書記系列重要講話精神，奮力打造新時代文化文明高地，重輝「文獻名邦」，中共紹興市委、市政府毅然作出編纂出版《紹興大典》的決策部署。延請全國著名學者樓宇烈、袁行霈、安平秋、葛劍雄、吴格、李岩、熊遠明、張志清諸先生參酌把關，與收藏紹興典籍最豐富的國家圖書館等各大圖書館以及專業古籍出版社中華書局展開深度合作，成立專門班子，精心規劃組織，扎實付諸實施。《紹興大典》是地方文獻的集大成之作，出版形式以紙質書籍爲主，同步開發建設數據庫。其基本内容，包括以下三方面：

一、《紹興大典》影印精裝本文獻大全。這方面内容囊括一九四九年前的紹興歷史文獻，收録的原則是「全而優」，也就是文獻求全收録；同一文獻比對版本優劣，收優斥劣。同時特别注重珍稀性、孤罕性、史料性。

《紹興大典》影印精裝本收録範圍：

時間範圍：起自先秦時期，迄至一九四九年九月三十日，部分文獻可酌情下延。

地域範圍：今紹興市所轄之區、縣（市），兼及歷史上紹興府所轄之蕭山、餘姚。

内容範圍：紹興人（本籍與寄籍紹興的人士、寄籍外地的紹籍人士）撰寫的著作，非紹興籍人士撰寫的與紹興相關的著作，歷史上紹興刻印的古籍珍本和紹興收藏的古籍珍本。

《紹興大典》影印精裝本編纂體例，以經、史、子、集、叢五部分類的方法，對收録範圍内的文獻，進行開放式收録，分類編輯，影印出版。五部之下，不分子目。

經部：主要收録經學（含小學）原創著作；經校勘校訂，校注校釋，疏、證、箋、解、章句等的經學名著；爲紹籍經學家所著經學著作而撰的著作，等等。

史部：主要收録紹興地方歷史書籍，重點是府縣志、家史、雜史等三個方面的歷史著作。

子部：主要收録專業類書，比如農學類、書畫類、醫卜星相類、儒釋道宗教類、陰陽五行類、傳奇類、小説類，等等。

集部：主要收録詩賦文詞曲總集、别集、專集，詩律詞譜，詩話詞話，南北曲韻，文論文評，等等。

叢部：主要收録不入以上四部的歷史文獻遺珍、歷史文物和歷史遺址圖録彙總、戲劇曲藝脚本、報章雜志、音像資料等。不收傳統叢部之文叢、彙編之類。

《紹興大典》影印精裝本在收録、整理、編纂出版上述文獻的基礎上，同時進行書目提要的撰寫，並細編索引，以起到提要鉤沉、方便實用的作用。

二、《紹興大典》點校研究及珍本彙編。主要是《紹興大典》影印精裝本的延伸項目，形成三個成果，即《紹興大典·要籍點校叢刊》《紹興大典·文獻研究叢書》《紹興大典·善本影真叢覽》三叢。

選取影印出版文獻中的要籍，組織專家分專題開展點校等工作，排印出版《紹興大典·要籍點校叢刊》；及時向社會公布推出出版文獻書目，開展《紹興大典》收録文獻研究，分階段出版研究成果《紹興大典·文獻研究叢書》；選取品相完好、特色明顯、内容有益的優秀文獻，原版原樣綫裝影印出版《紹興大典·善本影真叢覽》。

三、《紹興大典》文獻數據庫。以《紹興大典》影印精裝本和《紹興大典·要籍點校叢刊》《紹興大典·文獻研究叢書》《紹興大典·善本影真叢覽》三叢爲基幹構建。同時收録大典編纂過程中所涉其他相關資料，未用之版本，書佚目存之書目等，動態推進。

《紹興大典》編纂完成後，應該是一部體系完善、分類合理、全優兼顧、提要鮮明、檢索方便的大型文獻集成，必將成爲地方文獻編纂的新範例，同時助力紹興打造完成「歷史文獻保護名邦」「地方文史研究重鎮」「區域文化轉化高地」三張文化金名片。

《紹興大典》在中共紹興市委、市政府領導下組成編纂工作指導委員會，組織實施並保障大典工程的順利推進，同時組成由紹興市爲主導、國家圖書館和中華書局爲主要骨幹力量、各地專家學者和圖書館人員爲輔助力量的編纂委員會，負責具體的編纂工作。

《紹興大典》編纂委員會

二〇二三年五月

史部編纂説明

紹興自古重視歷史記載，在現存數千種紹興歷史文獻中，史部著作占有極爲重要的位置。因其内容豐富、體裁多樣、官民兼撰的特點，成爲《紹興大典》五大部類之一，而别類專纂，彙簡成編。按《紹興大典·編纂説明》規定：「以經、史、子、集、叢五部分類的方法，對收録範圍内的文獻，進行開放式收録，分類編輯，影印出版。五部之下，不分子目。」「史部：主要收録紹興地方歷史書籍，重點是府縣志、家史、雜史等三個方面的歷史著作。」

紹興素爲方志之鄉，纂修方志的歷史較爲悠久。據陳橋驛《紹興地方文獻考録》（浙江人民出版社，一九八三年版）統計，僅紹興地區方志類文獻就「多達一百四十餘種，目前尚存近一半」。在最近三十多年中，紹興又發現了不少歷史文獻，堪稱卷帙浩繁。

據《紹興大典》編纂委員會多方調查掌握的信息，府縣之中，既有最早的府志——南宋二志《（嘉泰）會稽志》和《（寶慶）會稽續志》，也有最早的縣志——宋嘉定《剡録》；既有耳熟能詳的《（萬曆）紹興府志》，也有海内孤本《（嘉靖）山陰縣志》；更有寥若晨星的《永樂大典》本《紹興府志》，等等。存世的紹興府縣志，明代纂修並存世的萬曆爲最多，清代纂修並存世的康熙爲最多。

家史資料是地方志的重要補充，紹興地區家史資料豐富，《紹興家譜總目提要》共收録紹興相關家譜資料三千六百七十九條，涉及一百七十七個姓氏。據二〇〇六年《紹興叢書》編委會對上海圖書館藏紹興文獻的調查，上海圖書館館藏的紹興家史譜牒資料有三百多種，據紹興圖書館最近提供的信息，其館藏譜牒資料有二百五十多種，一千三百七十八册。紹興人文薈萃，歷來重視繼承弘揚耕讀傳統，家族中尤以登科進仕者爲榮，每見累世科甲、甲第連雲之家族，如諸暨花亭五桂堂黄氏、山陰狀元坊張氏，等等。家族中每有中式，必進祠堂，祭祖宗，禮神祇，乃至重纂家乘。因此纂修家譜之風頗盛，聯宗聯譜，聲氣相通，呼應相求，以期相將相扶，百世其昌，因此留下了浩如煙海、簡册連編的家史譜牒資料。家史資料入典，將遵循「姓氏求全，譜目求全，譜牒求優」的原則遴選。

雜史部分是紹興歷史文獻中内容最豐富、形式最多樣、撰者最衆多、價值極珍貴的部分。記載的内容無比豐富，撰寫的體裁多種多樣，留存的形式面目各異。其中私修地方史著作，以東漢袁康、吴平所輯的《越絶書》及稍後趙曄的《吴越春秋》最具代表性，是紹興現存最早較爲系統完整的史著。

雜史部分的歷史文獻，有非官修的專業志、地方小志，如《三江所志》《倉帝廟志》《嵎陽志》等；有以韻文形式撰寫的如《山居賦》《會稽三賦》等；有碑刻史料如《會稽刻石》《龍瑞宫刻石》等；有詩文游記如《沃洲雜詠》等；有珍貴的檔案史料如《明浙江紹興府諸暨縣魚鱗册》等；有名人日記如《祁忠敏公日記》《越縵堂日記》等；有綜合性的歷史著作如海内外孤本《越中雜識》等；也有鉤沉稽古的如《虞志稽遺》等。既有《救荒全書》《欽定浙江賦役全書》這樣專業的經濟史料，也有《越中八景圖》這樣的圖繪史料等。舉凡經濟、人物、教育、方言風物、名人日記等，應有盡有，不勝枚舉。尤以地理爲著，諸如山川風物、名勝古迹、水利關津、衛所武備、天文医卜等，莫不悉備。

這些歷史文獻，有的是官刻，有的是坊刻，有的是家刻。有特別珍貴的稿本、鈔本、寫本，也有珍稀孤罕首次面世的史料。由於《紹興大典》的編纂出版，這些文獻得以呈現在世人面前，俾世人充分深入地瞭解紹興豐富多彩的歷史文化。受編纂者學識見聞以及客觀條件之限制，難免有疏漏錯訛之處，祈望方家教正。

《紹興大典》編纂委員會

二〇二三年五月

嘉靖山陰縣志 十二卷

〔明〕許東望修，〔明〕張天復、柳文纂

明嘉靖三十年（一五五一）刻本

影印説明

《（嘉靖）山陰縣志》十二卷，明許東望修，明張天復、柳文纂。明嘉靖三十年（一五五一）刻本，半葉十行行二十字，小字雙行同，白口，單魚尾，左右雙邊，有圖。卷前有「述志」及「纂脩凡例」。第十二卷卷末有「縣掾王廷臣書梓監刻」字樣，末葉爲「刻山陰縣志跋」。卷一首葉有「鳴野山房」朱文方印，可知曾爲會稽沈復粲舊藏。原書版框尺寸高19.8釐米，寬13.9釐米。

許東望，字應魯，明直隸宿松人，嘉靖十七年（一五三八）進士，民國《宿松縣志》卷二十二「選舉志一」有載。張天復，字復亨，號内山，又號初陽、鏡波釣叟，山陰人，嘉靖二十六年（一五四七）進士，官至雲南按察副使，博洽工文，善著書。柳文，山陰人，《（萬曆）紹興府志》言其「以能古文顯，少時與張太僕（張天復）及羅生椿齊名，號越中三儁」。

此次影印，以上海圖書館藏本爲底本。

述志

夫自禹裔絶封秦皇肇制列縣稱名張官置理分命人吏群職聯叙志爲邑而作也故首以建置建置必經邦土畫封畛疆域奠而勢守分矣疆域定于山川扶輿孕靈物饒風熾民生蕃滋故列物産述風俗紀民賦焉測土度宜辨方興利而后下供不匱故次之以水利利得而民咸乂能乂民而后能享神故次之以祠祀神人諧而上下和然后民心孚洽而禮義可措故次之以學校三者皆擾民而教之之具也教養備舉賢材興矣乃有選舉教

養典于官師列其名而賢否之迹可攷也結效隆著曰惟循吏繹思不忘焉乃述宦績名流寄跡鄉邦永傳遺風隱淪令德襌然寓賢不敢遺也越故多賢之國而人文與時宣昭學術事功風標節誼揚其令芳各以類著人物不敢不詳也百家殊方趨尚異旨藝成術攻詎可無紀列而外之別異流示無取也事異法殊體當博備歸之雜志紀載之末引也和斯致祥乖乃兆釁占天布政民獲攸墍司土者不可不知也故經雜志而以災祥終焉

纂脩凡例

一是編蒐緝故實采拾舊聞皆直書而備録之故其詞多質而不華不敢衒飾浮文妄希作者

一民賦詳及徭役分列戶口繁而不殺不類記事體者俾吏民便觀覽且以明國賣也

一水利若湖陂灌溉之利與其名稱廣狹之實已詳載山川志惟有關於旱潦之備者揭而論之其他塘閘之類名存而實亡者僅附于山川志末

一人物起自西漢終于　國朝正德末年其漢以

前旣稀濶不可攷統載於郡志者又例不得書若嘉靖以來士大夫身歿未幾輿論未定亦姑闕之以竢後之秉筆者

一烈女中有微賤易湮沒者不可拘以歲時至遺棄不錄頃年知縣方廷璽庠生朱安道祁綱輩搜采頗詳信是編據而入之間有未及采者俟論定後續志也

一郡乘所詳而于民非所急于事無所屬者槩之爲雜志以備遺佚不復拘以分類

一舊有藝文志多濫襍無裨世教今擬古今碑刻

詩文有關繫當考閱者各以其條類分列左方

凡例終

山陰縣志目録

卷之三

物產志

山陰縣志目録終

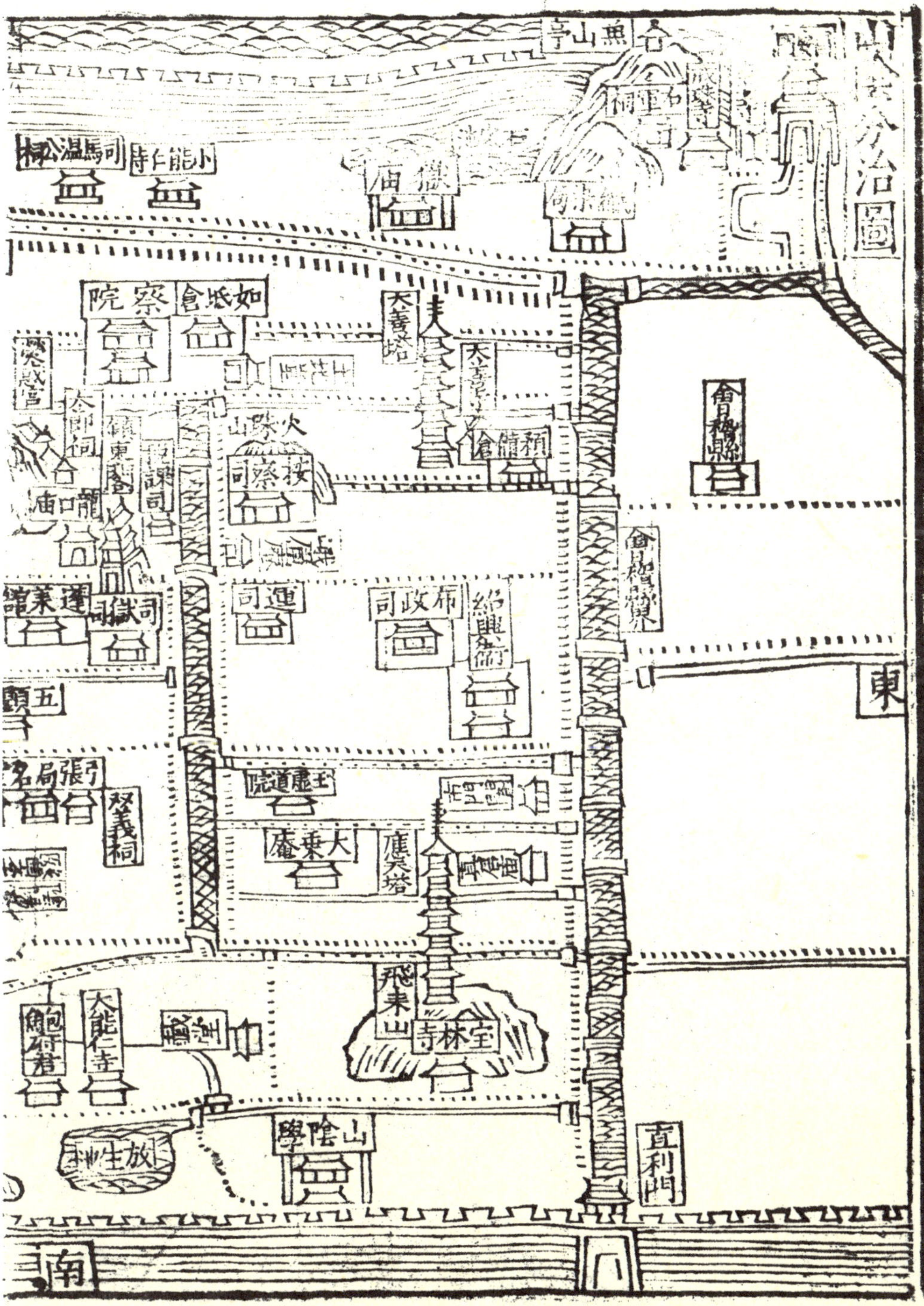

山陰分治圖

蕺山亭
司馬溫公祠
能仁寺
察院
大善塔
按察司
運司
布政司
紹興府
會稽縣
會稽縣界
東
大乘庵
應天塔
忠義祠
司獄司
飛來山
寶林寺
大能仁寺
鮑府君
放生池
山陰學
直利門
南

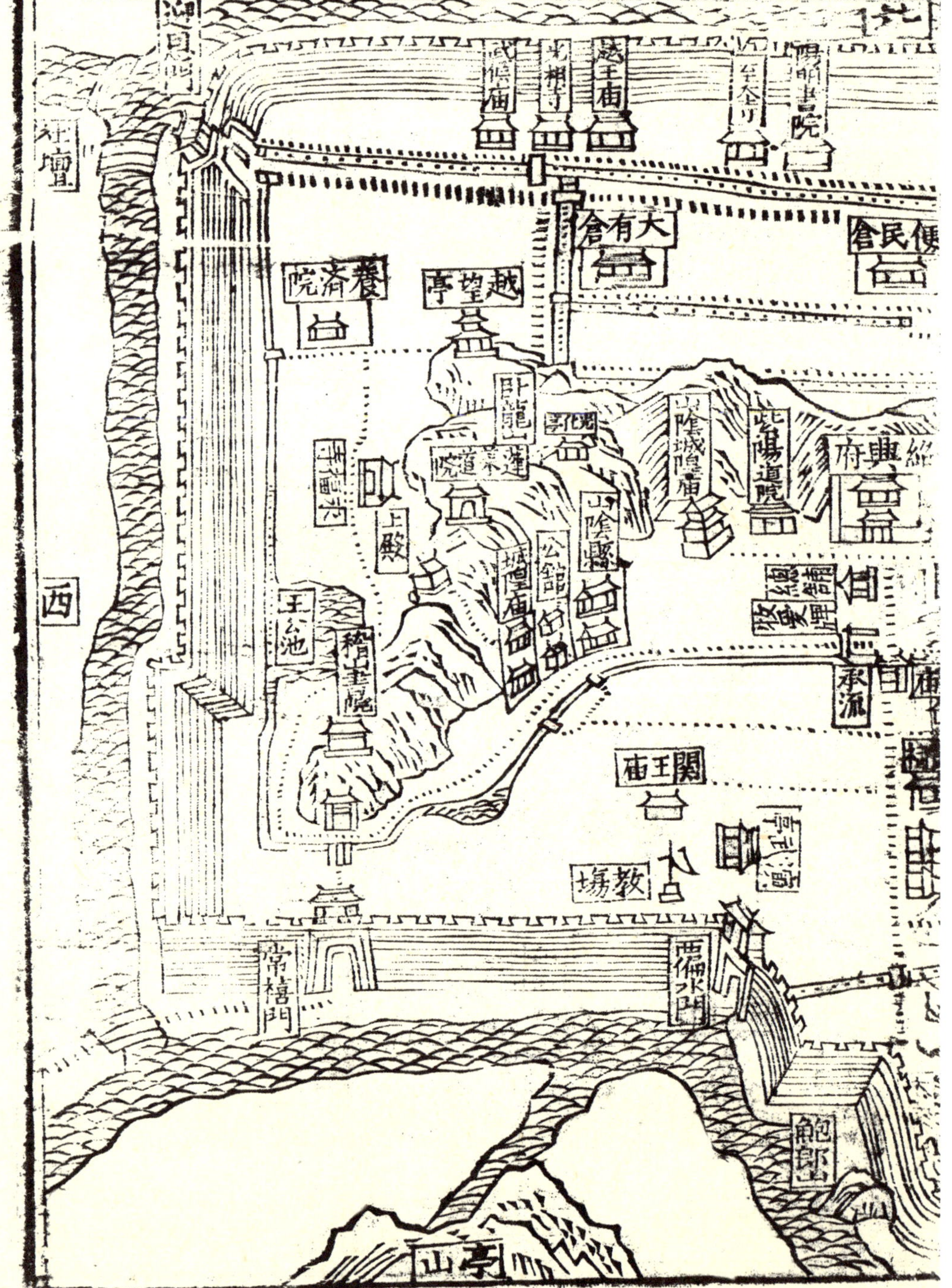
越王廟
大有倉
便民倉
養濟院
越望亭
臥龍山
蓬萊道院
上殿
紹興府
紫陽道院
山陰縣
公館
王公池
關王廟
教場
承流
常禧門
西偏水門
亭山
西

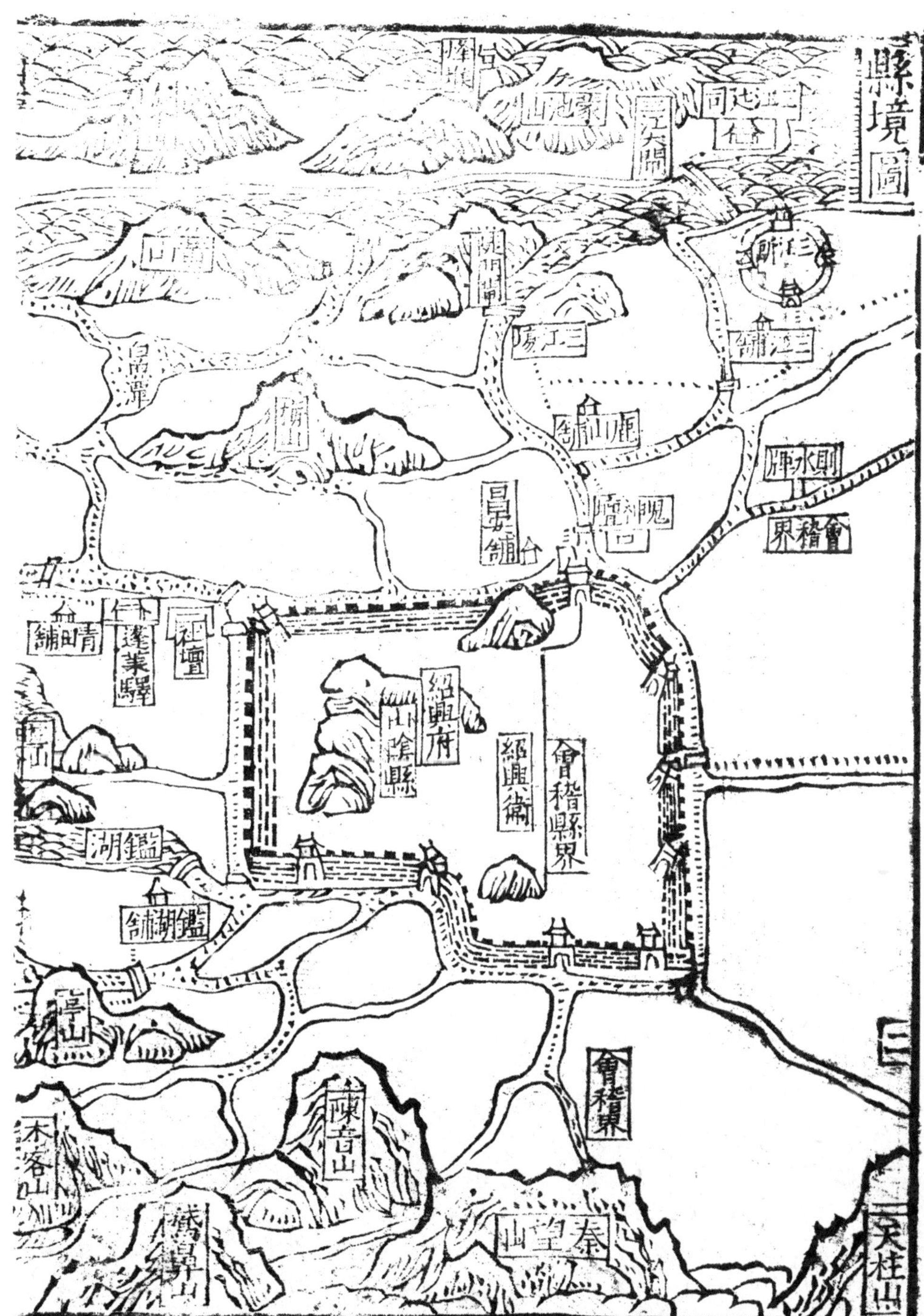
縣境圖
紹興府
山陰縣
紹興衛
會稽縣界
鑑湖
鑑湖舖
青田舖
蓬萊驛
社壇
會稽界
則水牌
會稽界
秦望山
天柱山
陳音山
亭山

烽堠
海塘
馬鞍山
獨婦山
高橋舖
青田湖
李家山
容山
容山湖
夾山
金家店舖
赤土舖
天章寺
法華山
蘭渚山

大海
海塘
烽堠
白洋巡司
烏峯山
覺山
金山
羊石山
黄姥湖
瓜渚湖
柯橋
柯橋鋪
梅市鋪
柯山
秋湖
錢清批驗所
鉢盂山
項里山
覆舡山
花徑山
六峯山
銅井山
古博嶺
洪户鋪
諸暨縣界

海洋
烽堠
航塢山
龕山閘
龕山
白馬山
錢清鎮
白塔舖
西小江
西至蕭山縣界
臨江山
牛頭山
古程山
外山
螺山閘
越王崢
麻姑山
批驗所
天樂山
大岩石山

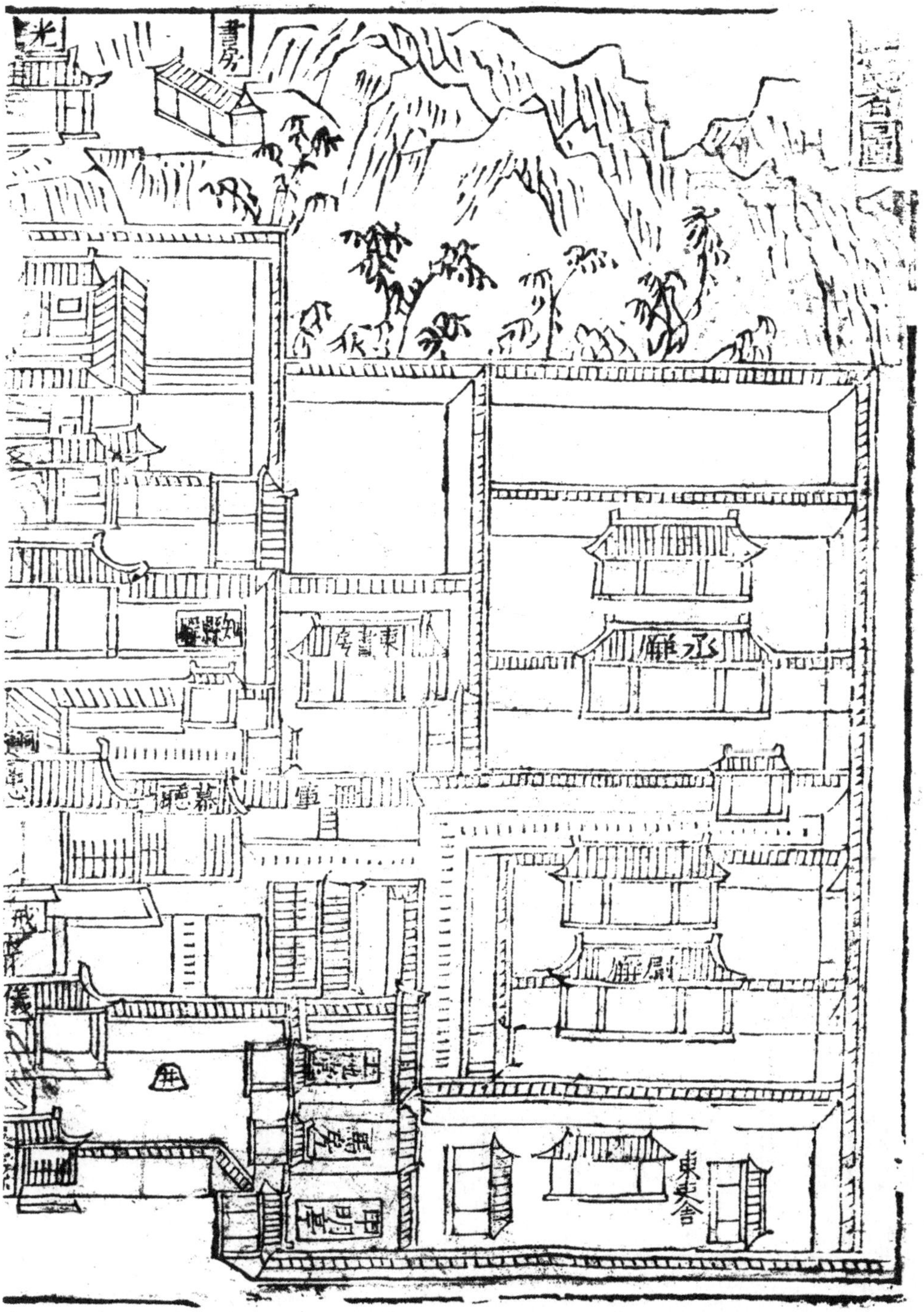

書房
東書房
丞廨
幕廳
東吏舍
申明亭
井

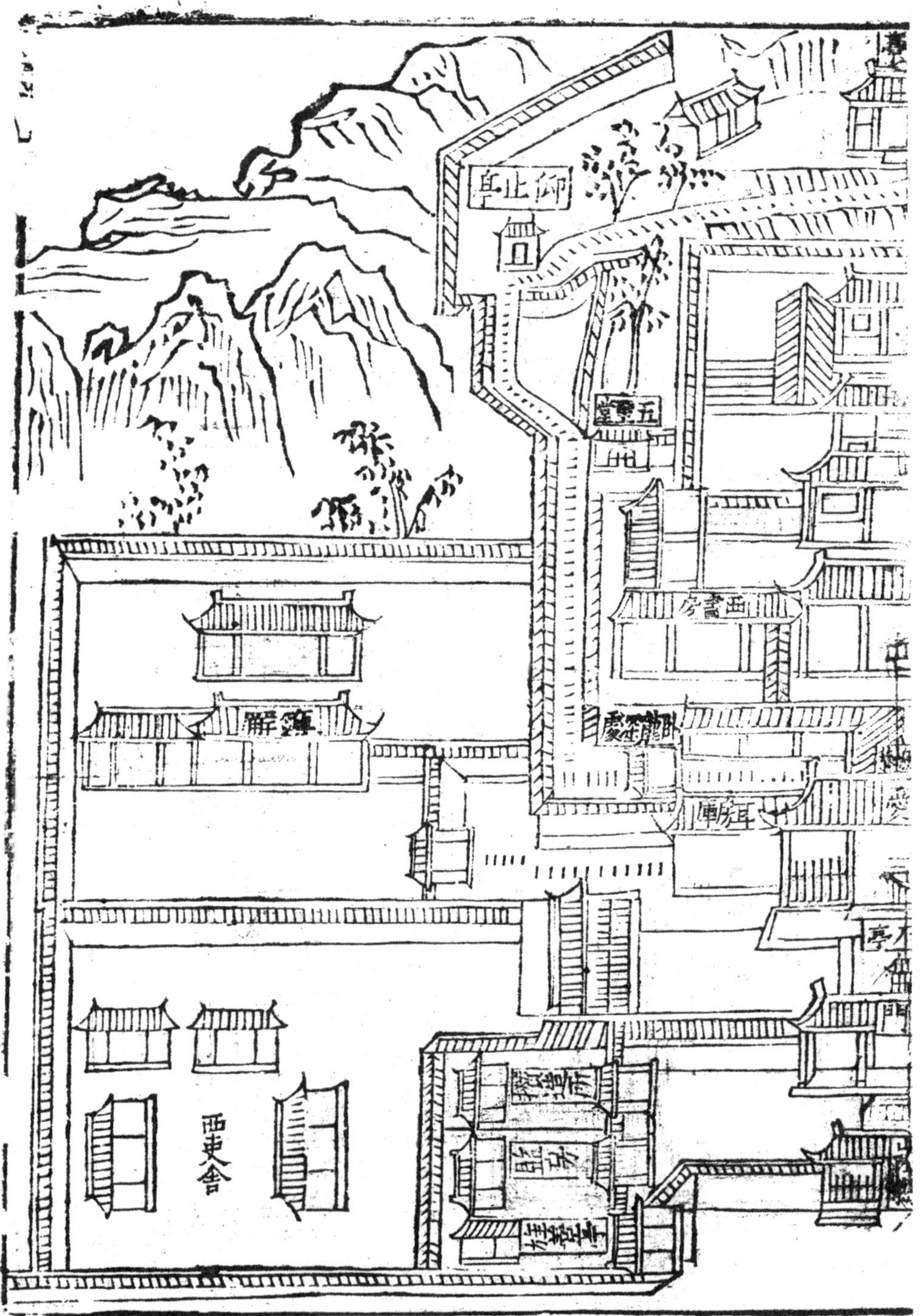
仰止亭
五雲堂
西書房
耳房
西吏舍
監房

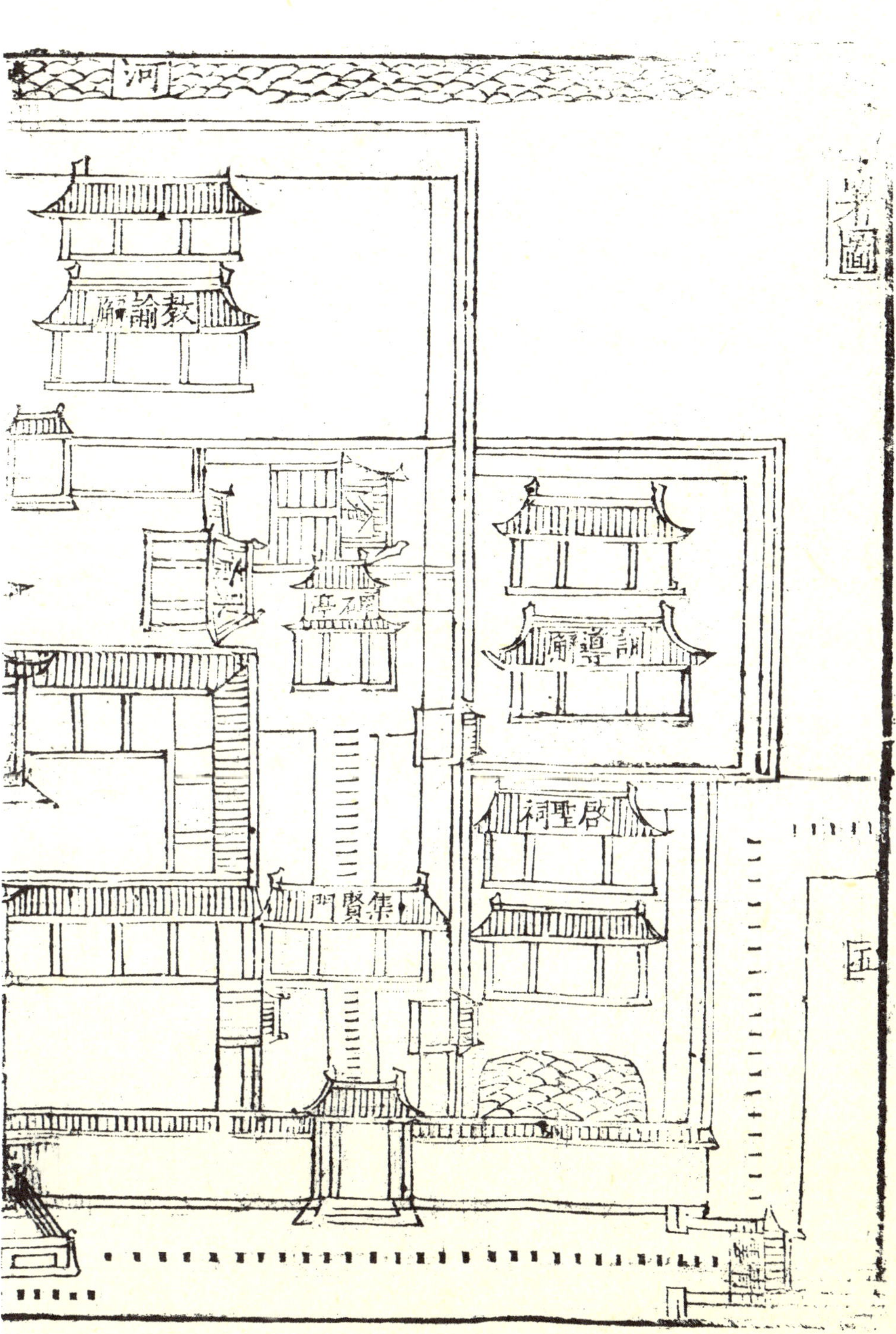
河
教諭廨
碑亭
訓導廨
啓聖祠
集賢門

登雲橋

號房

訓導廨

明倫堂

正殿

泮橋

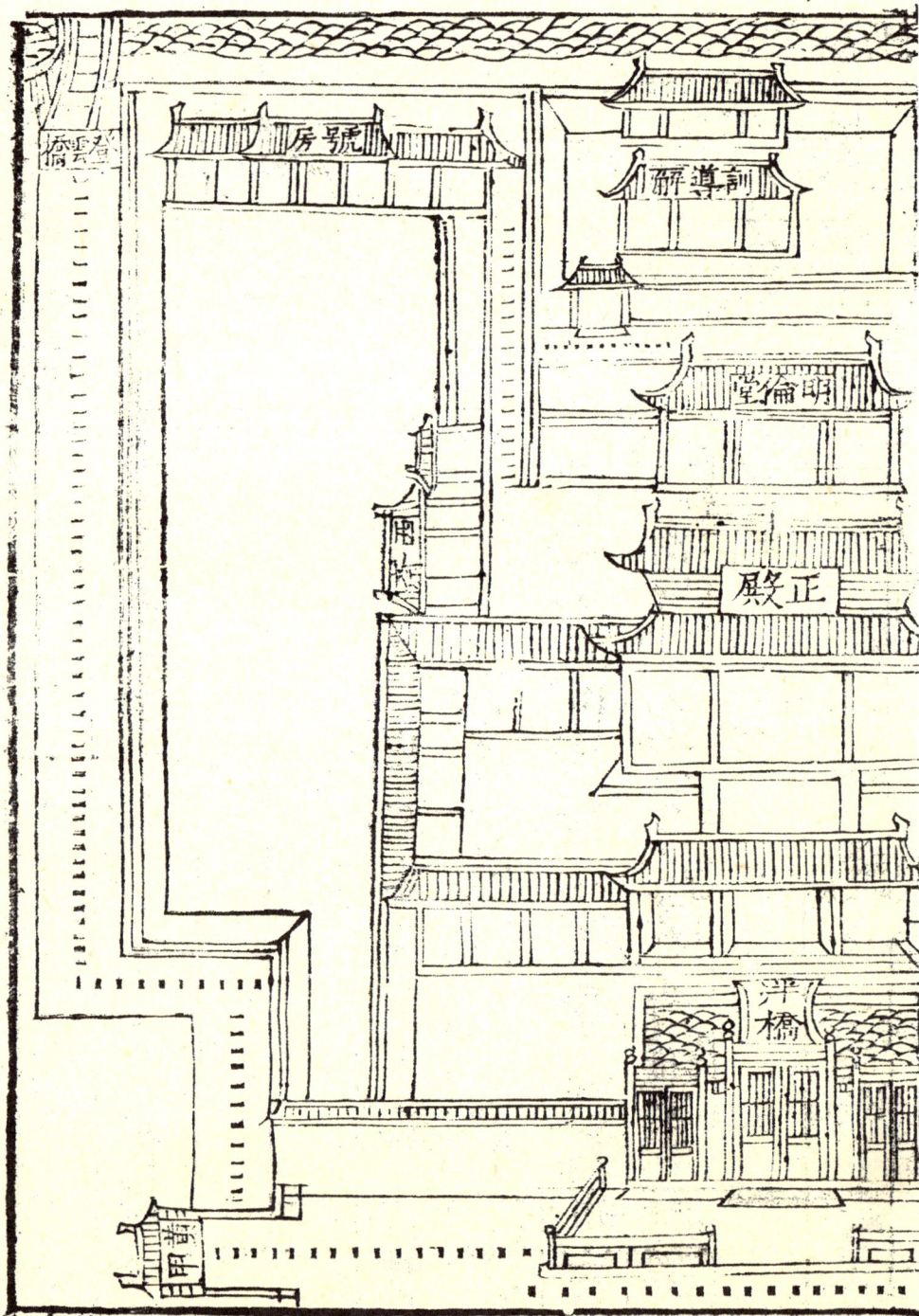

山陰縣志卷第一

明賜進士文林郎知山陰縣事東郡許東望修
庠生張天復　柳文纂

建置志

歷代沿革　職司　公署

志建置而首沿革著世也世有考而邑之變合有所統矣經制詳于職司公署者職司之守也王者之建置莫先焉府衛存而獨詳于縣署者體也古不可稽則闕之廢而未久雖久而有遺跡者録焉亦以備攷云爾

歷代沿革

周官職方氏東南曰揚州其山曰會稽會稽本苗山禹會計諸侯而崩因葬焉故名也自少康庶子夫餘受封稱於越歷勾踐二十餘世而始霸傳六世至王無疆而亡入于楚楚滅入秦秦罷侯置守改大越為山陰輿地志云縣在山之陰故名而置會稽郡釋職方者謂會稽在山陰史記註家亦謂禹塚在山陰會稽山上則會稽特以山得名實山陰地也漢初其地屬荊王賈既而屬吳王濞國除乃復為會稽郡郡自東漢順帝永建時徙治山陰晉宋迄于齊梁互有分合而山陰為領縣不改隋平陳廢山陰為會稽唐武德七年析會稽而置山陰明年并廢

武后朝再復大曆中刺史薛兼訓奏省之陳少游復奏置至元和十年縣始定宋升越州爲紹興府元改府爲路山陰無所易置　國朝詔復爲紹興府縣首山陰在東南稱望邑焉

職司

周制縣有正以掌其政令而賞罰之所謂黨正族師閭胥比長鄰正皆其屬也春秋列國分裂制殊而職一曰宰曰尹曰公曰大夫名以國異其爲縣邑之長一也陳敎置輔長各有貳然丞尉之名無考焉山陰領縣肇始于秦秦置令丞尉皆一人三

老一人亭長未詳人數漢率襲秦令一人千石月俸八十斛丞一人四百石月俸三十斛尉一人二百石月俸十五斛主簿令長得自調用秩與尉同三老一人擇鄉之三老為之得與令丞尉以事相教孝弟力田一人嗇夫游徼一人至武帝增置學官一人平帝置經師一人晉增置嗇夫二人校官掾一人方畧吏一人書吏二人史佐一人後魏增置博士助教皆一人學生四十人唐置令一人從六品秩田五頃歲俸八百有五石丞一人從八品秩田三頃歲俸六十四石有五斗主簿一人正九

品秩田二頃五十畝歲俸十九石有五斗尉一人
從九品秩與簿同學置長使一人學生三十五人
則固循漢魏也宋置知縣一人秩田六頃俸二十
千丞一人秩田四頃俸十五千主簿一人秩田三
頃俸十二千尉一人主學一人秩俸皆同簿增置
忠翊郎巡檢一人承信郎監酒稅一人元增置達
魯花赤兼諸軍奧魯勸農事一人秩田二頃月俸
鈔十有八两縣尹一人秩與達魯花赤同主簿一
人秩田一頃五十畝月俸鈔十有三两丞一人秩
田一頃月俸鈔十有二两典史及尉皆一人月俸

米八石鈔十兩教諭一人月俸二石鈔十兩至
國朝制置知縣一人正七品月俸七石有五斗丞
一人正八品月俸六石有五斗主簿一人正九品
月俸五石有五斗典史一人月俸二石司吏十一
人典吏二十一人教諭一人訓導二人俸廩皆三
石學生若干人詳載學校志司吏一人白洋巡檢一人
司吏一人三江巡檢一人司吏一人三江倉大使
一人典吏一人離渚稅課局大使一人司吏一人
其陰陽訓術醫學訓術僧會道會各一人邑民及
僧道輸貲補之充缺無常時

公署

縣舊治在府治南承天橋東寶林山麓去府治約五里許其創建無可考已元泰定二年始遷于今治去府治僅一里即宋上下省馬院故址也負卧龍山脊面秦望帶鑑湖王架天柱諸峯環峙左右形勝雄瑋邑之風氣實鍾焉中為正廳三間左為幕廳右為庫各一間　幕廳左為冊庫三間正廳南甬道中為戒石亭東西廂各為吏廊總一十八間　戒石亭之南為儀門五間門之外東上為土地堂三間西上為攢造所三間東下為鹽倉三間西下為獄門三間官廳三間囚房九間

直南爲大門門之外東爲旌善亭三間亭列善惡人名跡遵聖製奉臺檄示勸戒也西爲申明亭三間亭懸律令及諸榜文例設着老日直亭之南側各有榜廊五間大門正南爲屏墻東西廣九丈二尺正廳後爲協恭堂一間堂之東爲退思軒三間西爲洗心軒三間軒前有路紆徐數轉達光化亭三間亭據山岡面稍東南夷曠高敞四望諸山盎拱列而奇絕山之半有小亭曰仰止中有光化亭碑記光化亭之東西有耳房各三間嘉靖十年知縣濠梁劉昺所剏也其經始意具在昺所撰記中光化亭記劉子宰山陰之二年治光化亭於卧龍山之麓卧龍爲縣治祖山茲亭又山之最後高處也客有過予者曰君子之興事也有

利於實則為之有病於名則已之吾聞子燕居之地甚隘且陋而弗碎也而顧為斯亭於居非大益也且以滋事意者有他說乎劉子輾然笑曰有是哉子或未究其趣爾昔者先王疆理萬國也布其官師限其封畛列其庭陛優其棲息諸所備矣然而必有臺榭之崇池沼之觀此其故豈以導靡麗而嘗佚豫哉蓋有見矣夫凡人之心統乎事神舍乎心心爽則神清心鬱則神滯心蕩則神散心靜則神寧先王欲攝人心以周天下之理必使其神清而弗蕩凝而弗鬱夫然後人心官矣心官而事敘民佚而化熙天下之治孰大於此是故堂宇既飭而臺沼弗廢焉斯先王周物之要務也吾邑號古今名勝而縣治頗卑夷無崇高曠遠之觀其私廨則又偪亥而鮮暢達吾故治亭以臨之當夫政務蔡委心神靡倦之后曳屣而一登焉郎一邑之山水無不在吾目中也南瞻秦望壽始皇之餘威俯臨故城嘉句踐之苦節迴覽鑑湖想馬公之遺澤左顧蓬萊慕龜齡之美政既而環視閭井煙火萬家則又曰不有日出而未爨者乎又慘然隱矣迨夫煙銷日明風清嵐息縱觀曠宇萬有呈象則

天台截業而當前巨海湫茫而極目又使人飄然有塵外之想寧復知簿書之擾慮哉然吾又思夫積歛而偶散者天之理也久勢而暫紓者人之紀也吾擇其奧窔者以棲息時其爽塏者以登眺則吾居可以弗辟而吾亭弗可已矣詩曰噲噲其正噦噦其冥內外別也又曰經始靈臺經之營之勞佚節也客喜曰一紀一綱治乃永昌一弛一張化乃大光斯亭也謂之光化可也亭址正令尹廨後予乃命並廳事之西治道紆徐數轉乃達于亭以通賓客之往來且與吾僚之好得同此樂耳山之半為一小亭曰仰止觀覽几之勝視上又小異焉備山川之變幻也亭始于今春三月之廿一日落成于六月之十日袤六丈深三丈有奇為楹三外為廻廊中斷交跡冬夏之變暄凉異制圖以垂諸永也後之君子不以予為有罪益求所以嗣而新之未或無益于治也已

亭之南下當卧龍之麓為知縣廨廨之前遥治廳左有門（一間）中有廳（三間）後有寢室（二十五間）傍有耳房（十六間）寢室之東[illegible]

故有樓三間知縣方廷璽所剏其居址甚偏隘卑窄湫多之不利於居者嘉靖二十年知縣許東望移置於寢室之前廳事之後名其樓曰宜中云由知縣廨南出治廳東轉一百一十步為縣丞廨有門一間有廳三間有寢室九間丞廨再南八十步為典史廨有門一間有廳三間有寢室九間又由治廳西折而北一百一十五步為主簿廨亦有門一間有廳三間有寢室九間規制與丞尉廨相當而地近光化亭稍幽曠勝諸廨簿廨南為西吏舍總三十五間　尉廨南為東吏舍總三十二間

縣之屬署有儒學規制詳載學校志東南一里東北官河深七十四丈五尺西南至

西北官河深七十五丈六尺東南至西南官街廣二十六丈四尺東北至西北沿河廣二十六丈六尺櫺星門外街南空地東至西廣二十六丈四尺南至北深一十二丈東訓導衙東西廣八丈四尺南北深二十七丈東南墻外空地東西廣七丈五尺南北深八丈總二十三畝一釐

三江巡檢司去縣東北四十里三江城北東西廣一百五十六丈南北深六十丈總二十七畝二釐

白洋巡檢司去縣西北五十里東西廣五十一丈六尺南北深七十八丈總一[illegible]十一畝六分五釐[illegible]

渚稅課局去縣西四十里中經裁革今復官尚無印記嘉靖二十年知縣許東望　奏請頒降

三江倉在縣東北三十七里三江城內東西廣一十九丈南北深一十七丈總七畝一分

五署皆有設官見職司

其便民倉則縣所設以便輸納舊在迎恩門內成化三年知府吉惠遷於大有倉南分妙明寺址為之東西廣二十五丈二尺南北深七十一丈七尺總三十

一畝九分其昌安河泊所錢清驛則裁革而廢矣

縣境之署有府治在縣東北二百歩其隸府者則有司獄司在縣東北半里許東西二十七丈四尺西廣二十六丈四尺南北深二十七丈六尺總八畝七分稅課司在縣東北一里許東西廣二十二丈八尺南北深六丈六尺總一畝七分四釐僧綱司在大能仁寺內東西廣二十四丈六尺南北深一十三丈二尺總三畝七分五釐嘉靖二十年每畝科粮一斗八升一合道紀司無常所陰陽學醫學並在紫金坊內嘉靖二十二年知府張明道重刱南北廣六丈三尺東西深九丈有六尺總一畝四分如坻倉在縣治東北一里週廻深廣一千二百四十六弓總四十畝九釐倉厫官房總二十九間大有倉在縣治北三里謝公橋東週廻深廣一千一百一十五弓總四十二畝三分四釐倉厫官房總三十六間預備倉在縣東北二里即泰

積庫故址東西廣一十二丈八尺五寸南北深三十丈總計有四畝四分**織染局**在縣治東北三里許江橋北東西廣二十四丈二尺南北深五十一丈一尺總十畝三分**弓張局**在紫金坊東西廣計八丈二尺南北深十六丈三尺**養濟院**在縣治北三里錦鱗橋西郎宋浙東貢院故址東西廣四十八丈六尺南北深四十八丈六尺總二十七畝三分三釐屋一百四十間門三座**蓬萊驛**在縣西北五里迎恩門外東西廣一十一丈四尺南北深二十九丈四尺總三畝八分八釐**又有衛治**在縣治東南一里許**其所隸者則三江所**去縣東北三十七里東西廣一十九丈八尺南北深四十六丈二尺總四畝三分**演武教場**在縣南常禧門內舊散漫無考為軍民侵牟嘉靖二十二年巡按御史舒 按節觀兵目擊其弊遂為查正四圍繚以墻垣東西深二百四十二弓官廳前南北橫廣九十一弓西盡南北橫廣五十弓總八十五畝奇始有所規制焉**皆山**

陰地也

巡按察院在縣治東北二里本射圃基嘉靖十九年御史王紳建週廻深廣四千五百二十七弓總一十八畝八分六釐

[illegible]記按越城舊圖誌自府治開立并所屬官司外止建藩臬二分司若察院則居無定止歲庚子冬大巡對川王公臨越清勤嚴肅守正不阿觀風之餘商諸守巡二司曰紹興古名郡山川人才瓌偉磊落不逮言察院風紀之所不奠厥居何以肅貞百度意欲相度隙地剏而新之可乎二司曰聞有空閒射圃可新之矣誰任其事曰郡守比入覲山陰令可也財奚取視其羨贏而已矣力奚征驗其丁多而已矣議畢遂召令諭之曰汝之有猷有為我重汝矣而令勞汝廼守巡意也非為安逸我也我將按他郡矣嗣是來者豈不念汝重汝而誰懟誰怨耶檄下某財取羨贏若干某丁征空餘若干某典工在勤工完則輟毋過為煩困縣令捧檄轉諭父老及百執事曰凡官府造作古人慎重某典新建察院財用非敢累爾等若木工石工圬者甃者不能不勤爾等精力某某父老其為我分督受

成勿負吾托如或以我為毒爾苦爾非知我者諸父老唯唯而退越明年辛丑二月擇日肇工迄八月工止於是申請郡伯暨諸郡佐曰新創既成盍往觀乎郡伯不敢專遂命工繪圖具門堂寢室自外而內之有役賓從僕隸由貴至賤之有待自旦及夕聽斷咨諏游觀逸豫俱適所欲有激揚振肅憚有澄清心正眼明堂曰大中至正曰正已格物曰用中曰絜矩又曰思補皆退休軒也各扁以寓深意此又對川公之所親題者計門堂凡五層計廊廡凡二十楹顏扁計十所規模壯圖巍然翬翼圖既成仍申告察院守巡察院守巡皆曰財力府縣所輸吾何預焉但俾永勿傾圮可也察院既慰勉之守巡復賛嘉之令之勞瘁乎少酬矣然又懼本末不悉故來謀記嗚呼天下事慮弗能成既成又慮專擅之戒今創造何事也財用什百非細也祗承上命就於一日卓乎幹局過人遠矣何專擅之慮若郡伯王泉張公明道有而不居謙也少參石山莊公一後憲僉一崖劉公望之知令尹可任而任之明也對川王公紳與二司之言確乎不

疑獨斷之勇也勇以行之明以燭之識以承之一事而衆美具焉又有大於此者旨是以觀人也郡佐葉公誠齋金安公膠峯如山周公仰峯鳳岐會稽丞吳公希孟以臺諫落職今為廣信郡守殆一時協濟非偶然者不容不記山陰令者何許公東望山東東郡人也聲望蔚然故獨殿於末

布政分司 在縣東南一里本紹興衛軍器局洪武二十三年指揮趙忠遷局於會稽福果寺址正統六年知府羅以禮始建分司東西廣二十二丈一尺南北深五十二丈八尺總八畝七分

按察分司 在縣治東北一里許郎宋浙東提刑司故址東西廣二十九丈九尺南北深三十三丈六尺總一十一畝六分六釐聽後有火珠山山上有稽山堂總二畝五分五釐

兩浙都轉運鹽分司 在縣治東一里元大德二年建即宋錄事司故址永樂間毀廢嘉靖二年運副林堂重建東西廣三十五丈四尺南北深三十十一丈一尺總一十畝

市舶公館 在縣治西三十步東西廣八丈週遶民居廣狹不一

九尺南北深四十五丈二尺總四畝六分蓬萊公館在縣治東北一里東西廣十丈二尺南北深五十四丈一尺總四畝四分則皆行署之在境內者舊有社倉六所宋時所建一在梅山一在桐橋一在南池一在迎恩一在稽山一在琵琶山今廢義倉四所東在縣東三十里石泗村西在縣西北四十里亭澹村南在縣西十五里中堰村北在縣西北三十里朱咸村今俱廢址存則皆廢而有遺址焉錢清三江二場并二塩倉批驗所雖隸塩司亦在境內故附志之錢清場在縣西北六十里吳元年剏建卽興善寺基深廣總七畝四分有奇場東數十步為塩倉深廣八畝六分有奇三江場在縣東北三十里因宋元之舊深廣總三畝八分五釐場東數十步為塩倉深廣一十二畝一分七釐批驗所舊在府西北六十里正統間郡守羅以禮遷於縣西北六十里錢清鎮弘治間遷於白鷺塘深

廣總六畝一分二釐掣鹽廳深廣
五分二釐後官山一所計五畝

疆域志

分野　區界　坊里　市鎮　郵舍　城池

烽堠

先王疆理天下疏封異域觀分星以考徵別區界以辨宜居四民時地利而坊里市鎮列焉郵舍設而四方之禁令達矣若夫禦暴而保金湯振武而先警備封域之所以奠安者也長民者考此而時戒之邑之民其有永賴焉

分野

古今爲分野之説者無慮數家大都轉相祖述惟晉書天文志曰自南斗十二度至須女七度爲星紀于辰爲丑吳越分曰揚州而會稽入牛一度古今天文家皆宗之漢地理志以吳地爲牛分野越地爲牽牛婺女之分野然考之左氏傳吳越春秋及漢晉史其叅驗証應吳越皆在牽牛則吳越果同壤也唐僧一行又據雲漢以定分野謂地有南北雲漢亦分兩派吳越居山河之下流當雲漢之末與雍州秦蜀異亦非有徵而可信者然則晉天文志之言核矣我山陰越之屬邑也度當牽牛蓋

無疑焉

區界

縣之封境縮綿而衡狹東西九十八里南北一百一十八里東至會稽縣不二里許界運河而中分之東北以宋家溇為界南至諸暨縣界五十里絕古博嶺西南達於浣江北至海岸四十里沙堤極目轉徙無常海之北岸則嘉興之澉浦也西至錢清五十五里界蕭山縣西北亦達於海

坊里 今制縣治所統内為隅外為都隅凡二領坊二十三都凡四十七并鎮都領啚一百八十六内外總二百九里嘉靖二十年知縣許東望會造黃冊於二十九都内申明豎立一里今總二百一十

西南隅領坊九

大辛坊一啚　大雲坊二啚　東觀坊三啚　紫金坊四啚五顯街有旌善申明亭　下植利坊五啚　上植利坊六啚　美政坊七啚　常禧坊八啚　南和豐坊九啚

按西南隅宋元舊名水溝坊京兆坊天井坊南觀仁坊開元坊甲子坊蕙蘭坊德惠坊大市門坊施水坊顯應坊柴場坊槿木坊車水坊秦望坊南市坊華嚴坊鐵釘坊富民坊小驛坊菩提

坊獅子坊愛民坊耀靈坊河南坊

西北隅領坊十四

西光相坊一啚　迎恩坊二啚　戒珠坊三啚東中正坊四啚　筆飛坊五啚　西中正坊六啚　東光相坊七啚　東如坻坊八啚　朝京坊九啚有旌善申明亭　下和豐坊十啚　昌安坊十一啚　萬安坊十二啚　西如坻坊十三啚　承恩坊十四啚

按西北隅宋元舊名雙橋坊狀元坊斜塲坊草貌坊板橋坊石灰坊北市坊新安坊必微坊武

勲坊二隅古坊俱洪武二十四年併省

第一都感鳳鄉五里昌安街有旌善申明亭二都巫山鄉七里則水牌有旌善申明亭三都巫山鄉二里宋家溇有旌善申明亭四都感鳳鄉五里鍾家甲有旌善申明亭五都感鳳鄉六里王山陡門有旌善申明亭六都感鳳鄉二里柘林有旌善申明亭七都靈芝東鄉三里成家坂有旌善申明亭八都靈芝東鄉二里小觀有旌善申明亭九都靈芝西鄉二里霞頭有旌善申明亭十都靈芝西鄉六里賞枋有旌善申明亭十一都梅市鄉二里東浦有旌善申明亭十二都梅市鄉二里上宅有旌善申明亭十三都梅市鄉十里周家橋有旌善申明亭十四都靈芝西鄉四里後梅有旌善申明

十五都梅市鄉五里湖桑有旌善申明亭十六都温泉東鄉三里梅市有旌善申明亭十七都溫泉東鄉七里柯山有旌善申明亭十八都溫泉東鄉六里湖塘有旌善申明亭十九都溫泉西鄉四里興塘有旌善申明亭二十都溫泉西鄉四里下宅有旌善申明亭二十一都溫泉西鄉三里壽勝有旌善申明亭二十二都迎恩鄉四里花徑有旌善申明亭二十三都迎恩鄉二里容山有旌善申明亭二十四都迎恩鄉一里阮港有旌善申明亭二十五都迎恩鄉七里離渚有旌善申明亭二十六都迎恩鄉三里虹橋有旌善申明亭二十七都迎恩鄉六里又承務鄉跨湖橋有旌善申明亭二十八都承務鄉二里螞蝗有旌善申亭二十九都

承務鄉三里內新立一里謝墅有旌善申明亭十都承務鄉二里破塘有旌善申明亭三十一都承務鄉里花街有旌善申明亭三十二都承務鄉一里任家坂有旌善申明亭三十三都旌善鄉八里湖門有旌善申明亭三十四都旌善鄉七里亭後有旌善申明亭三十五都禹會鄉二里板橋有旌善申明亭三十六都禹會鄉三里前梅有旌善申明亭三十七都新安鄉三里牛頭山有旌善申明亭三十八都新安鄉三里捨浦有旌善申明亭三十九都新安鄉三里江塘有旌善申明亭四十都天樂鄉三里黃灣有旌善申明亭四十一都天樂鄉二里麻溪有旌善申明亭四十二都天樂鄉三里天樂有旌善申明亭四十三都天樂鄉四里

歡潭有旌善申明亭四十四都安昌鄉三里

五都安昌鄉三里丈午村有旌善申明亭口

五里又清風鄉下方橋有旌善申明亭四十七

有旌善申明亭鎮都禹會鄉二里錢善

六關埠附

市凡九清道橋市去縣東一里一

市去縣東北一里離渚市去縣四十

橋市去縣西南五十里錢清市

七十里玉山陡門市去縣二十

埠凡十二離渚埠去縣西三十五

埠去縣西二十里　古城埠去縣西四十八里　夏履埠去縣西下十五里　興塘埠去縣西四十二里　婁公埠去縣南二十里　項里埠去縣西南二十里　阮港埠去縣西南二十五里　西務埠去縣南十三里　南池埠去縣南二十里　木柵埠去縣南二十五里

鎮凡一　錢清鎮去縣西五十里與蕭山縣為界舊有錢清江江有壩乃赴杭之要津今江已湮廢行舟直抵西興行旅便之

關凡五　錢清關去縣西五十里　離渚關去縣南四十里　清潭關去縣西八十里　花街關去縣西南四十里　三江關去縣東北三十里　熙

閘巡按御史尹崇高奏廢之

郵舍

縣西北十里為青田鋪又十里為高橋鋪又十里為梅市鋪又十里為柯橋鋪又十里為白塔鋪又十里為錢清鋪西南十里為鑑湖鋪又十里為金家店鋪又十里為赤土鋪又十里為洪口鋪東北十里為昌安鋪又十里為鹿山鋪又十里為三江鋪

城池大城形制已詳于郡志不録

山陰大城者范蠡所築治也自會稽治山陰即為郡治城其羅城隋開皇中越國公楊素所築其子城則宋皇祐初守刁約所奏築也唐乾寧中

錢鏐修羅城宋皇祐中守王逵復加修焉且浚治城壕宣和初劉忠顯守越治城禦方寇嘗少縮其西南隅嘉定十三年守吴格修補之而旋復摧圮十六年守汪綱乃按羅城重加繕治并修諸城門西曰迎恩門（俗謂西郭門）西南曰常喜門（即今常禧門俗謂岸偏門水偏門二門相隔一里）南曰植利門（俗謂南堰門）北曰三江門（即今昌安門）其五雲門都泗門稽山門東郭門則皆會稽境也溝塹亦同蓋今郡城雖東西分域而山陰實居其太半焉元至正十三年浙江廉訪僉事篤滿帖木爾增築加廣復脩

唐之舊始甃以石增置月城開塹遶之十八年樞密副使吕珍鎮越因禦兵增浚壕塹廣五丈深二丈自是排柵水固而戰船益利往來　國朝嘉靖二年秋七月颶風大作城之樓堞盡圮壞知府渭南南大吉悉修復之城賴以永固

三江所城去縣北三十里在浮山之陽　國朝洪武二十年信國公湯和所築跨山背海為方三里二十步高一丈八尺厚如之水門四北則堵馬城樓四鼓樓三月城三引河爲池可通舟楫兵馬司廳四窩鋪二十女墻六百五十八墩臺八

三江巡檢司城在龜山之上浮山之北麓與三江所城南北相峙為東海之門亦湯和所築門一西出舊無女墻嘉靖二年海有倭寇始增之方一里二十步高二丈厚一丈八尺

窩鋪四城樓一女墻三百六十六

白洋巡檢司城去縣北五十八里大海之上有白洋山緣山而城亦湯和所築方一百一十丈高一丈一尺厚一丈城門一譙樓一窩鋪四女墻一百七十六

廢城凡四勾踐小城按越絶云山陰城周二百二十三步陸門四水門一以今考之在今西南西北二隅之内苦竹城去縣西南二十九里按越絶云勾踐滅吳還封范蠡子以報其勤苦云越王城去縣西南四十七里旌善鄉今地尚以古城名舊經云越王墓在石城去縣北三十里石城里乾寧二年錢鏐討董昌攻石城即其地也載在吳越畧史

烽堠

邑濱巨海固亦東南邊陲也海寇時出沒焉三

江白洋　國家旣設巡司周邏警候尤于阨要之衝置烽堠以瞭視遇警則狼煙亟發遠近相應今一在蒙𨹍山一在馬鞍山一在宋家溇一在周家墩一在桑盆一在烏風山一在航塢山臺高二丈三尺築亭其上每處置軍士五人守之俱隸三江所蓋海邑守禦之大者也

山陰縣志第一卷終

山陰縣志卷第二

山川志

形勝　山　嶺　洞　溪　澗　渚　浦　瀆

匯　池　潭　湖　河　江　海　橋渡堰

閘附

山川肇域形勝宅居標而顯之所以述靈秀明瓌奇也縣鉅而微凡可名者法宜詳焉橋渡堰閘因于川故附志之

形勝

越之形勝冠于南服而山陰又其形勝之會也古

昔名士蓋樂遊而後談之司馬氏東渡嘗議作都于茲矣元帝以爲今之關中而江左諸公比之鄠杜之間其險要豐腴稱爲東南一大都會圖經信哉縱覽四郊秦望屹其南滄海環其北峰嶂緯列於左右而澄江巨湖經流于其中膏壤沃土民物廣饒天下蓋鮮儷焉晉人有言行山陰道上每令人應接不暇秋冬之際尤難爲懷王獻之即其名狀勝遊珍觀秦觀倡和集序殆可想也若乃千巖競秀萬壑爭流顧凱之傳虎臥龜蹲龍盤鳳廻舒爲屏障峙爲樓臺王十朋風俗賦白水翠巖互相映發縈帶郊郭若鏡若

輿地圖志諸所稱述山川之大觀畧備矣

山

卧龍山在縣治後盤旋回抱形如卧龍故名越大夫文種葬于此故又名種山山之名勝别有古蹟記宋王十朋詩决策平吳霸業成青山長占大夫名子胥忠義無生死怒氣隨潮到越城元施鈞詩山匝平湖玉鏡臺四圍晴景翠屏開雲移滄海龍猶卧月滿中天鳳不來種墓陰空蔓草晉碑寂寂自莓苔東風不減千年恨燕子南飛鴈北回

火珠山在卧龍之東與卧龍之首相對其狀似龍頷之珠故名上有稽山堂西有識舟亭今廢

蛾眉山在卧龍山之東火珠之下百餘步下有蛾

眉庵以石隱起土中狀如蛾眉故名

龜山在卧龍之南三里山似龜形故名昔范蠡城成有山自瑯琊東武海中飛來故又名飛來山又名怪山下有寶林寺上有應天塔今又名塔山唐方干詩邃巖喬木夏生寒牀下雲溪枕上看臺殿漸多山更重即今飛去却應難元泰不華詩龜山崎平陸翠色凌清虛當其飛來時想自天地初李孝光詩山似瑯琊小地將秦望雄越王歌舞處今作梵王宫

陽堂山在卧龍之南三里許郡城跨其脊上一名鮑郎山東漢鮑蓋生於此後死爲神故名山北百步許有鮑府君祠

蕺山在卧龍東北三里許山多産蕺蔓生莖紫葉青其味苦越王勾踐嘗采食之故名宋王十朋詩十九年閒膽厭嘗盤羞野菜當含香春風又長新芽甲好擷青青薦越王晉王羲之宅在其上又曰王家山今西有右軍祠後爲戒珠寺故又名戒珠山通上六山皆在縣治内盖越城八山中藏而山陰有其六焉

亭山去縣南十里晉司空何無忌爲郡置亭其上故名或云山形獨立如亭以此得名　本朝越國公胡大海攻城嘗駐兵焉西有埜翁蜕巖

侯山去縣南九里舊經云候山迥在湖中晉孔愉

必棲於此後官車騎封侯論者以愉致侯之兆故名又名九里山

秦望山去縣南三十里爲越衆山之祖東西兩派皆自南迤邐而止於東北爲郡城水口其東南隸會稽西北隸山陰秦始皇嘗登以望東海故名上有李斯篆碑今亡唐薛據詩南登秦望山目極大海空朝陽半暘谷晃朗天際紅溪谷爭噴薄江湖第交通而多漁商客不悟歲月窮振緡近早潮弭棹候遠風予本萍泛者乘流任西東茫茫天際帆栖泊何時同將尋會稽跡從此訪任公宋王十朋詩瞻彼秦望崇于會稽曷云其崇登焉而柴孰登是山西方之人兮瞻彼秦望輕于會稽曷崇而輕名之以嬴孰名是山東方之人兮我登稽山思禹之績吾儕不魚繄帝之力我瞻秦望哀秦之

過厓彼黠首其誰之禍禹駕而遊夏民以休有
翼其行穢禼是謀政轍西狩蕪蠃隨以什孰稔其
惡斯髙左右孤竹兄弟殍于首陽山與其人嘉
名孔彰谿辱以愚泉汚以盜物之不幸名惡而
㬥浙濤如銀鑑流如紳濯彼崔嵬勿汙以泰

本朝吳中詩 秦望之山秀且雄千巖萬壑環西
東奇峯影落鏡湖水碧波蕩漾金芙蓉秦皇曾
此窮躋扳汎海樓船竟不還伯圖已卜千萬世
何須更覓三神山冥然不鑒燕昭轍侈心方惑
神仙說皓靈已見泣西郊萬里東巡猶未歇黃
旗翠蓋蔽林丘玉輦還爲幾日留琳宮貝闕湫
河許一片蒼煙連蜃樓古臺千年迹如掃元氣
靈長山自好厓懸石溜聲喧愍徑合松陰晝冥
宵竭來爲覓先秦文悲歌不洗驪山冤斷碑剥
落已無主回首丹崖空白雲

劉中洪珠遊秦詩 百丈層霄手可捫便飛錫杖覓天孫壯遊敢
附小司馬謝事能如老巨源磐定僧閒歸野鶴
煙消林杪見雲門歲闌更覺民風好滿道唐歌
喜莫
言

望秦山與秦望山相接稍北秦始皇與群臣登之以望秦中故名一名卓筆峯又名天柱峯唐陸[illegible]

詩登越山望秦關長安不見雲漫漫凌空安得生羽翰一旦沙丘祖龍死輼輬空載鮑魚還

鵞鼻山去縣南三十里與秦望相聯絡跨山會諸暨三界其山險絕上有石如臺有秦始皇刻石頌德文皆剥落不可識晉王[illegible]詩隆山嵯峩崇巒嶕嶢傍睹滄洲仰拂雲霄文命遠會風淳道遼秦皇遐巡邁茲英豪宅靈基阿銘迹峻嶠

陳音山在縣西南四里許舊經云范蠡進楚之人善射者陳音於王王曰善子之道願悉以教吾國人音曰道出於天事在于人人之所習無有不

神於是使音教士習射三月皆有弓弩之巧音
死王傷之塟於是山故名
琵琶山去縣南五里
烏土山去縣西南四里
何山去縣西南四里上有塔已毁今下有何山庵
舊傳梁何胤隱居於此故名
賴山去縣西南六里相傳勾踐時以其近城樵採
皆賴之故名俗訛爲外山
絹山去縣西南六里其石紋如疊絹土人呼之曰
絹山

戴於山去縣西南一十里居民有戴於二姓故名

磑山去縣西南一十里山形如磑故名

彈丸山去縣西南一十五里狀如彈丸故名

麻林山去縣西南一十五里勾踐伐吳種麻於山以爲弓絃使齊人守之越謂齊人曰多亦名多山

徐山去縣西南一十五里在鏡湖中

麄山去縣西南一十五里兩山相對如兩酒榼故名

海山去縣西南一十五里

梅里尖山去縣西南一十八里漢梅福嘗游息于此東有梅仙塢

龍尾山去縣西南二十里與卧龍首尾相望故名

大峯山去縣西南三十里

峽山去縣西南二十里兩山夾水故名

外山去縣西南二十五里

項里山去縣西南二十里項羽避讎於此故名下有項羽祠宋林景熙詩英雄蓋世竟何爲故里凄涼越水涯百二勢傾爭逐鹿八千兵散獨乘騅計疎白璧孤臣去淚落烏江後騎追遺廟荒村人酹酒至今春草舞虞姬

銅山去縣西二十五里

法華山去縣西南三十五里舊經云晉義熙中僧曇翼誦法華經感普賢應現因置寺今爲天衣寺山有十峯宋咸平中裴使君莊各命以名一法華二衣鉢三積翠四朝陽五雲門六倚秦七天女八嘯猿九起雲十月嶺唐李邕碑云其峯五連其溪雙帶即謂此也

花徑山去縣西南二十五里多桃李榆柳望若雲錦包絡山谷故名

容山去縣西南二十七里其上平曠可容故名

木客山去縣西南二十七里吴王好起宫室越王

乃使木工三千餘人入山伐木欲以獻吴王一年無所得木工思歸而歌木客之吟一夜天生神木其大二十圍其長五十尋陽爲文梓陰爲楩柟乃伐而獻之吴王

蘭渚山去縣西南二十七里勾踐樹蘭茲地蘭渚之水出焉晉王羲之四十二人修禊于此引水流觴縈紆九曲右軍蘭亭記云此地有崇山峻嶺茂林脩竹

玉架山去縣西南三十三里三峯如架故名

青蓮山去縣西南四十里許世安嘗往遊焉有山

路入青雲之句

銅井山去縣西南七十里其山有龍潭歲旱多往禱之

西竺山去縣西南一百一十里東麓有慈恩寺故名

冕旒山去縣西南一百一十五里又名大巖山宋時宮闕在錢塘者與山相對山若冕旒故名

越王山即越王崢去縣西南一百二十里昔越王勾踐棲兵於此又名棲山上有走馬岡伏兵路洗馬池支更樓故址[illegible]詩每恨高峰未易攀數岑長與白雲齊青

浮秦望千尋上影落瀟湘萬頃西絶險始知天去遠晴崖蹊見鳥飛低十年一踏煙霞頂兩綫寧辭沒脛泥

青化山去縣西南一百二十里山多松栢有石如屋名石屋有湫名龍湫麻溪水環于山麓

浮丘山去縣西南一百二十里上有丹井世傳浮丘公煉丹於此而羽化其巔有井名丹井

麻姑山去縣西一百一十里世傳麻姑仙煉丹於此故名

白峯山去縣西南一百二十五里其山峯有白石墳屼故名

聖女山去縣西一十九里
三山去縣西九里鑑湖中三山地勢相連陸游遊
息之所
離渚山去縣西南三十里内有謝尚書塢
柯山去縣西南三十五里山皆石其下有水曰柯
水東有石佛高十丈餘
葑里山去縣西四十里
蜀山去縣西三十五里在柯山東俗名獨山
蓬山去縣西三十五里在柯山東
東䢴山去縣西八十三里

西眺山在東眺山之西其二峯至高登眺者可極遠故名

黄龍山去縣西六十里

鳳凰山去縣西六十五里其形至小時鳳凰棲焉故名邑有二鳳凰山一在縣南七里許

丫髻山去縣西六十三里山巔二小峯如髻故名

牛頭山去縣西六十五里唐天寶間改名臨江山按舊志有石踈理中通入水則浮名浮石　本朝王守仁又改名浮峯峯南有石如臺曰石臺

小江縈其西江之西爲蕭山縣界

羊石山去縣西北三十六里有石如羊故名

馬鞍山去縣西北四十里狀如馬鞍唐天寶間改

名人安山

上方山去縣西北四十里上有上方寺

下方山去縣西北四十里與上方山相聯下有下

方寺

金帛山去縣西北四十三里世傳禹至塗山諸侯

執玉帛朝會于此故名其嶺有九龍池

寶林山去縣西北四十里山南有龍井禱雨輒應

塗山去縣西北四十五里舊經云禹會萬國之所

山麓有斬將臺有石船長丈云禹所乘宋元嘉中於船側掘得鐵履一雙梁初又掘得青玉印蘇鶚演義云塗山有四一會稽二渝州三濠州四當塗然禹既會諸侯於此而窆石陵寢皆在兹土則左氏傳所謂禹會諸侯于塗山其即此山明矣

唐柳宗元塗山銘

維夏后氏建大功立大位立大政勤勞萬邦和寧四極威懷九有儀刑後王當乎洪流方割災被下土自壺口而導百川大功建焉虞帝耄期順承天曆自南河而受四海大位定焉萬國既同宣省風教自塗山而會諸侯大政立焉功莫崇乎御大災乃錫玄圭以承帝命位莫崇乎執大象乃輯五瑞以建皇極政莫先乎齊大紀乃朝玉帛以混經制是所以承唐虞之後垂子孫之丕業立商周之前樹帝王之洪範者也嗚呼天地之道

尚德而右功帝王之政崇德而賞功故堯舜至德而位不及嗣湯武大功而祚延于世有夏德配於二聖而唐虞讓功焉功冠於三代而商周讓德焉宜乎立極垂統貽于後裔當位作聖著為世準則塗山者功之所由定德之所由濟政之所由立有天下者宜取於此追惟大號既發華蓋既狩方岳列位奔走來同山川守臣莫敢遑寧羽旄四合衣裳咸會虔恭就列俯僂聽命然後示之以禮樂和氣周洽中之以德刑天威振耀制立謨訓宜在長久厥後啓征有扈而夏德始衰羿距太康而帝業不守皇祖之訓不由也人亡政墜卒就陵替向使繼代守文之君文能紹其功德修其政統卑宮室惡衣服拜昌言平均賦入制定朝會則諸侯常至而天命不去矣茲山之會安得獨光於後歟是以周穆遐追遺法復會於是山聲垂天下亦紹前軌用此道也故今為之銘厥後代朝諸侯制天下者仰則於此其辭曰惟禹體道功厚德茂會朝侯衛統一憲度百方宣教化制殊類咸會壇位承本儀矩禮具樂備德容既孚乃舉明刑以弼聖謨則

戮防風遺骨專車克威克明疇敢以渝宣昭彝獻底定寰區傳祚後胤丕承帝圖塗山巖巖界彼東國惟禹之德配天無極即山刊碑貽後作則

元宋無詩

力平水土勢回天功業三千五百年四海九州皆禹跡獨留陵寢越山邊

徐天祐詩

陵下遺祠拜袞龍空山草木幾春風君看禹會村前路烏鵲猶知萬世功

西余山去縣西北四十二里

碧山去縣西北四十八里石色碧潤四時不易故名一名黨山北有洞極深奥故老相傳昔有仙人居焉

烏風山去縣西北五十里一名龜山濵海當潮生時遠望之宛然如龜出沒水中今名白洋山南

麓爲巡檢司

雷山去龜山北二十里在海潮中潮至其聲如雷故名

浮山去縣東北三十五里浮鎮海口故名與三江所城相對

𡺴搥山去縣東北四十里與浮山相對上有烽堠二所

石姥山去縣西北五十里

蜀阜山去縣西北四十五里舊經云山自蜀來帶兒婦二十餘人善織美錦自言家在西蜀今忽

至此故名一云勾踐伐吴置寡婦其上以激軍士故又名獨婦山

梅山去縣北一十五里一名巫山越絶書云越䰘神之官死葬其上故名後爲漢梅福隱居之所故有今名上有適南亭下有泉名子真泉有窟名天香窟有塢名茶塢有徑名竹徑宋陸游詩一峯寒影墮江天花落層崖泣杜鵑却笑子真原未隱尚留名姓在山川

下馬山去縣北二十五里舊經云秦始皇東巡息駕於此有石如蟾亦名蟾山俗名蝦蟆山山多露石兩崖夾水一石骨横亘水底曰石檻

璜山去縣北三十里許勢小而環抱若璜故名小
江經其北
大峯山去縣北三十五里有洞名風洞
禹山去縣北三十里舊傳大禹治水駐驆於此故
名
王山去縣北二十八里舊經云唐貞元元年浙東
觀察使皇甫政鑿此山置閘八洞以泄山會蕭
三縣之水
六山去縣東北二十里高廣尋丈壘列澤中勾踐
鑄劍銅不鑠埋之東坂上生馬箠種之六山飾

爲馬箠以獻吳王今上有六山舖

石城山去縣東北三十里按吳越傳 史乾寧三年錢鏐討董昌攻石城去越三十里 山下有石城里

嶺

古博嶺去縣西南四十五里俗訛爲虎博嶺

不負嶺去縣西三十里舊傳唐蕭翼得蘭亭帖復京至此喜而言曰不負此行矣故名

九嶺去縣西南五十五里

黃山嶺去縣西南七十里

巧溪嶺去縣西南七十里以溪得名

石門嶺去縣西南五十五里

看怕嶺去縣西南八十里其路峻嶮行者皆懼故名

蔵山嶺去縣西南一百里

白峯嶺去縣西南一百一十里山多白石且崎嶇故名

蕭家嶺去縣西南一百里居民多姓蕭故名

懽潭嶺去縣西南一百三十里以潭得名

贔石嶺去縣西三十里

倢石嶺去縣西四十里

獄翠嶺去縣西三十五里

芊洋嶺去縣西三十五里

豪嶺去縣西三十里

容山嶺去縣西四十五里

刑塘嶺去縣西五十五里世傳禹築塘斬防風氏故名

古城嶺去縣西六十里於越允常築城於此

石斑嶺去縣西七十五里產五色石故名

箬嶺去縣西六十二里

紫砂嶺在箬嶺北其地有紫砂故名

大嶺去縣西六十五里一名梅山嶺延聯七峯故名

低嶺去縣西六十三里前有大嶺比之爲低故名

石里嶺去縣西九十二里

洞

秋巖洞去縣西八十五里越王山上俗呼仙人洞

葛慶龍藏修之所後卒瘞于此

碧山仙洞去縣西北四十八里嵒巖碧色洞口如井下視莫測其廣北通巨海嘗有人持火深入聞

上有檜聲隱隱而鳴山南有捍沙大王廟

南池溪去縣西南二十六里發自秦望法華諸山入鏡湖

蘭亭溪去縣西南二十七里發自古博入鏡湖

離渚溪去縣西南三十里發六峯諸山北入鏡湖

餘支溪去縣西四十七里源有二一温一凉相滙不雜亦鏡湖之别派故名

道樹溪　大梅溪並在縣南十里受南池山水入鏡湖

芝谿去縣西四十七里餘支橋南

上淺溪去縣西南七十里發銅井山北至下洋曰

虞溪

虞谿去縣西七十五里承上淺溪之流北至清潭

曰白石溪

白石谿一名東溪去縣西七十八里上承虞溪北

流至登仙橋分爲二派一注東北入錢清江一

入鄭家閘達於查浦

巧溪去縣西南七十五里崇山之下有微泉無源

漸流以致盛大最爲巧絶故名

相溪一名西溪去縣西八十里發自蔵山嶺折流北至鎖秀橋下分爲二派禹治水至此遺履不顧行一里餘始覺乃相視之故名其溪

麻溪去縣西南一百二十里出自覓旗山合流西江

白龍溪　童子溪並在縣西南六十里受雄山諸澗水出相溪

澗

雙澗去縣西南三十里出自法華山入鏡湖唐李公垂詩有十峯排碧落雙澗合清漣之句

渚

蘭渚去縣西南二十五里晉王右軍修禊流觴之所

離渚去縣西三十里發源自唐里六峯諸山縈迴盤旋合于離渚溪

浦

查浦去縣西一百里勾踐陳兵之處

射浦去縣南五里勾踐使陳音教射之處

瀆

射瀆即射浦之別名

甲瀆去縣北三十八里

楊瀆去縣西北十二里

官瀆去縣西北十里越絶云勾踐設土官於此故

名

滙

紀家滙去縣西南一百里

大泗滙去縣西北四十五里

大滙去縣西南十五里即鑑湖南塘

池

南池去縣東南二十六里池有上下二所會稽覽

古云勾踐棲會稽范蠡即山穿池鱣魚鱉三年水陸之味不乏今古塘尚存池皆廢而爲田舊傳破塘村乃上池云

王右軍墨池去縣西南二十五里蘭亭橋東宋志華鎮記云每朝廷恩命至池水必先黑乃貯於罍以獻

王右軍鵞池與墨池相近

瑟瑟池去縣西二里以池水湛碧故名

西禪池去縣北五里

王公池在縣治西卧龍山下宋守王逵所浚故名

司馬池在縣治北如坻倉西一名賀家池北有劉太史棟芙蓉園

石家池在縣治東北織染局後

龍噴池在縣治西南以上三池國朝時制多佃屬為民業

洗馬池去縣西八十五里越王山上世傳勾踐洗馬于此故名

月池去縣西五十里

潭

射的潭在縣南僊人石室下其深莫測

照潭去縣南八里

蘇家潭去縣南一十八里

破潭去縣東南一十一里圖經謂之破塘廣八十畝

月潭去縣西九里鏡湖三山之西

壽潭在月潭之西

懽潭去縣西南一百三十里水清味甘行者至此樂飲焉故名

清潭去縣西八十里水清瑩如玉又名碧潭

潮止潭去縣西八十里廣二十餘畝小江潮至此而止故名其水冬温夏寒

包家潭在縣西北

白魚潭去縣西北一十里

朱家潭去縣東北一十八里潭傍有朱姓者居焉故名

石潭去縣西北一十八里潭底有活石故名

湖

鏡湖去縣南三里即古南湖也舊傳軒轅鑄鏡於此故名唐玄宗賜賀知章鑑湖一曲故又名賀鑑湖綿跨山會二縣周迴三百五十八里總收二縣三十六源之水東至曹娥西至西小江南至山北至郡城其初本潮汐往來之區東漢永

和五年太守馬臻始築塘蓄水溉田九千餘頃又界湖爲二曰東湖曰南湖南湖灌山陰之田東湖灌會稽之田二邑地勢南高北下故鑑湖高田丈餘田又高海丈餘旱則放湖以溉田潦則洩田以注于海自晉永和迄於宋民甚利之祥符治平以來並湖之民盜湖爲田二湖合而爲一祥符中盜湖爲田者二十七戶慶曆間爲田四百頃熙寧中盧州觀察推官江衍被遣至越不能建議復湖乃立牌於水以牌內之湖爲田聽民入租凡八十餘戶爲田七百餘頃至郡守王仲嶷併牌外之湖盡廢占湖爲田者二千三

百餘頃今湖皆爲田盡已升科有常額議欲復古以興水利者常惜之而勢必不可行矣

唐李白詩 鑑湖三百里菡萏發荷花五月西施採人看隘若耶

孟浩然詩 始覽鏡湖物中流到底清不知鱸魚味但識鷗鳥情帆得樵風送春逢穀雨晴將探夏禹穴稍背越王城府掾有包子文章推賀生滄浪醉後唱因子寄同聲

宋王十朋詩 蒼蒼涼涼紅日生葱葱鬱鬱佳氣橫鏡湖春色三百里菰花水漲扁舟輕花間啼鳥傳春意聲落竹舟驚夢寐胡牀兀坐心境清轉覺湖山有風味鑑中風物幾經春身在鑑中思古人禹蹟茫茫千載後疏鑿功歸馬太守太守湖成坐鬼責後代風流屬狂客狂客不長家鑑湖惟有漁人至今得日暮東風吹棹回花枝照眼入蓬萊回首湖山何處是欸乃聲中畫圖裏

陸游詩 千金不須買畫圖聽我長歌歌鑑湖湖山奇麗說不盡且復與子陳吾盧柳姑廟前漁作市道士莊畔菱爲租一灣畫橋出林薄兩岸紅蓼連菰蒲村南

村北鴉陣黑舍東舍西楓葉赤正當九月十月時放翁艇子無時出船頭一束書船尾一壺酒新釣紫鱖魚旋洗白蓮藕從渠貴人食萬錢放翁癡腹長便便暮歸稚子迎我笑遙指一抹西村煙

李孝光詩　賀家湖裏見秋風放翁宅前東復東兩行雲樹忽遠近十里荷花能白紅行人濯足銀河上越女梳頭清鏡中我欲長帆上南斗扶桑碧海與天通

元陳孚詩　鏡湖八百里水光如鏡明偶尋古寺坐便有清風生天濶鴈一點山空猿數聲老僧作茗供笑下孤舟輕 **本**

季貞賜宅已無主太白酒船空棹歸野色驚秋

朝錢宰詩　鏡湖白波木葉稀凉風蕭蕭入客衣鴻鴈下水聲吹晚鯉魚飛此時張翰吳中去雲鎖稽山失翠微

陸絅詩　越王山下藕花洲夜近郵亭榜客舟水箭銅壺宮閣漏風簾銀燭酒家樓千年城郭歸黃鶴萬里煙波老白鷗霜月滿天清不寐蓬窻吟倚木綿裘

傅俊詩　重湖望斷水東西百折蓮塘曲曲堤楊柳暗藏茅屋小菰蒲遥映畫橋低採菱歌去聲還杳載酒船來路欲迷幾度落紅流出暖錯教人認武陵溪

天照湖去縣東三里

青田湖去縣西十五里周廻二十餘里溉田二千畝産菱芡之利

狭獈湖去縣北一十里周廻約廣十餘里俗又呼爲黄鱔湖爲舟楫往來之道淺不能畜水遇潦則盈遇旱則涸

菱塘湖去縣西五十里湖多菱葑故名後産水芝更名芝塘湖廣三千七百二十餘畝洪武二十七年奏奉工部勘合差官丈量築隄一面建閘一口積水防旱每年七月處暑後三日啓溉三

十七八九三都田禾一萬八千餘畝民甚賴之

近被附湖居民侵佔爲田水不甚畜

黃垞湖又名大師湖去縣西北三十五里廣數百

畝

感聖湖去縣西三十里宋高宗避兵泊此有異感

故名與瓜豬湖相連

錢家湖　楊家湖並在天樂鄉今皆陞科爲田

牛頭湖舊名後山湖去縣西六十五里廣二百餘

畝有隄岸畜水灌田湖高田數尺可畜水以灌

下鄉之田

黄湖去縣西北五十二里廣二頃九十八畝

西湖去縣西八十里廣五十畝

馬安湖去縣北四十里今已陞科爲田

上盈湖去縣西一百里廣三頃五十畝

下盈湖去縣西一百里廣七頃七十畝二湖皆陞科爲田

白水湖去縣北十里旁通運河遇旱不涸甚足以資灌溉産菱芡魚鰕之利

石湖去縣西三十里廣一百頃

容山湖去縣西三十五里廣三十餘頃

秋湖去縣西三十五里廣三頃灌田千畝

瓜瀦湖去縣西三十里湖有二有前瓜瀦後瓜瀦廣十餘里淺不能畜水遇旱則涸

贔石湖　撞石湖　確山湖　相湖並在城南乃鑑湖之別名今皆陞科重田

河

運河去縣西一十里西通蕭山東通曹娥橫亘三百餘里舊經云晉司徒賀循臨郡鑿此以溉田雖旱不涸至今民仰其利

府河舊爲市民填佔窄狹嘉靖三年知府南大吉

跡闢舟楫無碍民歌思之
縣河東自蓮花橋西通王公池
鄉都諸河其名稱廣狹已載郡所刻通判江軾水
利圖志繁不盡載
三江城河在三江城下為各縣糧船往來之道
江北河在西江之北大海之南每為潮水灌入沙
塗壅積遇潦輒溢遇旱即涸不能瀦畜以資灌
溉
簞醪河在縣治東即府河華鎮考古云勾踐撫存
國人與共甘苦有獻壺漿受之覆流水上士卒

承流飲之人百其勇[illegible]侍天[illegible][illegible]往事悠悠逝水知習[illegible]尚想報吳時一壺解遣三軍醉不比商家酒作池

江

西小江去縣西北四十五里其源乃諸暨之浣江分爲二派初出天樂經流蕭山轉東北達於海天順元年太守彭誼建白馬山閘以遏三江口之潮閘東盡漲爲田於是江水不通於海矣

錢清江去縣西五十里按舊志即浦陽江也漢太守劉寵有惠政山陰有數父老賫百錢送之寵選大錢投于江遂呼曰錢清江今已通運河江

廢

海

三江海口去縣北三十里曹娥江錢清江浙江三江水會流於此入海

白洋海口去縣西北五十八里北望嘉興之澉浦西連淛江

橋渡

府橋在縣東北一里鎮東閣東　酒務橋在縣東南一里　蓮花橋在縣東南百餘步　平章橋在縣東南半里　鳳儀橋在縣東南半里近司獄司俗名懊來橋　黃泥橋在縣南一里　拜王橋在縣南一里錢鏐平董昌邑人拜於此故名又名登瀛橋

大郎橋在縣西四十步小郎橋在縣西五十步清泠橋在縣西南西園門上章家橋在縣東南二里如坻橋在縣東北二里以近如坻倉故名倉橋在縣東北二里許以近便民倉故名鯉魚橋在縣北二里許錦鱗橋在縣北二里許宋時浙東貢院故址故二橋之名皆取此謝公橋在縣北二里太守謝公所置故名北海橋在縣北三里許俗傳唐李邕寓居於此光相橋在縣北三里許弘濟橋在火珠山下本名火珠橋嘉靖間郡守南大吉名寶珠後守湯紹恩重修改今名捨子橋在縣東南三里承天橋在縣東南三里木瓜橋在縣東南三里大雲橋在縣東南四里隆興橋在縣東南三里水澄橋在縣東北二里新河橋在縣東北二里許江橋在縣東北三里乃宋江彪居於此故名小江橋在江橋邊故以小名斜橋在縣東北三里本名中正橋大善橋在縣東北二里許草貌橋在縣北三

里題扇橋在縣東北四里許香橋在縣東北三里許畫馬橋在縣東北五里許採花橋在縣東北五里板橋在縣北一里許萬安橋在縣北二里呂安橋在縣東北五里以上諸橋皆在縣治内亭山橋去縣南一十五里山近鏡湖諸溪之水匯焉東入郡城西通諸暨路稽山橋去縣南一十五里鏡湖上以近稽山故名東入郡城西通諸暨路西跨湖橋去縣西南六里鏡湖上南通離渚路十老橋去縣西南十五里有老者十人共建故名蘭亭橋去縣西南二十五里跨橋爲含暉橋横塘橋去縣西南二十五里大虹橋去縣西南四十里古今人多以虹蜺與橋方比而此橋又雄架湖上遂名之曰大虹白樓堰橋去縣西八里昔橋傍有亭名曰白樓而橋亦名東入郡城南通諸暨路何山橋去縣一十里東入郡城南通諸暨路迎恩橋在迎恩門外永樂橋在迎恩門外西北五十步菜市橋在迎恩門外虹橋去縣

北十里宋理宗少時浴于此故又名浴龍橋氐咸橋去縣西北十里又名會龍橋霞頭橋去縣西北一十三里杜浦橋去縣西北一十五里高橋去縣西北二十五里運河塘上橋最高故名越浦橋去縣西一十四里興福廟橋去縣西一十四里梅市橋去縣西北二十里王城東橋去縣西北一十二里王城西橋去縣西北一十五里柯橋去縣西北三十里柯亭下魯墟橋去縣西北一十五里阮社橋去縣西北四十五里太平橋去縣西北四十六里橋北有張侯祠板橋去縣西北五十里賓舍橋去縣西六十五里餘支橋去縣西北四十八里清江橋去縣西五十三里東跨湖橋去縣南五里東入郡城西通諸暨路禹會橋去縣西六十里夏履橋去縣西南八十里夏禹治水遺履於此故名宣橋去縣西五十八里景泰初重建改名登僊鎖秀橋在登仙橋西百步湖上橋去縣西八

十里

相步橋去縣西八十里 官瀆橋去縣西北十里 錢清浮橋去縣西北五十三里舊以木柵爲浮橋弘治八年邑人周廷澤建 萬家橋去縣西四里 興安橋去縣西北二十五里鄉人祁茂興建功未就而卒其子子安繼之而成以其父子之名名橋云

廣溪橋去縣西北五十二里 西小江浮橋去縣西北五十五里 文應橋去縣東北十里朱買臣讀書于此後封文應侯故名 高門橋去縣東北十里 昌坊橋去縣東北十里 趙墅橋去縣東北一十五里 六山橋去縣東北二十里 富陵橋去縣東北十五里嘉靖間新建 七眼橋去縣東北三十里 梅仙橋去縣西南二十里

寨口橋去縣西南七十里 新橋去縣西南七十里 青墩橋去縣西北五十里 上横橋去縣西南二十八里 梅林橋去縣西北四十八里 行義橋去縣西北五十里 趙家廟橋去縣西北五十里 通利橋去縣西北五十

里上下平橋去縣三十里蟵峯下鑑湖橋去縣西北一十五里涵清橋

鍾秀橋並在縣西小步里以上諸橋皆在縣治外

南堰門渡去縣南一十里前梅渡去縣西北六十里錢清江上流南通諸暨北達蕭山濱江之民造舟以渡張湖渡去縣西七十里邵家渡去縣西北三十里三江渡去縣東北三十三里國朝知府湯紹恩改建新閘荷湖渡去縣北三十三里在璜山東大峯山南上通扁拖甲蓬二閘下接三江新閘北有荷湖俗訛云豪湖周圍數里查浦渡去縣西八十里蘭亭渡去縣南二十五里跨蘭渚之流離渚渡去縣西三十里

堰閘

錢清堰去縣西北五十里嘉泰元年置先是小江南北岸各一堰官舟行旅泝往來者如織今因築白馬閘潮汐不至乃去之以通南北運河抱姑堰去縣西北五十里內總大河外

臨小江古人築此以障潮汐然低小易潰或有小水蒙致淹沒往來病涉宜用椿石疊砌庶免崩珊

南堰去縣南一里許　賓舍堰　童家堰　新開堰洪武間改爲填

葉家堰　蔡家堰　越王堰　沉釀堰　湖桑堰

三江堰　中堰　石堰並在郡城西湖塘上瀦蓄湖水今因湖廢俱改爲橋

白樓堰去縣西四里常禧門外堰西有則水牌　廣巖堰去府城西北官道上今改爲橋

吳滬堰一名王婆堰去縣西五十里　魚後堰　鴨賽堰　西虛堰　蜀阜堰　華舍堰　姚衙堰　抱盆堰並在西小江南塘上蓄泄塘南之水今因江塞俱改爲橋　甲瀆堰　安昌堰　余家堰並在西小江北塘蓄泄塘北之水先因江塞俱廢今建閘　三江門外堰去縣東北七里堰之北有則水牌

三江應宿閘　玉山閘　扁拖閘　涇溇閘　撞塘閘　平水閘以上六閘詳載水利志　朱儲閘在縣北三十里唐貞元初觀察使皇甫政建嘉定間郡守趙彥倓以潮水爲患築塘包絕　甲蓬閘在縣北三十五里扁拖閘東　新灶閘　栢林閘在縣北三十里並郡守戴琥所建因小江漲塞久廢惟甲蓬閘尚存　顧頭閘在縣西北四十里久廢　白馬山閘在縣西北四十五里白馬山麓天順初郡守彭誼所建今廢　錢清閘在縣西五十里釣橋之右　拎浦閘　鄭家閘並在新安鄉三十八九都地方　栁塘閘在縣西七十里天樂鄉　九眼閘在縣西五十里錢清江南元時居民所建　廣陵閘在縣西六十四里漢郡守馬臻所建今改爲橋　新涇閘在縣西四十六里抱姑之左九眼之北唐太和七年浙東觀察使陸亘建

白溇閘　柯山閘　三山閘俱在鑑湖之西湖廢爲田今皆湮塞

水閘在縣西一十五里自朱儲侍郎閘不[illegible]三江[illegible]以下十七閘俱名存實廢詩[illegible]十里長堤障百川豐功何止萬人緣迢遞星漢印青野蜿蜒蛟龍卧紫煙一柱謾高羊祜石三江應小范公泉海翁亦喜沾遺澤隶筆頻書大有年

會稽志卷第二終

山陰縣志卷第三

物產志

穀　蔬　菓　木　竹　花　草　藥　水產

禽　獸　器　貨

山陰土田維下其壤沃百穀蕃蕪山珎海錯利周遐邇生民所需不可無紀作物產志

穀之屬有蚤稻六月蚤熟紫口甲嘴微紫粒細朝穧俗謂之老了烏麄稈細稈細珠蚤白黏晚白黏越人謂芒爲黏料水白歲遇甚潦輒能長出水上餘杭白粒圓白俗傳種自餘杭來故名稚蒙粒麄而黏最短以上俱秔類榧糯青稈糯水鮮糯八月蚤熟羊鬚糯胭脂

糯蚕黄黏黄殼糯以上俱秫類大麥廣雅曰麰也立夏前熟小

麥廣雅曰麳也蕎麥三稜而赤色七月種九月熟粳粟糯粟赤荳

綠荳毛荳即白荳莢毛故俗呼毛荳白褊荳粒黑者曰白眼荳莢長而尖者

曰羊角荳八月熟羅漢荳蠶月熟故又名蠶荳虎爪荳粒斑而大九月熟

豇荳莢長尺餘最長而軟者俗名裙帶荳其莢短者曰短豇四五月熟莢可蒸食刀

荳莢厚形似刀

蔬之屬有白菜青菜菜菔俗呼爲蘿蔔即蕪菁也有二種一

黃一白油菜芥莧有紅白黑三色甜菜有冬夏二種苦菜萵苣

菠薐薺菜薹菜瓜越有黃瓜青瓜四五月熟西瓜金瓜甜瓜絲瓜六七月熟

冬瓜亦名節瓜九十月熟述異志曰吳桓王時越有五色瓜王十朋風俗賦曰賀瓜蕭區茄

又名瓜四月熟至芋俗呼芋艿宜水者曰筍擿
落蘇瓠六月不食水芋宜陸者曰旱芋笋
花笋箭笋三品絶佳冬月取貓笋
萌土中者曰蕈笋尤爲土產之最芹茭白蕨爾
曰蕨鱉初生無葉可食時蔬韭蒜薤蒿菜雅
生山谷間越地最多

菓之屬有楊梅會稽志曰楊梅品之最佳者曰官
長梅色紫實大核小出項里越人
多漬以糖或梅郡志曰昌原梅最盛實大而美
壚以案酒項里容山又多出古梅王十朋
風俗賦云鴛梅並蔕蓋杏郡志曰越有
越又有千葉鴛鴦梅銀杏李黃蠟李麥熟
李迎瓜李皺李枇杷六月熟者曰夏桃七月
白淡李紫茄李桃熟者曰秋𡘋郡志曰𡘋
之品不一湖南之大緋紅𡘋最佳又云鏡湖之
西彌望連岡接嶺映山照水如雲霞恍然異境
梨郡志云越人呼爲梨頭如木柵之馮家
梨映日紅破塘之青消梨蓋最佳云石榴
棗越人呼鮮棗爲白蒲棗牛香圜似柚而大小
頭山江塘所產者最佳者名香圓

柑橙柚橘杜荀鶴送人遊越詩云有園皆種橘無渚不生蓮金橘蒲萄有漿水馬腦二種味佳栗柹有紅柹牛心柹綠柹菱一名芰屈到嗜芰即此是也越人謂小者爲刺菱巨者爲大菱四角者爲沙角菱產莫盛于山陰每歲八月菱舟環集鑑湖中王翰詩曰不知湖上菱歌女幾箇春舟在若耶王十朋風俗賦曰有菱歌兮聲峭蓮子芡俗謂之鷄頭舊史云山陰梅市鷄頭最盛藕六七月間最佳俗謂之花下藕

木之屬有松郡志曰越多百年之松栢桐梓十道志云越人多種豫章樹梓即豫章也吳越春秋曰吳王好起宮室越王使工入山伐木天生神木一雙大二十圍陽爲文梓陰爲楩柟檜楮樟榆楊栁桑柘槐檀烏桕冬青椿桂櫟楝楓檉皂莢櫲榧櫧杉

竹之屬有箭竹幹直可以爲矢所謂會稽竹箭是也猫竹幹大而厚異衆竹越

人取以爲舟舟筍味甚佳冬月未石竹苦竹筍[illegible]
出土時俗呼爲葷筍味尤雋爽苦[illegible]
黃苦青苦白苦紫苦四種幹細而直淡竹可煑
可以爲筆圖經曰越出筆管是也以爲
紙箯竹性韌可作篾亦堪織簟西京雜可
志曰會稽貢竹簟號流黃簟煑
以爲紙幹䈽竹即筆竹筍味甘水竹慈竹小而
細而直有蚤晚二種客土
人多植之以當籬冬月筍生竹外斑竹述異志
繞其母故又名孝竹一名王祥竹云越中
有顧家斑竹用以作紫竹龍鬚竹長而秀
牀椅及他器甚清雅節踈鳳尾
竹葉杪而小亦角竹節高而踈筍
慈竹別種味淡有斑色

花之屬有牡丹歐陽公花品序曰芍藥王十朋風
牡丹亦出越州俗賦曰牡
丹如洛芍蜀葵芙蓉薔薇海棠艸木記曰木之
藥如揚奇者會稽之海
棠沈立海棠記曰花一名躑躅王十朋風
中帶海者從海外來杜鵑俗賦曰天衣杜鵑

山茶 郡志云山茶葉如茶高丈餘葉大盈寸色如緋十二月盛開 木犀 即桂花越有丹桂俗名紅木犀 菊 越中菊花奇香異種至一二百種 山丹 芙蕖 即荷花舊傳鑑湖及若耶溪荷花最盛李白詩曰荷花鏡裏香王十朋風俗賦曰香有芙蕖 又李白採蓮曲 若耶溪畔採蓮女笑隔荷花共人語日照新粧水底明風飄香袂空中舉岸上誰家遊冶郎三三五五映垂楊紫騮嘶入落花去對此躊躕空斷腸 鳳僊 有五色 水仙 紫薇 紫荊 蘭 越絕書曰句踐種蘭渚山王十朋風俗賦曰蘭亭國香 雞冠 荼蘼 萱花 俗呼為鹿葱 薝蔔花 俗名黃梔花郡志曰越有二種一曰山梔生山谷間一曰水梔生水涯有單葉千葉 洛陽花 有五色色甚媚 芭蕉 木槿 石竹 玉簪 剪春羅 剪秋羅 木筆花 花蕊似筆故名一名辛夷 臘梅 色黃十二月盛開 午時花 午開子落 長春花 即月月紅

草之屬有蒂草越人取以爲蒂産多而利博菠草釋草云臺夫須可以爲笠又可以爲蓑蔓生江邊荇蓼吳越春秋曰越王念復吳讎卧則切之以蓼冬則抱水夏則抱火蓋言其刻志云蘋藻萍菖蒲越有一種葉有脊如劒謂之鴈蕩蒲俗名虎鬚菖蒲生石上節殊密蘆荻茗蕺蕺珠山所産最多蔓生莖紫赤色吳越春秋云越王嗜蕺嘗採以食之今邑歲凶民斸其根食之諺曰豐年嫌我臭荒年賴我救三白草出鏡湖澤畔初生不白入夏葉端方白農人候之以蒔田三葉白苗畢秀矣藍苔

藥之屬有餘糧即禹餘糧土人呼爲奇糧産山谷間服之令人不飢療瘋疾毒瘡其功甚速山民遇歉歲取食之半夏香附本草又謂之莎根白芍藥蒼术紅花茴香五味子瓜蔞紫蘇山查南星百合薄荷梔子車前子蔓荊子金櫻子白术本草

日生杭越諸州枸杞子劉寄奴生山間本草日華子注云治心腹痛止霍亂鄉人煮飲之多驗馬兜零本草日華子注云越州七八月採益母草

水産之屬有鯉郡志云越人謂鯉之小者爲鯉花鱸之小者爲鱸靸鯽之小者爲鯽核鯽鱸八月鱸始肥張翰八月思江東鱸是也鮎鱓鱨土人謂之黃鱨亦謂之白條魚鰴銀魚鰦鰻大者爲箭鰻八月最肥俗呼爲風鰻鱔土人夏至以後始食入秋則不食鰱土人呼白鱗者爲白鰱赤鱗者爲紅鰱鰍蟹小者爲蟛蜞大者爲黃甲產三江海涯又有紫蟹產上河其味尤冠絕酉陽雜俎曰八月蟹腹有稻芒長寸許向東輸與海神未輸芒不可食蝦蟶產三江海涯蛙鼈蚌蛤蜆螺王十朋風俗賦曰孕珠之螺吐鐵產三江海涯

禽之屬有鷓鴣郡志云鷓鴣自呼其名常向日而飛飛數遶月山間頗多李白越王

臺詩曰只今准有鵀鴟飛戴勝越人云降桑遇金日主穀賤月令所謂戴勝降于桑蓋三月始出也雉鵪鶉桑扈百舌鸂鶒鶺鴒[illegible]鵜鶘布谷鴛鴦鸛鴣土人呼爲雪姑鳴則必雪鴿鵲山鵲雀鷗鳧鷺鷥鶯鷹燕鴉有別種土人呼爲寒鴉歲十月自西比來其陣蔽天乃春中乃去秦太虛樂府云寒鴉萬點流水繞孤村不至越者殆不知也鶴鷂鸛鷄鵞王羲之居蕺山性愛鵞有老母養一鵞善鳴求市未得遂携親故以就觀焉鴨禮記疏曰野鴨曰鳧家鴨曰鶩唐陸龜蒙有鬬鴨一欄龜蒙曰此鴨能作人語王十朋風俗賦曰能言之鶩杜鵑一名子規夜啼達旦血漬草木烏昔越王入國有丹烏夾王而飛故勾踐起望烏臺以紀其瑞又舊經云法華山有雙烏雛長則送出之鸕鷀漁人畜之以取魚

獸之屬有虎麋兔狐獺記曰獺祭魚然後漁人入澤梁山陰澤居時多見之

猨貍馬驢騾獾犬貓牛羊豬

器之屬有弓箭左傳曰東南之美
則有會稽之竹箭草席竹扇茗帚

蒲扇

貨之屬有鹽三江錢淸二場鹽利甚博商販畢集
國初所需按亭民煎鹽之法海潮每
至沃沙日暴沙白用鐵刀刮鹻聚而苦之乃淋
鹻取滷然後試以蓮子每用竹筒一枚長寸許
取老硬石蓮三枚納筒中探滷三蓮橫浮則極
鹹謂之足蓮滷亦謂之頭滷二蓮橫浮次之若
三蓮俱直浮其滷薄不可用凡煑煎編竹爲盤
中爲百耳以篾懸之塗以石灰繞足受滷然烈
焰中滷不漏而槃不焦灼一槃
可煑二十過近亦稍用鐵槃茶臥龍山產茶
最佳名瑞龍
茶會稽志曰會稽產茶極多佳品惟臥龍一品
得名亦盛與日鑄相亞杜牧之詩曰山實東吳
地茶稱
瑞草魁苧葛麻甚績以爲索者俗呼黃麻又呼
苧爲苧麻堪食者俗呼支麻可

以作油木綿絲布有苧有綿綃絲紬綿紬竹紙會稽志曰會稽竹紙今天樂鄉出紙尤盛民家或賴以致饒宋米元章薛道祖曾文清皆有越州竹紙詩載郡志中黃紙草紙菜油桐油麻油相油銅錫靛青蜂蜜出境內者土人呼本山蜜味甚嘉黃蠟

風俗志

歲時　俗變

越之俗蓋有禹之遺風焉故其民循循晉書勤于身儉于家奉祭祀力溝洫宋志聖人之澤足徵也況乎海嶽精液善生俊異是以忠臣係踵孝子連間虞翻對下逮凡民罔不敏柔而惠宋書好學篤志隆師擇

友弦誦之聲比屋相聞且其地有湖陂灌溉之利絲布魚鹽之饒宋志以舟楫爲輿馬越絶書火耕水耨食物常足漢書商賈工作皆著本業宋志其男女屏浮靡不事嚴内外以示禮别斯古之山陰其有足稱哉昔勾踐苦節讐吴而俗多慷慨赴功名之士漢初治尚寬大而長者之行聞于鄉晉以風流相命而會稽人士標度冠江左政由俗華風以世移唐宋之隆文物盛而淳龐者浸以漓矣胡元亂華風斯靡然越多隱君子義存君父爲世大防彝教賴以不墜

明興敷典懋禮道一化同山陰固涵濡之善地也
自
憲孝兩朝至
今上皇帝時視　國初益彬彬矣予嘗聞先生長者
言前輩遺事大都崇孝弟尚廉恥畏刑辟習儉素
鄉之長老多厚重謹飭恥言人過失讀書敦本實
不以虛文相炫飾子弟稍縱恣輒以規矩繩之其
仕進率砥礪名節能建立于時山林之遺逸清修
高蹈各以詩文名其家其行業為後生典刑雖鄙
暴者亦知所尊禮農工商賈勤力敦篤不敢犯非

其分婦人愼内閑而脩女事尚志節無論富貧于昔之所稱述蓋庶幾焉乃今特立懷古之士則尚不忘其初凡民敗佚其可慨惜者亦多矣嗟夫悲哉江河之變其孰挽之非夫薦紳之彦飭躬範俗振起古道與夫長民社者表率而匡其末失將奚賴哉

歲時

正旦男女夙興家主設酒菓禮奠名曰接神繞室廬皆爆竹震蕩黎明始啓戶焚香拜天次設其先主及遺像率卑幼拜之然後男女序拜其

尊長命誨且致祝語其卑者亦以次交拜男子仍盛服詣親屬門行禮稱賀歲各以酒食相欵接凡五日方畢立春先一日郡邑官寮迎春東郊閭里無貴賤少長集通衢遊觀率燕饗娛樂而罷至期用巫祝禱祭謂之作春福元宵前二日官府弛禁縱民偕樂朱門畫屋出奇製炫華飾作勝事以矜其豪華其寺觀堂宇亦垂綵帶懸諸花燈街市結竹棚張綵懸華燈煙樓月殿鰲山銀海窮奇競巧珍玩咸備簫鼓謳之聲諠闐徹旦男女遊觀于道雖囂雜中亦稍知避

讓竟五夕乃巳社日鄉有社祭既畢設燕序齒列坐雖顯貴人亦未嘗先其杖者清明節家挿栁于簷端偕少長行賞郊外曰踏青由清明前後携男女具時羞墓祭亦有盛聲衆移舟集名勝地爲終日遊曰下湖每遇霽景澄湖曲川畫船相尾羅綺繁華與桃李相穿映端陽日以角黍相饋遺家設蒲觴置雄黃其中仍懸艾虎及綵符云以祛邪惡其日多禁忌採藥者率以其期夏至祀先祖以麵鄉人競渡于通津衣小兒衣歌農歌率數十人共一舟以先後相馳逐觀

者往來如堵七月七夕相宴集乞巧社日亦有社祭鄉社燕十五日龍浮齑蘭盆會祀先用素饌中秋夜好事者多設具以觀月華九日登高珮萸泛菊蒸米爲五色糕剪綵旗供小兒嬉戲冬至累麵包用牲醴祀先視常節最隆惟不相拜賀臘月終旬盛用品物賽天神亦祀其先謂之年紙時丐人飾鬼容執器仗緣門相逐疫畧如古之儺者除夕換桃符易門神洒掃堂室懸紙錢于閾旁向暮家設火具置雜薪爇之烈舉于門側曰籸盆光熖燭天爆竹如震雷仍設祀

謂之送神已乃闔門集少長群坐歡飲稱分歲酒有終夜齋坐者曰守歲大觀歲時之沿習民風可槩而知也禮雖漓雜間有得先王之遺意者因其故變易而弗失其宜任世道者盖有責焉

俗變

縣俗童子十五以上率多冠冠禮廢不講而婚禮壞棄尤甚嫁娶弗華靡以財相高至生女之家有淹溺而不舉者居喪具酒殽待賓客多用浮屠葬感堪輿之術或數年殯淺土暴其親以

希貴富祭用褻禮其節次已見于歲時親友常燕輒羅珍羞列聲樂以豐侈爲款厚先輩儉素厚重之風漸委棄而不可返縉紳之士毅挽流俗有動以古禮爲準者俗之人乃迂而嗤之盖耳目溺於濡染相習莫知其非誠有可慨者韓子曰越俗不好古詎不信哉

四民之外有丐戶者例不得與良民相婚姻處世久遠不知其所從始或曰有宋罪俘之遺也名曰墮民散處鄉都居會稽者尤多其男子率汚賤無賴每歲時或良家婚喪呼羣類丐酒食過其家之

單弱者輒相索無厭極好誣訐良民竭黨傾貲以相取勝婦人尤貪黠而佞邪往來良人家作媒保貿衣粧多鬼竊而陰攘之尤能以流言間骨肉罔是非根連株結為害多端蓋越之一戾種也

民賦志

戶口　征稅　糧則　貢額

志邑事而民賦獨詳者為民計也別戶口列征稅紀糧則述貢額一自

昭代以著成數不敢加一詞焉俾經國者守之而

損益惟中斯民亦永賴哉

戶口

洪武二十四年戶五萬三千九百四十六口二十萬四千五百三永樂十年戶五萬三千九百四十六口二十萬四千五百三嘉靖十年戶二萬九千六百六十八口一十萬三千四百三十二男子七萬九千六十二婦女三萬四千三百七十三嘉靖二十年戶二萬九千四十二口一十一萬五千一十一男子八萬一千九百九十九婦女三萬三千一十二

民戶二萬三千二百二十七戶

軍戶一萬一百九十四南京留守等衛所共軍六百五十二戶北京彭城等衛所共軍六百五十九戶直隸神武等衛所共軍三百五十五戶廣西都司柳州等衛所共軍二百二十八戶浙江都司杭州等衛所共軍二千二百五十三戶江西都司饒州等衛所共軍二十三戶福建都司平海等衛所共軍四十三戶河南都司信陽等衛所共軍一百十六戶山東都司濟南等衛所共軍三十五戶山西都司瀋陽等衛所共軍九十三戶陝西都司甘州等衛所共軍五百三十七戶湖廣都司黄州等衛所共軍六百二戶遼東都司廣寧等衛所共軍一千六百七戶四川都司建昌等衛所共軍七百八十九戶雲南都司雲南等衛所共軍八百五十二戶貴州都司清平等衛所共軍九百四戶廣東都司海南等衛所共軍二十一戶大寧都司營州等衛所共軍二百七十四戶萬全都司保安等衛所共軍五十五戶中都留守司共軍九十六戶

匠戶五百六十一京班人匠除逃亡外實在人匠四百一十三名分爲四年一班

每一年四季納價輸京每名該班者徵銀一兩八錢織染局匠一百一十六戶弓張局匠三十二名

灶戶九百五十六戶軍民灶匠皆據國初成數視今數盈縮不同矣

征稅

洪武二十四年官民田地山蕩池塘溇溜總一萬四千四百九十頃二十七畝二分三釐三絲一忽田五千八百二十四頃六十畝七分四厘二毫四絲九忽地八百四十五頃八畝五分七毫七絲三忽山七千七百八十五頃九十九畝三分一厘一毫八絲九忽蕩二十頃八十一畝八分二厘四毫池二頃二十八畝六分五厘五毫五絲塘一十頃四十七畝九分九厘八毫七絲溇一分九厘

夏稅麥一千七伯九石二斗四升六合八勺鈔一千六伯五十一貫八伯八十七文幣帛絹一疋

秋糧米一十一萬二千五伯八十二石租鈔二萬三千五十二貫五伯八十九文官房賃鈔一伯八貫四伯三十文

農桑七千一伯五十七株該絲二十三斤一十四兩每絲一斤二兩折絹二十一疋

永樂十年官民田地山蕩池塘溇溜總一萬四千三十頃六十畝田五千七百五十頃六畝八分四釐三毫地八伯五十三頃六十一畝七分六釐四毫山七千七百八十三頃二十一畝七分一釐四毫蕩二千九頃五十二畝八分五釐四毫池二頃三十六畝八分五釐六毫塘一十一頃七十七畝九分七釐二毫五絲溇五畝十分九釐五毫溜二分五釐

夏稅麥一千六伯九十六石一斗九升六合三勺

折細絲一伯二觔每觔准麥一石二斗該麥一

伯二十二石四斗本色麥一千五伯七十三石

七斗九升六合三勺鈔一千六伯三十六貫八

伯九十二文

秋糧米 萬二千六伯二石九斗一升四合六

勺折細絲二伯七十八觔四兩每觔准米一石

該米二百七十捌石二斗五升本色米一十萬

二千三伯二十四石六斗六升四合六勺租鈔

二萬四千四伯七十三貫四百一十二文官房

賃鈔一千八十四貫八伯八十三文

農桑七千一百五十七株該絲二十三觔十两每

絲一觔二兩折絹一疋總二十一疋

嘉靖二十年官民田地山蕩池塘溇溜總一萬四

千七伯六頃五畆五分六釐二毫九絲九忽五微

原額官民田五千八百五十五頃八十一畆三分嘉靖十年知縣劉㒟新增開墾沙田一伯四十九頃五十五畆六厘九毫今共田六千五頃三十六畆三分六厘九毫

夏稅麥一千六伯九十六石七斗三升四合二勺

鈔一千六伯五十一貫八伯七十五文幣帛絹

一疋起運京庫折銀麥一千九十八石六斗三升二合每石折銀三錢五分共銀二百七

十四兩六錢伍分八厘存留本府人脩倉麥折
米肆伯玖十九石三升三合三勺本縣儒學倉
麥折米一伯石本府嘉靖庫鈔三百三十錠一
貫七百九十五文每貫折銀三厘共銀四兩九
錢五分五厘三毫八絲五忽浙江布政司廣濟
庫幣帛絹一疋嘉靖十一年本司批申分豁訖
秋糧米八萬二千七百六石五斗九升二勺租鈔
二萬六千五百五十四貫八伯四文賃鈔一千
九十六貫七伯一十六文起運京庫折銀米一萬七千八百七十三
石二斗七升伍合每石折銀二錢五分共銀四
千四百六十八兩三錢一分八厘七毫五絲南
京米一萬五千五百四十五石本色米一萬四
千七百五十石一斗三升九合每石封銀八錢
五分差官押各粮長運南京上納折色米七百
九十四石八斗六升一合每石折銀六錢共銀
四百七十六兩九錢一分六厘六毫存留本府
如意倉米一萬一十四十四石五斗四升六合

入勺本色米一萬六千九伯三十一石一斗八
升二合七勺六抄折色米五千一百一十三石
三斗六升四合四抄每石折銀五錢五分共銀
二千八百一十二兩三錢五分二毫二絲二忽
大有倉米六千三百七十四石七斗二勺內本
色米四千四百六十二石二斗九升一勺四抄
折色米一千九百一十二石四斗一升六抄每
石折銀五錢五分共銀一千五十一兩八錢二
分五厘五毫三絲三忽預備倉米六千石每石
折銀五錢共銀三千兩預料米二伯二十九石
一斗七升每石折銀六錢共銀一伯三十七兩
五錢二厘本縣三江倉米一千六伯石餘姚縣
常豐一倉米一萬石常豐二倉米五千七百五
十四石常豐三倉米二百八十五石八斗九升
八合二勺本府泰積庫鈔五千五百二十七錠
一貫二伯一十六文每貫折銀三厘共銀八十
二兩九錢八厘
六毫四絲八忽
農桑七千一伯五十七株

課程鈔一千一十六錠二貫三百六十文
酒醋課鈔五百三十一錠一貫八百文
錢清塲鹽課司每歲買納鹽五千六百四十六引
九十九觔八兩一錢
三江塲鹽課司每歲買納鹽九千五百八十二引
一百九十二觔六兩
離渚稅課局每歲額辦商稅課鈔一萬二千六百
四十六錠二貫四百四十文
河泊所額辦魚課鈔三千六伯三十錠六十文
鄉都人民戶口每年出辦鹽糧米八伯三十石七

斗二升

官吏市民戶口出辦鹽鈔三千三百五十二錠四貫

每歲額征油榨鈔四百八十五錠五百六十文

丁田額辦銀四伯四十三兩七錢四分五釐二毫一絲五忽五微六塵一漠三埃

坐辦銀一千八百七十七兩七錢四分九毫三絲八忽一塵一渺三漠三埃

雜辦銀二伯七十二兩二錢七分六釐七毫七絲六忽三微二塵七渺八漠三埃俱於每歲里甲

派徵

徭役每年分列上中下戶繁簡量戶編審有差十年以次輪編額差銀總四千八十一兩三錢三分二釐二毫[illegible]直部柴薪皂隸一十名每名該銀一十二兩直堂把門看倉看監隸兵三名每名該銀一十兩預備織造銀五百兩鹽法察院弓兵一名傘夫二名每名該銀七兩二錢布政司柴薪皂隸一名該銀一十二兩皂隸三名每名該銀柒兩二錢門子一名該銀三兩清軍道皂隸二名聽差弓兵一名分守紹台道皂隸二名溫處道聽差弓兵一名聽事夫三名每名該銀柒兩二錢廣積庫子一名該銀九兩經歷司皂隸一名該銀七兩二錢照磨所皂隸一名該銀七兩二錢理問所獄卒二名每名該銀九兩皂隸二名每名該銀七兩二錢按察司巡視海道皂隸二名分巡寧紹台道門子一名每名該銀七兩二錢分司門子一

名每名該銀三兩獄卒一名該銀九兩都司斷
事司柴薪皂隸三名每名該銀一十二兩獄卒
五名每名該銀七兩二錢經歷司皂隸二名每
名該銀七兩二錢鹽運司柴薪皂隸四名每名
該銀一十二兩皂隸一十二名每名該銀六兩
門子一名該銀七兩二錢察院看守門子一名
該銀三兩本府柴薪皂隸八名每名該銀一十
二兩馬夫四十九名每名該銀四兩新官到任
家火銀七兩三分二厘二毫門子四名每名該
銀三兩六錢直堂皂隸三十名每名該銀六兩
巡鹽應捕九名每名該銀五兩四錢儒學齋夫
一名該銀一十二兩膳夫二名每名該銀一十
兩歲貢路費銀三十兩門子二名庫子三名斗
級三名每名該銀七兩二錢啓聖公等祠射圃
等亭門子共一名該銀七兩二錢預備倉斗級
四名大有倉斗級二名如紙倉斗級二名每名
該銀七兩二錢稅課司巡攔一十二名每名該
銀五兩司獄司獄卒一十五名每名該銀七兩
二錢在城河泊所巡攔二名每名該工食銀五
兩批驗所工腳一十二名三江場工腳七名錢

[illegible]五名每名該銀三兩[illegible]九名每名該銀一十兩馬夫四十名每名該銀四兩[illegible]銀一十六兩門子二名每名該銀三兩六錢[illegible]一名該銀七兩[illegible]三十五名每名該銀六兩巡鹽應捕一十名每名該銀五兩四錢獄卒十六名預備倉斗級二名每名該銀七兩二錢[illegible]一名該銀三兩[illegible]六名每名該銀一十二兩膳夫八名每名該銀一十兩[illegible]銀一十二兩[illegible]銀三十兩門子三名庫子二名斗級三名啓聖公等祠門子共一名每名該銀七兩二錢[illegible]巡檢司弓兵三十名三江[illegible]弓兵五十名[illegible]巡檢司弓兵五名[illegible]一十名五分每名該銀五兩[illegible]鋪夫六名每名該銀八兩[illegible]門子一名[illegible]門子一名[illegible]公館門守一名[illegible]門子二名[illegible]門子一名每名各該銀三兩[illegible]渡夫一名[illegible]夫一名[illegible]夫一名[illegible]夫二名[illegible]夫二名[illegible]夫五名每名各該銀二兩[illegible]

兵一十名[illegible]鋪兵六名高橋鋪兵六名[illegible]
鋪兵六名[illegible]鋪兵六名白塔鋪兵六名[illegible]
鋪兵六名[illegible]鋪兵六名金家店鋪兵六名[illegible]
[illegible]鋪兵六名[illegible]鋪兵六名每名各該銀四兩
昌安鋪兵六名[illegible]山鋪兵六名三江鋪兵四名
每名各該銀三兩司府解戶五名每名該銀三
十兩[illegible]一十二
名每名該銀三兩三分

水馬總額銀二千四百三十九兩八錢四分

水鄉額銀一千一百三十九兩六錢四分有奇新
增沙田四百六兩三錢四分三厘有奇總銀一
千五百三兩四錢八分五毫三絲八忽四微一
纖一沙二塵五渺

水夫總額銀六伯七兩二錢

民壯一伯七十名每名給工食銀六兩總銀一千二十兩以槩縣田畝人丁科派分作九隊隊各有總小甲有軍器手隨軍操練

糧則

感鳳鄉民田上則每畝科正米六升一合中則每畝科正米五升四合九勺下則每畝科正米四升八合七勺

巫山鄉民田上則每畝科正米六升一合中則每畝科正米五升四合九勺下則每畝科正米四升八合七勺

靈芝東西鄉民田上　每畝科正米六升五合五勺中則每畝科正米五升九合四勺下則每畝科正米五升二合六勺

梅市鄉民田上則每畝科正米六升一合中則每畝科正米五升四合九勺下則每畝科正米四升八合七勺湖田上則每畝科正米一斗八升二合九勺中則每畝科正米一斗五升二合八勺下則每畝科正米一斗二升二合七勺

温泉東西鄉民田上則每畝科正米六升一合中則每畝科正米五升四合九勺下則每畝科正

米四升八合七勺湖田上則每畝科正米一斗
七升三合八勺中則每畝科正米一斗四升六
合三勺下則每畝科正米一斗一升五合九勺
迎恩鄉民田上則每畝科正米五升四合中則每
畝科正米四升八合九勺下則每畝科正米四
升三合四勺湖田上則每畝科正米一斗八升
七合中則每畝科正米一斗五升六合二勺下
則每畝科正米一斗二升六合
承務鄉民田上則每畝科正米四升二合四勺中
則每畝科正米三升八合下則每畝科正米三

升三合九勺湖田上則每畝科正米一斗八升七合中則每畝科正米一斗五升六合二勺下則每畝科正米一斗二升六合

旌善鄉民田上則每畝科正米六升一合七勺中則每畝科正米四升二合下則每畝科正米四升一合五勺湖田上則每畝科正米一斗六升一合七勺中則每畝科正米一斗三升四合四勺下則每畝科正米一斗一升五合七勺

禹會鄉民田上則每畝科正米五升三合九勺中則每畝科正米五升下則每畝科正米四升三

合一勺湖田上則每畝科正米一斗三升八合
四勺中則每畝科正米一斗一升五合九勺下
則每畝科正米九升二合九勺
新安鄉民田中則每畝科正米五升一勺下則每
畝科正米四升五合八勺
天樂鄉民田中則每畝科正米三升九合七勺下
則每畝科正米三升五合三勺
安昌鄉民田中則科正米六升二合三勺下則科
正米五升五合四勺
清風鄉民田中則每畝科正米六升一合四勺下

則每畝科正米五升四合二勺
水鄉官田上則每畝科正米六斗中則科正米五斗下則科正米四斗水鄉學田上則每畝科正米八斗七升六合九勺中則每畝科正米六斗九升七合五抄下則每畝科正米五斗四升四合六勺十九都三斗四升三合沿江官田上則每畝科正米五斗中則每畝科正米四斗下則每畝科正米三斗山鄉官田上則每畝科正米四斗中則每畝科正米三斗下則每畝科正米二斗五升抄沒田上則每畝科正米九斗六升中則每畝

科正米七斗六升下則每畝科正米六斗山鄉沿江財賦田上則每畝科正米八斗五升六合一勺中則每畝科正米八斗下則每畝科正米七斗四升二合六勺財賦學田一則每畝科正米八斗七升六合九勺沿山官田上則每畝科正米四斗中則每畝科正米三斗下則每畝科正米二斗五升水鄉財賦田上則每畝科正米八斗八升六合一勺中則每畝科正米八斗二升四合五勺下則每畝科正米

濛池田上則每畝科正米六斗中則每畝科正米五

斗下則每畝科正米四斗白雲宗田一則每畝科正米二斗三升二合八勺附餘官民湖等田每畝科增米一斗每斗加耗三合五勺僧道免糧站田一則每畝科正米三斗學院田上則每畝科正米六斗中則每畝科正米五斗下則每畝科正米四斗義廩田上則每畝科正米六斗每則增科二斗七升六合五勺中則每畝科正米五斗下則每畝科正米四斗公廩田一則每畝科正米六斗又增科二斗七升六合九勺職田一則每畝科正米五斗又增科一斗九升七合五抄官瀟田上則每畝科正米七斗中

則每畝科正米六斗下則每畝科正米五斗南鎮廟田上則每畝科正米六斗下則每畝科正米五斗寄庄田上則每畝科正米七斗中則每畝科正米六斗下則每畝科正米五斗馬蓦判字田上則每畝科正米七斗中則每畝科正米六斗下則科正米五斗廢寺田上則每畝科正米四斗下則每畝科正米三斗二升五合七勺肖通沒官田上則每畝科正米六斗中則每畝科正米五斗下則每畝科正米四斗六升興沒官田一則每畝科正米四斗胡官一沒官田上

則每畝科正米五斗一則每畝科正米三斗八升七合五勺六抄陳清後沒官田上則每畝科正米六斗中則每畝科正米五斗下則每畝科正米四斗學比田一則每畝科正米　石六斗五升每畝增科錢六兩萬年庄田上則每畝科正米四斗二升五合下則每畝科正米三斗五升六合五勺五抄抄不丁攸田一則每畝科正米九斗六升學山每畝科錢一兩五錢學蕩每畝科錢五錢抄沒官地每畝增科錢二百四十文民地租鈔上則每畝科鈔六十文中則每畝

科鈔四十文下則每畒科鈔二十文夏稅麥每田一畒科麥二合八勺民山俱作一則每畒科鈔二十文民田每米一斗起鼠耗七合科鈔八文湖田官田重租附餘免站田每米一斗起耗三合五勺

貢額

歲進野味兎八隻鴈四隻鵽鵮四隻歲辦藥材白朮十九斤茯苓七十斤半夏五十斤皮張雜色皮張一百二十五張弓張弦條翎色弓三百六十張箭三千三百一十四枝絃條一千八百三

正隆宋　十八

十鵝翎八萬二千六伯荒絲金線絲一百五十一觔五兩金線三千五百三十六丈一尺顏料紅花七十四斤二兩二錢烏梅七十四斤二兩二錢梔子三斤十一兩三錢黃栢皮三斤十一兩三錢洗花灰一千一百八十六斤五兩石灰二十八斤二兩二錢靛青四百五十五斤二兩槐子二十一斤一十二兩八錢白礬一十五斤二兩胰子一百二十九箇明礬一十二斤六兩黃丹一十七斤六兩五錢薑黃二斤八兩一錢木柴一百八十九箇曆日紙黃紙一萬八千五

伯張白紙二萬四千五百八十八張

山陰縣志卷第三終

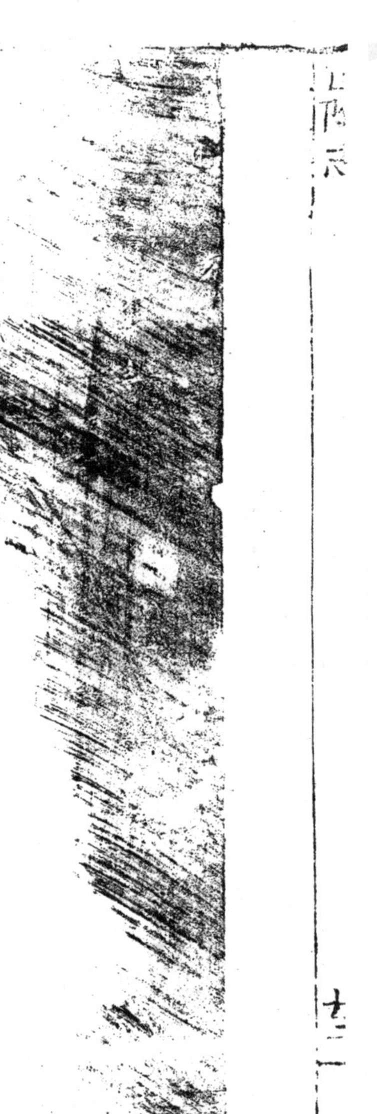

山陰縣志卷第四

明賜進士文林郎知山陰縣事東郡許東望修
庠生張天復纂

水利志

河渠列於山川乃復有水利記者相地宜重時務也所以經邦土而裕民物者咸繫乎是矣審其利在去其害為疏濬為蓄泄為隄防時舉而不失其宜山陰信樂土其誰永號者乎

越之地南盤山谷而高北抵滄海而下高者水之所出總其派盖有三十六源焉下者水之所歸故海為越水之壑也宋以前鏡湖瀦三十六源之水

水多則泄民田之水入於海水少則泄湖之水以溉民田湖水由堰閘達于玉山斗門在縣東北三十三里唐貞元元年觀察使皇甫政建閘計八門北五門隸山陰南三門屬會稽泄二縣之水出三江入巨海其上有英濟張侯祠焉地力盡而歲事登旱潦不能使之病此古山陰之水利也自後鏡湖廢為田源既漫流水無所瀦蓄以浣江之水灌于西江浣江在諸暨與東陽義烏浦江之水合流入西小江經蕭山入于海山陰遂成巨浸時遇霪潦水勢泛溢惟一玉山斗門不能盡泄知府琥及知縣煥雖建扁拖諸閘以濟之扁拖閘在縣北三十里小江之北其閘有二北閘三間成化十三年戴琥所建南閘五間正德六年張煥所建有鄭推官蔣誼及尚書王鑑之所撰記[illegible]

[illegible]記其畧曰嘗讀宣房瓠子之歌至今傷之蓋正為沮洳民為魚鱉使公卿負薪以塞之積二十餘年而功成於乎亦勞矣其故為政之及民無重於水利紹興古會稽郡山陰會稽蕭山良田千萬頃一遇霪雨則溪水橫流遂成甕形浮梁戴君廷節以御史出守茲土深恤民患以為小江決不可復開磧堰決不可再築故於山陰新竈柘林各置一閘以泄江南之水又於扁拖甲蓬各置一閘以泄江北之水復於蕭山之龕山山陰之新河各置一閘以泄湘湖及麻溪之水而後水有所歸無復向日之漫漶而三縣之田可以望秋成矣其有利於民豈淺淺哉

王鑑之記其畧曰山陰附郡之邑面山而負海四鄉之田視水之盈縮以為豐凶正德戊辰泰和張侯主奎出宰吾邑謂農事莫重於水利恒切究心以三邑之水皆宗於玉山扁拖二閘旱則儲之以資灌溉潦則決之以防浸淫然環郡之地亘數百里溪壑暴漲二閘豈能速退故於涇漊之區倚玉山為固增置水閘以分泄玉山斗門之水則三江之至柘林患可除矣復於扁拖故閘左右增置斗門六洞以泄小江南北暴漲而三邑

居民亦可均受其利矣而猶未能分殺其暴漲也乃為決塘之計塘決而狂湍迅湧勢不得不驟涸然後苦疲民以築塞功未成而患旱乾矣水之為害非不可去也患去之無其方耳今之言者罔不以水利為建明然圖其功而過於鑿水利雖不言可也善慮者亦行其所無事而已今磧堰既決諸暨之水已無所患堰既崩金華諸水逕由漁浦入錢塘知府彭誼所建白馬閘廢不用其境內水之以溪名者曰相溪曰上浅溪曰餘支溪曰白龍溪曰南池溪曰蘭亭溪曰離渚溪曰芝溪曰虞溪曰白石溪曰道樹溪曰大梅溪曰巧溪曰麻溪

曰童子溪皆水源也水之以河名者為運河為城河為府河多為市民填佔窄狹嘉靖三年知府南大吉按圖籍多方浚闢將徧周諸河未竟而去有新建伯王守仁所撰記越人以舟楫為輿馬濱河而廛者皆巨室也日規月築水道淤溢畜泄既亡旱潦頻仍商旅日爭于途至有鬬而死者矣南子乃决沮漳復舊防去豪商之壅削勢家之侵失利之徒胥怨交謗從而謳之曰南守瞿瞿實破我廬瞿瞿南守使我奔走人曰吾守其厲民歟何其謗者之多也陽明子曰遲之吾未聞以佚道使民而或有怨之者也既而舟楫通利行旅歡呼絡繹是歳秋大旱江河龜折越之人收獲輸載如常明年大水民居免於墊溺遠近稱忭又從而歌之曰相彼舟人矣昔揭以曳矣今歌以楫矣旱之敲也微南侯兮吾其焦矣霖其彌月矣微南侯兮吾其魚鱉矣我輸我獲矣我游我息矣長渠之活矣維南侯之流澤矣人曰信哉陽明子之言未聞以佚道使民而或有怨之者也紀其事于石以詔來者

爲鄉都諸河皆水道

也水之以湖名者曰青田湖曰獏猻湖曰芝塘湖曰瓜潴湖曰黄湖曰牛頭湖曰黄垞湖曰白水湖曰感聖湖曰秋湖皆水澤也水源必決之使達水道必浚之使深其諸水澤宜查復舊額令圩人杜侵填廣停蓄以資灌溉焉若今三江之應宿閘則所以為蓄泄之計者至矣三江閘去縣東北三十八里三江城西門外凡二十八洞築堤百餘丈上有張侯祠祠後有湯侯生祠蓋海門山磧地當尾閭爲三邑之水口萬川會流泄之易如建瓴知府湯紹恩于是建為水瀉築土塘開新河經理咸備侍郎陶諧記曰紹興古揚州之域居東南下游之地其屬邑有八惟山陰會稽蕭山土田最下霖

匯浸淫則萬水鍾會陸地成淵民甚苦之昔之明守爰度地形置玉山扁拖二閘以泄其水水潦盛昌又權宜設策決捍海塘岸數道以疏其流其為水慮悉矣然二閘之口石砭如壘水却行自瀦出浸數百里而田卒污萊決岸則激湍漂駛決嚙流移而田亦淪沒其患未息其功未全也迺嘉靖丙申蜀篤齋湯公紹恩由德安更守茲土下詢民隱寔惟水患公甚憫之曰為民父母當捍災禦患布其利以利之也吾民昏墊不知為之所乃安食於其土可乎於是相厥地形直走三江江之滸山嘴突然下有石磯然其西北山之址亦有石隱然起者公圖其狀以歸議諸寮屬皆往相視之掘地取驗下及數尺餘果有石如甬道橫亙數十丈公曰兩山對峙石脈中聯則閘可基矣遂毅然排衆論而身任之白其事於巡按御史周公汝員暨諸藩臬長貳僉曰俞如議公於是祭告海瀆諸神又書土方屬賦役規堰瀦授之吏而效諸同寅孫君全周君表朱君侃陳君讓而周董事實嚴復命三邑尹方廷璽牛斗暨丞尉等慮財用簡夫數屬功義民百餘十人量事期仞厚薄陳畚挶分任劾勞命

石工伐石於山輦重如役吏胥犒牛酒以勸且授以方畧使闓用巨石牡牝相衡者秫和灰固之其石激水則剡其首使不與水爭其下有檻其上有梁中受障水之板板橫側揜之石刻水平之準使啓閉維時堤築以土其崒莫測先沒以鐵繼用篾籠發比山石枝之兩旁甃石彌縫峭格周施堤厚且堅水不得復循故道其近閘磬折參伍之使水循涯以行其財用出於田畝每畝科四釐許計二邑得貲六千餘兩其丁夫起於編氓更畨事事部序既定乃卽亟工方始月夕向晦有神燈數十往來於堤若為指示區畫之狀既役工堤再潰決復有豚魚百餘比次上浮衆疑且懼奔告於公適拾遺錢公煥在坐曰是易之中孚豚魚吉利涉大川之義也閘其殆成矣乎衆心始定莫不肅將祗歡胥勸丕作記其月日閘經始於丙申秋七月六易朔而告成以洞凡二十有八以應天之經宿始於丁酉春三月五易朔而告成以丈計長四百丈有奇廣四十丈有奇仍立廟以祀玄冥計其費數千餘兩其羸羨又於塘閘之內置數小閘曰涇溇曰撞塘曰平水以節水流以備旱乾嗚呼偉哉繼是

水無復却行之患民無復決塘築堤之苦矣閘之外去海漸遠潮汐為閘所遏不得上漸可得良田數千餘畝堤之外復有山翼之淤為浮壤可稽田數百頃其沮洳可蒲葦其潟滷可鹽其澤可漁其疆可桑其途可通商旅噫公之舉匪直水患是除而利之遺民者溥矣以內之玉山閘

扁拖閘涇溇閘在玉山之北一洞正德六年知縣張煥所建撞塘閘在玉山閘之東北一洞嘉靖十七年建平水閘在三江城西門之南嘉靖十七年建為內防定其水則而時啓閉焉其於旱潦何患哉顧其時力之所未及庸有待於善繼者或謂閘以速成石檻尚未平密且木板猶多滲泄今宜於旱乾之候繕治石檻更易木板板中實以土勿令滲泄方為永利其土塘宜於兩涯甃以堅石以防潰決備塘猶不可廢良有司因其跡勿壞其緒振緝而使之大備焉越之人將萬世永賴之也至

於**官塘**舊名新堤即運道塘在縣西一十里自迎恩門起至蕭山界唐觀察使孟簡所築

國朝弘治間知縣李良重修甃以石

南塘即鑑湖塘自府城南偏門西至廣陵斗門六十里漢太守馬臻所築以捍湖水者也有十一堰五閘然今堰閘或通或塞或為橋往往為居民填佔嘉靖十七年知府湯紹恩改築水滸東西横亘百餘里遂為通衢

界塘在縣西五十里唐垂拱二年築與蕭山分界故名

昌安塘在縣東北十里昌安門外直抵三江海口三十里洪武二十年築城三江因為隄塘置鋪舍焉

西小江塘在縣西北三十里宋嘉定間太守趙彥倓築以禦小江潮汐

大江堤去縣西南一百餘里即臨浦壩每遇江水漲漫則溢入為山會蕭三縣之患或者謂宜於堤内斫椿閣木砌巨石而高築之則障民田通行旅固不可弗之繕治其後

海塘去縣北四十里亘清風安昌孫端鄉宋嘉定間太守趙彥倓築起湯灣迄于王家浦共六千一百六十丈砌以石者三之一是塘實瀕大海怒濤

巨浪書衝夜激若修繕過時則田廬為之漂沒矣則所以禦風濤捍潮汐民之免於魚鼈者胥此也時省而甃築不廢非海邑之大防乎夫鏡湖不可復矣講是三者盖不必鏡湖而利甚博也予為邦土計叙其簡且要者著于篇俾言水利者緣舊而為功勿徒紛擾云爾

祠祀志

壇壝　祠廟

王者秩祀事以修禮經自朝廷達于郡國有其舉之莫或敢廢所以奠神安民示崇報也凡在鄉土而協于典義者雖不領于縣官亦書非此

族也則殊而外焉

壇壝

郡社稷壇在縣西北迎恩門外

郡厲壇在縣東北昌安門外二壇俱府祀規制詳載郡志

縣社稷壇按宋志縣有壇在柴場坊今制凡縣附於府者俱陪祀於府壇舊壇遂廢

里社壇按洪武禮制每里立壇一所今或廢或存

鄉厲壇按洪武禮制每里立壇一所今廢

祠廟

名宦祠以祀守令之賢者在縣治東南一里屬府

祀

鄉賢祠以祀鄉士大夫之賢者在儒學廟門之左

越王祠嘉靖十一年知府洪珠即光相寺基改建以祀越王勾踐宋王十朋贊機會由來貴速投姑蘇事與會稽侔諸臣不早麾兵進嘗膽徒勞二十秋山陰蔡宗兗有記西宗洪公牧越三年志在敦正祀典黜假百神以赫顯靈以協天地以康民俗索春秋越王而祠祭之則郡衆不登父老讚識久矣胥然嘆曰越王越民之始祖也百代生靈皆其子弟子弟食越土而忘其祖吾輩吏茲土而可聽民之忘其祖乎禮有可以義起者其在於斯祠乎東溪約齋聞之咸慨然曰是真可以義起者長者不忍民之忘其祖吾輩寧忍祖之不血食茲土乎前人即吾祖也不有前人孰啓後人不有後人孰顯前人願長者作之弟輩矢續之必弗墮府有詔沙汰僧道郡城北郭有光相寺適額圮寺僧

恩琦告興復於西淙西淙曰吾嘗觀其地約齋
笑曰祠其機矣遂相帥周回諦視論寺僧曰
朝廷沙汰而汝等顧崇佛教於義安乎佛法未
入之先此即越王之地宜立越王之
祠事佛者滿城而事越王者曾無一人今吾將
移爾奉越王香火况汝國越王之子弟乎能事
越王即事佛也諸公各捐貲飭材約齋時復程
督不數月埜築斲垩百度堅緻塑越王像於殿
中蠡種稽同翼侍左右春秋薦食光彩煥溢巋
然鼎立於蜮中矣暨西淙者續京師東溪約齋
相與謀曰欲永其祠必顯諸衆復樹石契於祠
前表之曰畏天保國百姓觀者載道忻忻然知
越王之為我祖瞻事香火者盖惟日不足矣是
後也因地之宜順民之欲工不告勞民不告費
變夷歸夏崇禮復古非諸公通公心以照古
亦安能宣遺烈以訓百世乎越王保惠越民奮
乎百世之上本無意諸公之祠之也而諸公祠
之則夫百世之下有如越王之保民者又安知
不有如諸公者出而協祠之乎宗究越王遺民
明世野史敢紀立祠之本末以遠俟乎來哲以

世示我越人人曰祀越王者祀勾踐也勾踐不有祖乎曰勾踐之先本夏少康分封庶子以守禹祀其祖開國世遠名湮不可知也其父允常戰敗身死不可祀也祀者祀其功也賢也賢也功也孰先於勾踐乎祖孫一氣不知其祖而祀其孫即祀其祖矣人曰勾踐始也違忠言而敗中也聽忠言而興終也惡忠良而殺之其賢與功果無瑕乎予曰在史氏當正其辭在後人惟思其澤孟子嘗稱之為智者又曰畏天者保其國則古之人亦未嘗以過而掩德西涼洪郡牧珠也東溪孔郡丞廷訓也約齋李推守逢也繼至恊相之者則林郡判文卿江郡判軾劉山陰昺王會稽教也民庶預力斯祠者亦附見於左方

大節祠在縣治卧龍山東麓嘉靖二十一年知府張明道因祐聖觀改剏以祀愍孝蔡公定唐將軍琦通判曾公恴

雙義祠在縣治東南一里名宦祠東嘉靖十六年知府湯紹恩建祀宋唐珏林景熙

司馬温公祠在縣治北五里公四世孫宋吏部侍郎伋所建

劉太守生祠正德三年知府劉麟蒞政五十日以事免歸郡人王埜輩為建生祠於本府城隍廟之右尚書王華譔文其文曰漢劉寵為會稽太守及被徵去任山陰有五六老叟自若耶山谷間出人賫百錢以送漢史傳其事不過曰簡除煩苛禁察非法又曰犬不夜吠民不見吏而已此外別無赫赫之功足以聳動人之觀聽令去漢千數百年寵猶廟食茲土百姓猶歌思不忘正德戊辰夏六月刑部郎中劉君元瑞擢守吾郡僅五十日輒罷官去百

姓徬徨如失父母乃日會聚於神祠佛宇祈請卜筮謀所以留侯者而不可得則相與聯名列狀赴愬於部使者以求復侯之官不可得則又相與罷市易肆揹已貲將不遠數千里走京師以聞于

天子以求復侯之官卒不可得則又相與扶携老稚塡郭溢衢追送至數十里外侯數停舟麾謝衆猶擁遏不忍舍去道路觀者莫不嘖嘖稱嘆以為數百年來之所未見世嘗言今之人不古若即侯之去任視寵之去會稽豈相遠耶或謂侯之在郡僅五十日而止即其五十日之所設施雖有良法美意亦豈能家至而户到雖吾夫子於綏來動和之化其相魯亦必誅少正卯禮郟萊兵三月而民始歌誦之侯在吾郡未嘗見其按一貪暴旌一善良也直廉恭儉約弗擾於民而已耳固未始有一日勸懲之功而吾民視侯乃有千百年固結之愛使侯久於其任得以究其抱負設施則民之愛戴思慕又不知何所底極也且寵之去任被徵歸朝侯之去任被黜歸田其榮辱懸殊也而百姓之送侯者所至千

百成群不止五六老叟而縉紳士夫又俱為詩歌以送之都邑游居之良山林隱逸之彥又從而屬和之聯為大卷輯成巨帙視人賫百錢以送者義利逈絶謂今人之不古若豈其然耶孔子曰斯民也三代之所以直道而行也侯惟以三代之民視吾民吾民亦以三代之民自期待而近世厲民自養者往往誣吾民以愛憎為毀譽是果何謂耶侯既去郡百姓思之不置則又相與謀肖侯之像立祠于卧龍山麓並將尸祝而俎豆之祠既成耆宿王珩羅冉等揖而告予曰知侯之真悉侯之美宜莫如公者願畀一言勒之貞石以永吾民之思予曰古之循吏不嚴而化不令而從所居民愛所去民思生有榮號殁見奉祀侯其庶幾矣雖然衣冠儼然使人望而知愛敬者侯之象萬目所快覩也其有無形而可以感孚民心於永永者侯之功百姓不能忘也然有形乃無形寓則民之肖像立祠樹碑雖非侯之心而實衆之願也予何敢辭遂為之記侯名麟南京人由弘治丙辰進士起家至今官百姓稱為新劉云系之以詩曰慨惟越郡僻

虞海隅厥田下下載於夏書厥民愿樸迺農還
儒迺賈于市迺旅于途服勤終歲僅足食衣吏
政張急民命靡依漢吏劉寵治稱循良民用弗
擾遺愛廿棠歷千百祀淳風日渝以暴濟虐邦
本卑痛
天子賤祚歲惟戊辰劉侯繼牧字我越人盡蠲衆瘼
易雷以仁前創後述是祖是孫始時和買害甚
天災侯平物估商賈悦來始時繇役歲無月虛
侯息民力閭閻安如越人健訟鼠雀相猶侯潔
其源迺清其流越人畏吏如虺與蛇侯窒其穴
鷄狗不譁疇昔公燕越舞吳謳侯躬儉約屏去
伶優疇昔賦稅誅求無餘侯謹權量民樂貢輸
侯在泮宮講禮説詩濟濟多士是式是儀侯蒞
轅門恤軍練士赳赳武夫戴如父母越人有言
我侯至誠狡猾譎詐罔敢不情越人有言我侯
執法頑嚚暴驕咸若厥則民方歡慶而遽罷歸
如兒方乳奪我母慈凉凉行李蕭蕭去騶攀轅
卧轍願侯少留侯不我留其歸甚亟悠悠我思
曷有止極蜀留詠像魏祠梁公峴首碑祐異世
同功清江之滸龍山之陽兩祠對峙屹乎相望

侯德在民侯像在廟清風邈然後來孰紹

白太守墓祠在縣西北一里許卧龍山之陰嘉靖二十一年知府張明道因永福寺故址改剏以祀知府白玉玉漢中人正統間以病卒于官因葬焉歲時有司致祭

王右軍祠在蕺山戒珠寺東寺卽右軍別業嘉靖十年知府洪珠移置于佛殿之西寺門外鵞池墨池尚在**宋諸葛興頌**典午西兮金國渡而東兮謁多士嘉内史兮屏浮華淡物累兮願天粹升治城兮遐想友東山兮雅志修禊事兮蘭亭觴曲水兮群英追雩風兮涵泳澉萬化兮均平紀清遊兮感慨刻形志兮神詰蔚翔鳳兮一札賔連城兮于祀大傅起兮為蒼生扶

晉冑兮鳳符泰內史歸兮樂山水師萬古兮節操孫子出與虞兮兩賢意易地兮皆然[illegible][illegible]小立天地窄前登萬山阻越王采蕺處秋綠空榛莽古祠復何人遺像寄梵宇柳老題翁橋荷香弄鶖浦典午當衰亂神州湫淮楚經略欲馳兵保障期按堵文歘溫多大志誕浩却浪許護軍曾參綜戚蹤極心膂朝謀不可勝野戰徒爭武內外未協和英雄豈豪舉泗口聊進屯譙城邊奔沮事勢日趨異朝廷孰撐柱去官寧忤違誓墓獨酸若父子但法書功勳總塵土青緗每收拾絲筆餘圖譜草隸俱入妙雲龍競掀舞崔蔡須抗行羊殷特奴虜一鷺或有識野鶩紛難數平生破布被謾以指畫肚起抑放墨池長鯤戰風雨

新建伯祠在縣治北四里許嘉靖十六年御史周汝員建以祀新建伯王守仁

忠節祠去縣西南五里許正德間裕州同知郁采

死流賊之難　朝廷勅裕州祠祀蔣僉事舜民

劉知縣昺即其墓立祠以祀之

郡城隍廟在縣治西卧龍山麓山之上下各有殿

殿廡殊制上有吳越王錢鏐碑記詳載郡志中

本朝王逢詩懸厓幾轉路如梯闌楯憑虛俯澗霓高閣逈臨飛鳥上層城半繞卧龍西雲籠疊嶂修蛾偃煙鎖遥空匹練低無限夕陽平遠景重來看我向君題謝大傳遷詩迤邐岡巒隔市塵崖巖臺殿集高真天低象緯先分曙地接蓬壺獨貯春大府建牙森祭戟仙壇煑石足荊榛滿前多景真奇絕老眼于今又一新

上殿西偏有星宿閣前列梅嶺諸峯最為勝絕宋[illegible]鳴鳳詩岑樓敞虛晴群峯翠堪拾獨卧春宵靜乍瞋秋風入溪雲忽成雨幽竇貫泉聲急夢過天台歸足下星辰濕

再西有湖山

一覽堂下瞰王公池前帶鑑湖下殿之東有思
敬堂前有池曰凝碧西有劉太守祠
縣城隍廟按舊志在縣東五步靈承坊久廢嘉靖
二十一年知府張明道知縣許東望新建於太
清宮側與鎮東閣相對峙
塗山大禹廟去縣西北四十五里禹會鄉塗山南
麓世傳禹會諸侯之所宋元以來咸祀禹于此
國朝始即會稽山陵享祀廟遂廢一在三江巡檢
司北 唐杜甫詩 禹廟長藤蘿生靈享祀多九年
非禹力天下盡江河 宋王十朋詩 逢逢日英
雄吞四海血祀初期千萬載稽山木像棄長江
逆泝波濤鬼其餒鳥喙辛勤十九年平湖覇越

世稱賢故國無人念遺烈山間廟貌何淒然馬守開湖利源迴歲沃黃雲九千頃年來遺跡半湮蕪廟鎖湖邊篆煙冷吳越國王三節還盡將錦繡畏江山自從王氣熄牛斗廟比昭王星一間洒知流光由德厚祀典誰能如夏后九年洪水滔天流下民昏墊堯心憂帝懼萬國生魚頭錫禹洪範定九州功成執王朝晃旒奔走訟獄歸歌謳南巡會稽覲諸侯書藏魁穴千丈幽蟬蛻塵寰不肯留千古靈廟依松楸吾皇盛德與禹侔菲食卑宮惡衣裘思禹舊績祀事修小臣效職躬薦羞仰瞻黼冕懷遠猷退惜分陰慙惰偷嗟乎越山高兮可堙而疇惟有禹貢聲名長不朽告成世祀無時休

朱太守廟在昌安門外文應橋西漢太守朱買臣守郡有破甌越闢境土之功故民立廟祀之

本朝張世昌詩 會稽太守吳門客昔年負薪人不識衮龍天近日易明金馬門深露猶滴漢家

天子登夔龍百年禮樂唐虞風金印歸來大於斗錦衣直照天南東丈夫英雄誓許國生當封侯死廟食烏啼老屋起秋風淚痕濕透羊公石

劉太守廟在禹會鄉郡人建以祀漢太守寵唐曰靈應廟宋改封靈助侯元至正間周祖紹移建於錢清北鎮元王叔能詩今遺廟在江邊近来仕路多能者也學先生揀大錢本朝高啓詩亭亭樹間祠落日小江口停舟拜孤像開幔蒼鼠走憶公治邦時德感山谷叟臨行謝其餽清風在茲久我方東征急不得奠杯酒惆悵出煙岸前村夜聞狗

馬太守廟在縣西六十里廣陵陡門上一在鑑湖東漢馬臻為郡守開創鏡湖築塘蓄水遺利甚溥民立祠祀之宋王十朋詩會稽疏鑿自東都太守功從禹後無能使越人懷

舊德至今廟食賀家湖

宋徐天祐詩 澄湖昔在鏡中行總是當時畚插成莫訝靈祠荒蘚合煙波萬頃已春耕

梅福廟在梅里尖之麓去縣西二十里

史浩廟浩守越奏免湖田糧恤災庇民民為立廟額曰彰德在戒珠寺前

王佐廟在縣西七十里山西村其墓在焉

學校志

學制 祭器 典籍 書院 社學

國家右文崇儒郡邑無遠邇小巨靡不立學校明禮教者矧山陰文獻地也詳其事而紀述之

俾職司知所重焉紀載之辭雖繁而不殺者存制也制備而教之大方可考而知矣書院者所以輔翼之具而社學蓋其基本也故附書于左亦以示待人而行爾

學制

學制與治道相爲隆替自唐季五代喪亂學官盡廢宋天聖初始命藩郡立學而州縣之學尚未興也慶曆中范仲淹輔政議興州縣學而卒不果行崇寧中乃著爲令詔縣學以時選試升其尤于州學凡縣學設學長學諭直學齋長齋

諭各一人生員五十人山陰始肇學于城西南隅在縣治紫場坊陽堂山東北今仍宋制不易以屢多士學宮既設教養選試之法於是大備嘉定十六年縣令趙汝駉重修之詔捐緡錢三十萬以助其費元至正元年縣令賈棟復增葺焉備載李孝光孔季瀛劉基記中年燬于兵燹寓諸生于邑之稽山書院　明興詔廢直學齋諭諸職乃建教諭一人訓導二人吏一人廩膳生員二十人增廣生員二十人附學生員無定額今籍三百餘人洪武二年詔重學校及鐫設科分教令式于學仍降卧碑制書頒鄉射

禮儀于學宮時學舍尤廢不治十一年知縣撤都曾丁始即故址大新之成化十一年郡守戴琥購民居以拓其制載陸淵之李東陽記中弘治九年知縣李良重為寢廣學基深廣詳載建置志本學廟門側有碑圖建明倫堂正德間知縣顧鐸嘉靖初知縣吳瀛復購民居以闢故址載王守仁記中自是規模宏闊視昔偉然壯觀而諸弟子員敬業樂群各有舍所今日益漸盛且科貢每多英雋之士論人才者咸以是學為首稱焉

先師廟居學宮之中三間後壁有登科題名記左右為兩廡各十

間舊有先聖先賢像今制革用主縣長貳及學官弟子員歲春秋釋奠視郡學儀爲殺由甬路而南爲戟門三間門之左爲鄉賢祠三間門外爲泮池池有泮橋又南爲靈星門門之左爲學門三間門内折而東有隙地嘉靖十年知縣劉昺奉制剏建啓聖公祠三間祠門外差北爲

今上皇帝敬一碑亭先師廟後爲明倫堂三間再後爲會膳之所歲久就圮堂之左爲克已齋三間齋右側爲學倉五間堂之右爲存心齋三間由齋之左折而北爲射圃圃有亭三間左右列諸生號房各六間

其教諭解在於明倫堂之東而訓導解一在啓
聖公祠後一在會儀堂直北各有門有廳有寢
室總三十五間

元修山陰儒學李孝光記

古者教民以為治後世則治之而已耳所貴乎教固以能使民躬行孝弟忠信之行而不失其性之本善是故政陳而不犯刑設而不用周官以鄉三物教萬民夫既曰萬民是舉天下之民而教之也仁聖忠和焉得人人學而至加之行修而藝精雖有子貢之辯季路之勇不能復進於此今使上自國都下至田廬之氓無不學學無不習不已難乎是不然夫楚人可使齊語者習也當是時教素修學素講凡民內事父兄出事師友取其語言觀其行事幼而濡染耳目長而被服終其身未有不由此者矧夫賢知又皆被推擇布列在位有所風勵彼有學不至雖不得與賢知並亦既飫聞其說而喻其意矣此與不教者孰為瘉第令為善者什九為不善者什一其不為善者有政以待之此先王所以收

教民之效刑獄蔽而頌聲作教之已久也刻民彝固然自秦滅學其法遂壞至漢興久之始除挾書之律孝武時黜百家之言勸學興禮雖法度粗舉然教民之制不復修由唐及宋學制漸盛推其所教非復古者教之之意而士率試詞藝以利仕進欲其如三代盛際延之於道德之途游之於仁義之域使皆有以成德制行以為國家之光則本也我世祖皇帝既有天下詔郡國樹學民古籍弟子員者勿復事拔其賢俊而用之蓋復治古之制矣是時郡縣方興庠序之事山陰縣學在故縣南故宋時丞相行火嘗受業其中及巳貴一為修樹至是始復起其後有司歲修之尋即擢把至正五年監學縣廉君從政來謁拜學宮周視嘆曰我且修學校之政校室其可不修郎日將吏止廟門下鈎計功賦又出圭田之粟為錢五百緡以倡義民下書教論徐謙者士趙由鏞使督其成謙亦捐所食粟五月計于是首孔廟爰及講堂大門東西廡次第以修使者以陰樻者樹之昧者萃之凡神栖以及祭器列戟之物無不具作更作齋廬以舍弟

子又作亭泮水東以為游息弦歌之地外起石墉以繚之且成縣尹趙思道至益趣其成乃謀致文學之士助教其弟子事寖有緒耆艾若干人屬為記之余以謂今之有司徒迎上意至則絺繪神位冊牘墻屋以視觀美竊取興樂之名居之而不疑惡知教本苟中誠為之其於化民成俗直易易耳矧朱子講求修已治人之學詳密周遍廣大悉備循而行之其功必倍患不知所以教徒議曰空言將何益哉今從政志在教其民推是心足以為民父母矣

元重修山陰縣學孔廡樓記

紹興之屬曰山陰傅郡為縣始未有學宋崇寧中肇度地於城之西南隅以處士子當王笥之陰鏡湖之陽山川面勢夷曠秀鬱其弟子員恒數十而祁國正獻杜公由是而出焉然其刱始闠陋又附于郡庠無崇大之規且力不能為崇且大也故其殿堂齋廡湫隘為甚江南內附浙東憲使東萊王公侯徹而新之視昔既有加矣閱數十年風雨漂剝甍桷騫圮未有能起其廢者至元乙卯縣尹賈侯文秀重建講堂餘皆未竟工而以代去再更尹而得今賈

侯既謁拜先聖顧瞻咨嗟大懼失墜教基弗稱厥職乃命縣傅辥輝度庸掄材庀工而經營焉廩稍不足則捐己俸為士民率先人咸樂相而勸成之經始至正元年冬十月告成于明年夏五月禮殿論堂巋然翼然儀門泮橋以閑以穹齋廡增起庖湢具修繚以周垣樹以嘉木土田之歲入者疆理之汚萊者修闢之其為諸人之道甚至也既訖事傅士輝書來求記于余余謂縣傅郡而郡既有學矣昔之人必縣為之學豈不以守令為民師帥而學校所以基化宜不可諉諸郡既有學而縣不務也今賈侯下車首議興廢補弊使邑之人士葳修有所廩膳有資相與陶冶率性道于其中而凡民亦皆使其趨慕而不為無學之俗其無愧乎師帥之職哉誠求名蹈以無負邑大夫興復之功期在乎士之自勵焉耳侯名棟字士隆真定人廉明敏惠政事具有嘉績茲不得無書也

[illegible]學

[illegible]生民以來集大成而聖者莫盛於孔子有天下之廣者莫加於我元世祖皇帝混一區宇在內則立胄監在外則府州若縣莫不有

孔子廟而學宮附焉廟以崇孔子之祀學以施孔子之教孔子之道於是大行彌覆載而無間於戲盛哉古未有也山陰為紹興屬縣舊有廟學典替靡常於是浸就廢墜莫能有振者今天子續承丕緒思振廢弛責成效以揚祖宗之大烈乃命宰臣以下各舉良能為天下守令而以興學校為考績之目而同知樂平州事定定以令選為山陰縣達魯華赤君至首謁廟詢學事大畧無以稱上意亟啚治之適海淮寇迭發吏民方洶湧奔走供戎事不暇衆咸以為難君曰學校所以明教化教化不明彝倫攸斁而後盜賊生焉豈無故哉吾聞植顛木者必築其根人有疾病湯藥雖所急亦不以廢食其可以荊棘廢教化哉時教諭方缺員乃詢于衆舉儒士黃本攝學官事出俸錢俾修飾其廟宇以及學舍自梁棟榱桷至于瓦甓之毀弗式者咸易新之於是傾者立衺者正隘者豁缺者完卑者塏危者固檐甍墻壁丹堊有輝煒幙器用無不備具君曰此特觀美耳未及實效也乃擿豪右所佔田悉歸而徵其入以為弟子食擇老成以為之

師俾鄉黨之俊秀咸入學肄業越朔望相謁禮畢集生徒講經術論道理門陳孝弟忠信觀者莫不喜悅以教化之有成於茲縣也縣之人相率來言于劉基請叙而勒諸石基常歎今之從政者率多尚文具而學校尤甚能治其實以欽承天子意者蓋不多見也若定定君之令山陰獨知所先務矣黄君又能相而成之是可嘉也故為述其事而繼以詩定定君字君輔畏兀氏黄君字中立紹興人詩曰大哉孔子萬世之師明明學官教化所基聖神御極於皇緝熙大道之行允也其時人存升政舉曷問隆卑一邑忠信四方則之立政維君奉宣維臣教毓既均靡獷弗馴能知所先是曰賢令勒詞穹碑瞻者起敬

本朝重修山陰學文廟陸淵之學記

重建山陰廟學者吾郡浮梁戴侯也學始於宋崇寧中當郡城西南偏有鏡湖王笥峯之勝中更廢壞前後為郡縣者屢加葺以湫隘之甚布列無次弗稱具瞻也侯下車覽之興歎既三年適右方伯杜公提學憲副胡公至亦皆以是言命邑令廬陵蕭君惠董其事拓址僅四之二傍有民土

從其願以價收之而士民有尚義者相之廣博方正可以規畫於是乎次第而閎新焉經始於成化乙未春正月越二年丁酉仲冬落成禮殿四周以石柱與左右廡皆靜潔尊嚴神有所棲明倫堂兩齋諸號舍亦皆整然修好而倉庫無復逼講堂饌堂無復壓西齋櫺星門無復撓民居行道無復侵渠水去卑為崇脫晦為明舍污陋為弘敞麗則教諭番陽嚴君虎僉謂侯之功與作者等不可以無述請記之嗚呼學校之設尚矣詩書禮樂彝倫教化胥此出焉我　朝稽古右文於兩京國學外無一郡邑無之豈徒然哉而為之師者或未能知所以教為之弟子者或未能知所以學古人謂舉業未盡學者事而世之師弟子能以此相磨礪則賢矣況利接乎蓋重可悲也師道立而善人多師有曰吾果能師乎豪傑之士雖無文王猶興弟子有曰吾果能豪傑乎如是則　九重寤寐之意為不孤矣然有數也世其機在為政者之轉移也何也待之厚責之隆動之以至誠彼將曰我何以塞其意哉必齗齗之甚藹無人氣者然後塊爾不動

其動者恒十之七八也待之不厚責之不隆動之不以至誠宜學校之未振也侯來首興學校政暇即詣學公課誠嚴勸懲慨然欲敦復古道變化風俗其于賢師弟子有以待之有以責之有以動之矣自兹以往將誰任其咎哉雖然于鄉之人請為弟子者申之也宋杜祁公亦是學弟子員也嘗病浙人柔弱不知今日士氣視祁公時何如其必於舉業之餘以七分工夫從事于古學如紫陽所論相與引導輔翼群然樹立為來日擔當天下堯舜君民之具以無負侯之心可也易曰天行健君子以自強不息敢為諸君誦之是為記李東陽記成化乙未春正月

知紹興府浮梁戴廷節重修山陰縣廟學越二年丁酉成先是學舍湫陋縣人周侯鈍倡于鄉士圖以私財修之既而有長沙之命未果也教諭嚴君虎實告于戴侯侯曰噫惡可以庢我大夫士是惟我責其不可以緩乃取于官之羸者若干緡庀會郡物而後從事分屬吏士而躬督戒之闢地崇址務加于昔殿廡庭陛堂室廨舍以及囷庾庖湢之類皆弘舊規而增新觀越記

竣事乃大會僚士燕于其堂而落之周侯[illegible]告曰是惟吾大夫之德其在我者亦不可以[illegible]乃因國子生向君種貽書于余俾記成績刻石長沙治江踰浙而致于山陰之學焉夫學校者凡以設興教化為務學必有廟以尊顯聖道示教化之所自出士之所以感激趣向以成其學者亦于此乎繫政之大不可闕者然以今天下地方萬里人才不可殫計其勢莫能遍故千數百里之府若州百里之縣莫不有學縣之隸府治者則並置焉雖繁且複不以為過法亦備矣紹興之境有縣二山陰會稽三學並置人才科目于斯為盛戴侯首舉鄉射禮于府學又承縣學之弊起而圖之左右經畫汲汲若不暇此其為政非簿書條格比也夫物久則敝法久則弛情久則玩天下之同然也故修于將敝者其功異救于既敝者其功難夫籩豆幣爵之儀獻奠歌舞之節皆所以事乎廟衣冠典籍之數升降揖遜之序啓廸程校賞罰黜陟之令皆所以事乎學及是時灌滌振勵亟起而並新之躬行以倡于上允蹈以從於下持久以要乎其成者是

非其慎終維始之幾乎余聞御史陳君直夫言
戴侯愷悌勤恤有古良吏風興廢舉墜此其大
者信周侯之言不誣矣周侯吾賢大夫政教明
肅嘗為福州有遺愛在民又能先意鄉學不遺
二郡侯之德皆可書也矧戴侯圖鄉射于府余
用推官蔣君宗誼請為記且於周侯猶侯之于
戴侯也重為感其義而書之

重修山陰儒學 王守仁譔記

山陰之學歲久彌敝教諭汪君瀚訓
導熊君新劉君鳳鳴以謀于縣尹顧君鐸而一
新之請所以詔士之言于予時予方在疚辭未
有以告也已而顧君入為秋官郎洛陽吳君瀛
來代復增其所未備而申前之請昔予官留都
因京兆之請記其學而嘗有其說矣其大意以
為 朝廷之所以養士者不專于舉業而寔望
之以聖賢之學今殿廡堂舍拓而輯之餼廩條
教具而察之者是有司之修學也求天下之廣
居安宅者而修諸其身焉此為師為士者之修
學也其時聞者皆惕然有省然于凡所以為學
之說其猶未之及詳焉夫聖人之學心學也學
以求其盡心而已堯舜禹之相授受曰人心惟

危道心惟微惟精惟一允執厥中道心者率性之謂而未雜于人無聲無臭至微而顯誠之源也人心則雜于人而危矣僞之端矣見孺子之入井而惻隱率性之道也從而納交於其父母焉要譽於鄉黨焉則人心矣飢而食渴而飲率性之道也從而極滋味之美焉恣口腹之饕焉則人心矣惟一者一於道心也惟精者慮道心不一而或二之以人心也道無不中一於道心而不息是謂允執厥中矣一於道心則存之無不中而發之無不和是故率是道心而發之於父子也無不親發之於君臣也無不義發之夫婦長幼朋友也無不別無不序無不信也是謂中節之和天下之達道也放四海而皆準亘古今而不窮天下之人同此心同此性同此達道也舜使契為司徒而教之以人倫教之以此達道也三代之學皆所以明人倫明之以此達道也當是之時人人君子而比屋可封盖教者惟以是為教而學者惟以是為學也聖人既殁心學晦而人僞行功利訓詁記誦辭章之徒紛沓而起支離決裂歲盛月新相沿相襲各是其非

人心日熾而不復知有道心之微間有覺其紕繆而略知反本求源者則又閧然指為禪學而群訾之嗚呼心學何由而復明乎夫禪之學與聖人之學求其盡心也以天地萬物為一體也吾之父母親矣而天下有未親者焉吾心未盡也吾之君臣義矣而天下有未義者焉吾心未盡也吾之夫婦別矣長幼序矣朋友信矣而天下有未別未序未信者焉吾心未盡也吾之一家飽煖逸樂矣而天下有未飽煖逸樂者焉其能以親乎義乎別序信乎吾心未盡也故於是有紀綱政事之設焉有禮樂教化之施焉凡以裁成輔相成己成物而求盡吾心焉耳心盡而家以齊國以治天下以平故聖人之學不出乎盡心禪之學非不以心為說然其意以為是達道也者固吾之心也吾惟不昧吾心于其中則亦已矣而亦豈必屑屑於其外其外有未當也則亦豈必屑屑於其內斯亦其所謂盡心者矣而不知已陷於自私自利之偏是以外人倫遺事物以之獨善或能之而要之不可以治家國天下蓋聖人之學無人已無內外一天地萬物

以為心而禪之學起於自私自利而未免於內外之分斯其所為異也今之為心性之學者而果外人倫遺事物則亦所謂禪矣使其未嘗外人倫遺事物而專以存心養性為事則固聖門精一之學也而可謂之禪乎哉世之學者承沿其舉業詞章之習以荒穢戕伐其心既與聖人盡心之學相背而馳日騖日遠莫知其所抵極矣有以心性之說而招之來歸者則顧駭以為禪而反仇讎視之不亦大可哀乎夫不自知其為非而以非人者是舊習之為蔽而未可遽以為罪也有知其非者矣藐然視人之非而不以告人者自私者也既告之矣既知之矣而猶冥然不以自反者自棄者也吾越多豪傑之士其特然無所待而興者為不少矣而亦容有蔽於舊習者乎故吾因諸君之請而特為一言之嗚呼吾豈特為吾越之士一言之而已乎

儒學[illegible]

[illegible]洪惟我

太祖高皇帝六龍初御時天下甫息于戈即詔建學興賢立師掄秀而教之教以五經四書教以孝悌忠信禮義廉恥教以禮樂射律書數守令時

其考閱以要其成其耴之也必以經明行修非此不取斥去浮文必求夫真知寔踐而於百司庶職之用必科舉士非科舉士不用於是仰見

聖祖篤意賢才政急先務創制立法真與成周以鄉三物教民而與其德行道義同一揆也夫賢才治平之具也上天生之遺之君用之俾安斯民

聖祖法天啓運以承天心作君師以風四方而四方亦既風動丕應徯志矣而於鼓舞振作之機則又畀之守令以俾收其成効焉盖將盡四海而囿之以至千萬斯年無一人不在甄陶化育之中所以貽之

聖子神孫者宏且遠矣抑嘗因是以求夫禮義廉恥之說矣其齊管仲頗嘗舉以告桓公而不能用何幸千載之後昭為皇極之敷言永為治世之典謨歟惟禮義德之大而廉恥其節目宜若小然也然人之志有所止而不隨事有所憚而不為非廉與恥不能也然則嬰以廉恥以揭厲人心則中人以下此非藥之瞑眩已乎是宜敷言之訓細大不遺必使資質庸下者亦得企而俛焉於是其所被也溥且博矣自是以來仁漸義

□百有餘年養之無不成用之無不興至化□
上道明萬邦寧而丕承流宣化者顯齊乎德音
[illegible][illegible]至其未艾也山陰紹興屬邑之壯也山川
秀鍾人才代興而以科目進至我　朝其尤盛
然於題名則未之前聞太守淨梁戴侯寬弘博
雅為政而且教興禮樂謂是關典政教所關不
可使缺闕不舉也乃用謀之寮寀若同知黃侯
通判齊侯推官蔣侯咸曰宜之於是稽之載籍
採之薦文通計若干人將以登之貞石乃來告
曰代遠人更寧無遺佚姑為記之余惟士而明
經修行孰不欲際所遭逢而孰得有如今日右
文之盛者哉夫既登名薦書亦且録行四方而
茲復遇賢守圖其不朽有如今日不亦其榮已
哉然非徒榮而已也蓋將使其聲光氣韻有以
動斯人而被懷賢尚友者知所感奮而激昂焉
由是而有以保吾君已成之化於不壞則其為
榮也不又大哉夫五經四書六藝之文今之人
皆知習之孝弟忠信禮義廉恥古今人所同也
其有上不負
聖祖篤意賢才之盛心下不負賢守鼓舞作興之美

事決意而往無讓前人之多榮存乎其人而已矣凡今所書有舉人焉有歲貢焉制也故皆書之而題名乃獨以登科名者士方以科舉爲悅當洪武六年罷科舉不行于時則有弊聘有引薦其經行不異科舉也而又以文學功名有可書也書之見無遺賢也漢無科舉之制有孝廉舉有有道舉有秀才舉皆以行言而經亦槩見之矣唐宋科舉行矣有進士有明經皆書之表多賢也又邑有賢寓他方其進也其立也亦無異乎其前也亦在所宜書之於賢也嗟夫體嚴而識陋文辭無所於稱無能記也勉記之姑以告後之善繼者云耳謹記

祭器 舊制不備嘉靖十三年推官陳讓掌縣事給銀九十一兩九錢五分刱置始備今貯縣庫

銅爵杯壹百四十銅和酒缸三銅香爐四銅燭臺五對錫簠四十簋四十香爐一十一錫燭臺一十一對錫犧罇象罇各一竹籩一百木頭一

百大木方盤十小木方盤一百木篚箱三毛血磁盤八和羹碗十六香案桌四牲匣八祝板一宰牲瓮八大牲桶八毛血木桶八盛爵木桶二焚帛鉄架一木燭臺五十對鉄香爐架九鉄大鍋三錫爵杯一十八舊黄絹帳幔一青絹帳幔一黄綾帳幔一紅綾帳幔四

典籍

御製為善陰騭書二本五倫書六十二本四書大全一十八本周易傳義大全一十二本書傳大全一十二本詩傳大全一十本春秋集傳大全一

十八本禮記集說大全一十八本性理大全三十本明倫大典一部八本周禮七部七十七本禮記七部一百二十六本儀禮七部五十六本毛詩一部一十四本爾雅一部三本易經一部四本春秋穀梁一部四本尚書一部六本春秋正義一部一十八本春秋公羊一部六本孝經語孟大學中庸一部通鑑綱目一部三十本少微資治通鑑一十二本四書一部一十本易經一部六本書經大全一部五本詩經大全一部六本春秋一部十本禮記一部十本綱目一部

十二本性理一部十本通鑑一部十二本

書院

稽山書院在縣治卧龍山西岡宋儒徽國文公朱晦翁氏嘗司本郡常平事講學敷政以倡多士三衢馬天驥建祠祀之其後九江吳革因請為稽山書院元至正間廉訪副使王侯復增葺焉載吾衍譔記歲久湮廢正德間知縣張煥改建於故址之西麓煥有記嘉靖三年知府南大吉增建明德堂尊經閣載王守仁譔記後為瑞泉精舍齋廬庖湢諸所咸備統共四十餘間時試八邑諸生選其尤者升

于書院月給廩餼相與講業經義倡明道統諸士多所興起云

元吳師道記

越卧龍山之陽徽國文公晦庵先生祠三衢馬天驥之所建也稽山書院則九江吳革因文公之祠請之也盖文公為常平使者居越不一歲講明道學敷闡政化斯文一大興起嗣其職者所以景仰風厲凡惓惓焉迨宋之季年相臣廣居第欲蕪書院有之以先儒之祠不敢壞乃巳至元辛卯浙東海右道肅政廉訪副使王侯俣分司於越朞月政成廼進教官孔君之熈陶君儀鳳議前起大成殿以奉先聖後祀文公於明德堂繕書閣以崇講道苑齋廬以待來學之士不爾則聖賢之祀不興師生之位弗肅議既定程役赴工踰月告成右夫經搆之費陶君儀鳳華倡之士之來者咸樂輸無難色故一木不以病民既而走書千里來為文記予不得辭竊惟道之不得其傳千有五百餘歲天生周程遠紹繼統聖學中興逮我文公先生益浚其源昭其光遂集大成先生教人要自小學灑掃應對至大

學治國平天下其進也有序其志也有道又必爲已爲人判然胷中體驗充養馴至上達使不階下學一超直造聖賢之域理有是哉如顔子去聖人一間曾子唯一貫之妙夫豈不由好學與傳習之積乎然則君子進德脩業舍文公其誰與歸惟會稽過化之地遺澤之入人深矣昔者生長見聞服先生之服誦先生之言者不加少世降道微士習鄙陋出口入耳喪其所以唯虚文是尚唯進取是謀可勝慨邪迺今天下一家文治日隆學無利誘之蠱心無邪說之害家靡吠警之郵人罔庸調之虞有先師朱文公爲之據依有賢師帥之勸勵導其講誦贊舍安於修習絶彼四惡具此四美士於斯時要使刮去舊習斷斷兮文公之言爲準的因文公之言求之六經反之吾心眞見力踐居則以道淑諸身出則以道爲世用時有古今人無古今大中至正之道致知格物之學曷嘗有古今哉嗚呼若文公先生道德文章之懿見而知之者縣文肅黄公而下未易殫舉聞而知之者豈無望於會稽之士罔俾前人專有斯美

本朝張煥撰記

畧曰稽山書院者祠先賢啓後學之地也先賢謂徽國文公後學則凡生於茲游於茲志文公之道而誦文公之書者皆是也創見之詳見元人吳衡記中朝代屢更海桑俱化俎豆絃歌之所犂鋤徧及瓦礫無遺可慨矣煥私淑有年忝膺民社顧茲闕典罪責孰居第以庸踈日不暇給會刑部尚書王公明仲楚府長史王公文冕與儒生王琥素懷興復唱鳴義舉煥特上疏當道得允所請遂得盡力所事庀材鳩工高者夷之下者培之濵於民者捐金出而闢之凡構屋若干楹繪像於中講道于後左右有齋前有門甃四築繚垣蔭以佳木成之日人心歸極道在是矣周覽形勝則雄據龍岡俯臨雉堞山拱三峯湖環一曲天開偉觀兆啓文明今年棘闈選士數協元愷豈其應也竊謂文公之學非止科目階而進之伊周之功業孔孟之文章亦與日月運行於天山河流峙於地未可以限量之者尚冀後之人景慕無射守職不忘無使求斯文於斯地者而又增慨於榛莽中焉　王守仁撰

尊經閣記　經常道也其在於天謂之命其賦於人

謂之性其主於身謂之心心也性也命也一也通人物達四海塞天地亘古今無有乎弗具無有乎弗同無有乎或變者也是常道也其應乎感也則爲惻隱爲羞惡爲辭讓爲是非其見於事也則爲父子之親爲君臣之義爲夫婦之別爲長幼之序爲朋友之信是惻隱也羞惡也辭讓也是非也是親也義也序也別也信也一也皆所謂心也性也命也通人物達四海塞天地亘古今無有乎弗具無有乎弗同無有或變者也是常道也以言其陰陽消息之行焉則謂之易以言其紀綱政事之施焉則謂之書以言其詠歌性情之發焉則謂之詩以言其條理節文之著焉則謂之禮以言其欣喜和平之生焉則謂之樂以言其誠僞邪正之辨焉則謂之春秋是陰陽消息之行也以至於誠僞邪正之辨也一也皆所謂心也性也命也通人物達四海塞天地亘古今無有乎弗具無有乎弗同無有乎或變者也夫是之謂六經六經者非他吾心之常道也故易也者志吾心之陰陽消息者也書也者志吾心之紀綱政事者也詩也者志吾心

之詠歌性情者也禮也者志吾心之條理節文者也樂也者志吾心之欣喜和平者也春秋也者志吾心之誠僞邪正者也君子之於六經也求之吾心之陰陽消息而時行焉所以尊易也求之吾心之紀綱政事而時施焉所以尊書也求之吾心之詠歌性情而時發焉所以尊詩也求之吾心之條理節文而時著焉所以尊禮也求之吾心之欣喜和平而時生焉所以尊樂也求之吾心之誠僞邪正而時辨焉所以尊春秋也昔者聖人之扶人極憂後世而述六經也猶之富家者父祖慮其產業庫藏之積其子孫者或至於遺忘散失卒困窮而無以自全也乃記籍其家之所有以貽之使之世守其產業庫藏之積而享用焉以免於困窮之患故六經者吾心之記籍也而六經之實則具於吾心猶之產業庫藏之實積種種色色具存於其家其記籍者特名狀數目而已而世之學者不知求六經之實於吾心而徒考索於影響之間牽制於文義之末硜硜然以爲是六經矣是猶富家之子孫不務守視享用其產業庫藏之實積日遺亡

散失至爲窶人丐夫而猶囂囂然指其記籍曰斯吾産業庫藏之積也何以異於是嗚呼六經之學其不明於世也非一朝一夕之故也尚功利崇邪説是謂亂經習訓詁傳記誦沒溺於淺聞小見以塗天下之耳目是謂侮經侈淫詞競詭辯飾姦心盜行逐勢壟斷而猶自以爲通經是謂賊經若是者是幷其所謂記籍者而割裂棄毁之矣寧復知所以爲尊經也乎越城舊有稽山書院在卧龍西岡而荒廢久矣郡守渭南南君元善既敷政於民則慨然悼末學之支離將進之以聖賢之道於是使山陰令吳君瀛拓書院而一新之爲尊經之閣於其後曰經正則庶民興庶民興斯無邪慝矣閣成請予一言以諗多士予既不獲辭則爲記之若是嗚呼世之學者得吾説而求諸其心焉其亦庶乎知所以爲尊經也矣

蘭亭書院在縣南二十五里本晉内史王逸少脩禊之所元時因置書院設山長今廢

陸太傅書院在縣西六十里舊在牛峯寺側歲久湮廢正德間郎中周礽重建於故址

社學鄉學義學附

社學一在縣治東北二里許如坻倉西嘉靖四年知府南大吉即倉之隙地爲之其後知府洪珠既刱古小學在會稽境内乃更其地爲射圃二十年御史王紳復改爲察院一在縣治北謝公橋南亦珠所建即越王廟故址

鄉學國初隅都各置以教養鄉之蒙稚講讀大誥諸訓計凡五十所歲久湮圮

義學在錢清鎮邑人周廷澤所剏嘉靖十四年其子給事中祚復購廢驛地以廣之爲屋八間捐田三十畝以贍其師生

山陰縣志卷第四終

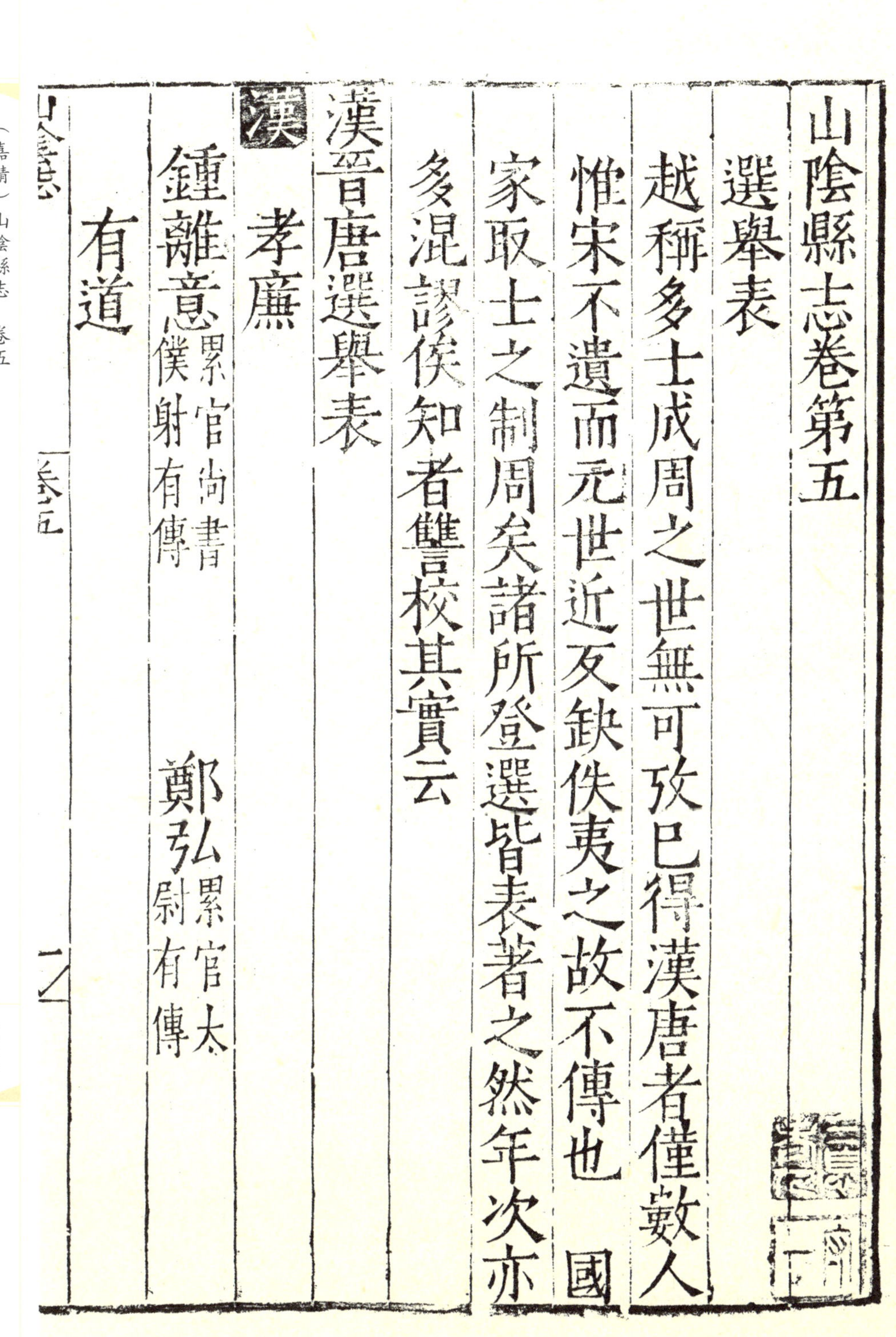

山陰縣志卷第五

選舉表

越稱多士成周之世無可攷已得漢唐者僅數人惟宋不遺而元世近反鈌佚夷之故不傳也　國家取士之制周矣諸所登選皆表著之然年次亦多混謬俟知者讐校其實云

漢晉唐選舉表

漢

孝廉

鍾離意累官尚書僕射有傳　鄭弘累官太尉有傳

有道

趙曄不就卒有傳

晉

秀才

孔休源累官行荆徐州事有傳

唐

明經

孔若思累官給事中有傳

後唐

進士

吴程累官吴越國相有傳

宋

制科

光禄寺丞錢易景德三年舉賢良方正能直言極諫科

殿中丞錢明逸彦遠弟慶曆二年舉材識兼茂明於體用科

太常博士錢彥遠　慶曆六年舉賢良方正能直言極諫科

進士

錢昆　淳化二年孫何榜

杜衍　大中祥符元年姚曄榜累官丞相太子少保有傳

傅營　大中祥符五年徐奭榜

齊廓　祥符八年蔡齊榜

齊唐　廓弟天聖八年王拱辰榜

錢彥遠　易子任太常博士有傳

褚理　理之弟嘉祐二年章衡榜

王淵　嘉祐二年章衡榜

錢易　昆弟咸平二年孫暨榜任光禄寺丞

陸軫　大中祥符五年徐奭榜

傅瑩　天禧三年王整榜營之弟

褚珵　寶元元年呂溱榜

梁佐　慶曆六年賈黯榜

傅傳正　嘉祐二年章衡榜

唐鼓　嘉祐二年章衡榜

褚珪 嘉祐六年王俊民榜

褚唐輔 嘉祐八年許將榜

陸佃 熙寧三年葉祖洽榜軫之孫有傳

陳鈗 熙寧三年葉祖洽榜

王容 淵之子熙寧六年余中榜

陸傳 佃弟熙寧六年余中榜

丁希說 元豐八年焦蹈榜

傅勉 元豐八年焦蹈榜

梁澥 佐孫元豐八年焦蹈榜

朱興宗 元祐三年李常寧榜

陳競 鈗之兄元祐六年馬涓榜

唐翊 穀之子元祐六年馬涓榜有傳

陳揚庭 紹聖四年何昌言榜徽宗賜名過庭官至中書侍郎有傳

唐竦 穀之子崇寧二年霍端友榜

褚唐舉 理子大觀三年賈安宅榜

傅崧卿 政和五年何㮚榜

杜師文 政和五年何㮚榜

陸長民 軫曾孫政和五年何㮚榜

諸葛行敏 政和八年嘉王榜

梁仲敏邁子宣和三年何渙榜諫議大夫　徐顯宣和三年何渙榜

傅墨卿傳正孫宣和四年賜同進士出身有傳

諸葛行言行敏弟宣和六年沈晦榜　唐閎穀孫建炎二年李易榜

梁仲寬邁子建炎二年李易榜　葉蕃紹興二年張九成榜

杜師旦紹興二年張九成榜　王俊彥紹興五年汪應辰榜

唐閱翊子紹興十二年陳誠之榜　傅睎儉紹興十五年劉章榜

梁仲廣邁子紹興十五年劉章榜　張之綱紹興十五年劉章榜

王佐紹興十八年試第一人俊彥子累官戶部尚書有傳

張頡紹興十八年王佐榜　陸升之長民子紹興十八年王佐榜

陸光之長民子紹興十八年王佐榜　沈壽康紹興十八年王佐榜

唐準 翊之孫紹興二十一年趙逵榜

王公袞 俊彥子紹興廿四年張孝祥榜

陸游 佃之孫有傳紹興三十二年賜進士出身

俞亨宗 隆興二年木待問榜有傳

張澤 乾道二年蕭國梁榜官至兵部尚書

傅頎 乾道二年蕭國梁榜

杜弼 乾道二年蕭國梁榜

陸洙 游弟乾道五年鄭僑榜

唐漼 準弟淳熙五年姚穎榜

諸葛千能 行敏姪淳熙八年黃由榜

陸子愚 長民孫淳熙八年黃由榜

梁汝明 淳熙八年黃由榜

宋駒 淳熙八年黃由榜

陸洋 淳熙十一年衛涇榜

諸葛安節 紹熙元年余復榜行敏姪別院省元

陶廷俊 淳熙十一年衛涇榜

傅誠 墨卿玄孫慶元五年曾從龍榜

梁簡 仲寬孫開禧元年毛自知榜

諸葛興 行敏姪嘉定元年鄭自誠榜

唐繼翊曾孫嘉定四年趙建大榜　陸若川升之孫嘉定十年吳潛榜
丁煇希說曾姪孫嘉定十年吳潛榜　丁燧煇弟嘉定十年吳潛榜
尹煥嘉定十年吳潛榜　闞璋嘉定十年吳潛榜
鄭大中嘉定十年吳潛榜　楊權嘉定十年吳潛榜
諸葛十朋行敏曾孫嘉定十三年劉渭榜　王建封嘉定十六年蔣重珍榜
陶夢桂紹定五年徐元杰榜　陸壑佃五世孫後改名景思紹定五年徐元杰榜
陸達寶祐元年姚勉榜　陸勉寶祐元年姚勉榜
徐天祐景定三年方山京榜　杜淑咸淳七年張鎮榜
鍾離常咸淳七年張鎮榜

制科

元

徐中 諸暨州學録

進士

張宏道 延祐二年張起巖榜

陶澤 稽山書院長甲子科林仲節榜

傅堅 太定元年張益榜

趙宜浩 延祐四年李黼榜

皇朝選舉表

薦辟	歲貢	鄉舉	進士
洪武元年令禮部行所屬選求民間經明行修賢良方正材識兼茂及童子之類			
王儼 [illegible]			

二年唐肅有傳

三年徐伯辰杭州府學訓導中之子

詔開科以今年八月為始

陳思道

柳汝舟

趙旅

楊子文

詔各行省連試三年自後三年一舉著爲定式

詔凡鄉試中者行省咨中書省判送禮部會試

吳伯宗榜趙旅

楊子文

柳汝舟

喻文龍

四年

韓宜可有傳

王武以明經薦南昌通判

六年 詔科舉暫且停罷，令有司察舉賢才

十年 周觀政 有傳

十一年 唐之淳

十二年 劉子華 有傳

馬壽 教授

馬貫 知事

趙俶 有傳

馬恭 長史

十三年 姚本 知縣

榜 陳思道 禮部侍郎

翁敏　教授

陸溥　教授

白範　有傳

十四年　今朝覲官各舉所知一人

毛鉉　有傳

潘允　郎中

十五年

胡粹中　有傳

黃里　有傳

胡春　國子監學錄

陳名裕　桂林府判

十五年

王永言 教諭

王誼 官至翰林院待詔

奏准天下府州縣學自明年爲始歲貢生員各一人

阮吉祥 府學

趙貢文

王時敏 有傳

鍾志道 應天府中式

魏思敬

頒行科舉成式凡三年一舉

凡鄉試中式舉人出給公據赴禮部會試以次年二月爲始

十七年

錢遜

鄧宗經 府學

周得中 知縣

丁顯榜 王時敏 經魁

鍾志道

十九年

蔣顯 府學

薛可行 御史

二十年

錢述 府學

陳性善

劉真 長史 有傳

邵謙 縣丞

二十一年

令府學十一年縣學三年各貢一人

駱庸 知縣

陳嗣宗 知縣

二十二年

方季仁 知縣

魏思敬

二十三年

徐士宗 有傳

王惇 主事

馬文炯 知縣有傳

呂升 官至少卿有傳

王景彰 教諭有傳

滕善 教授

李欽 教諭

周慶祐

駱士廉

二十四年

錢魯 府學

金禹 御史

二十五年

今府學歲貢年二人縣學一年一人

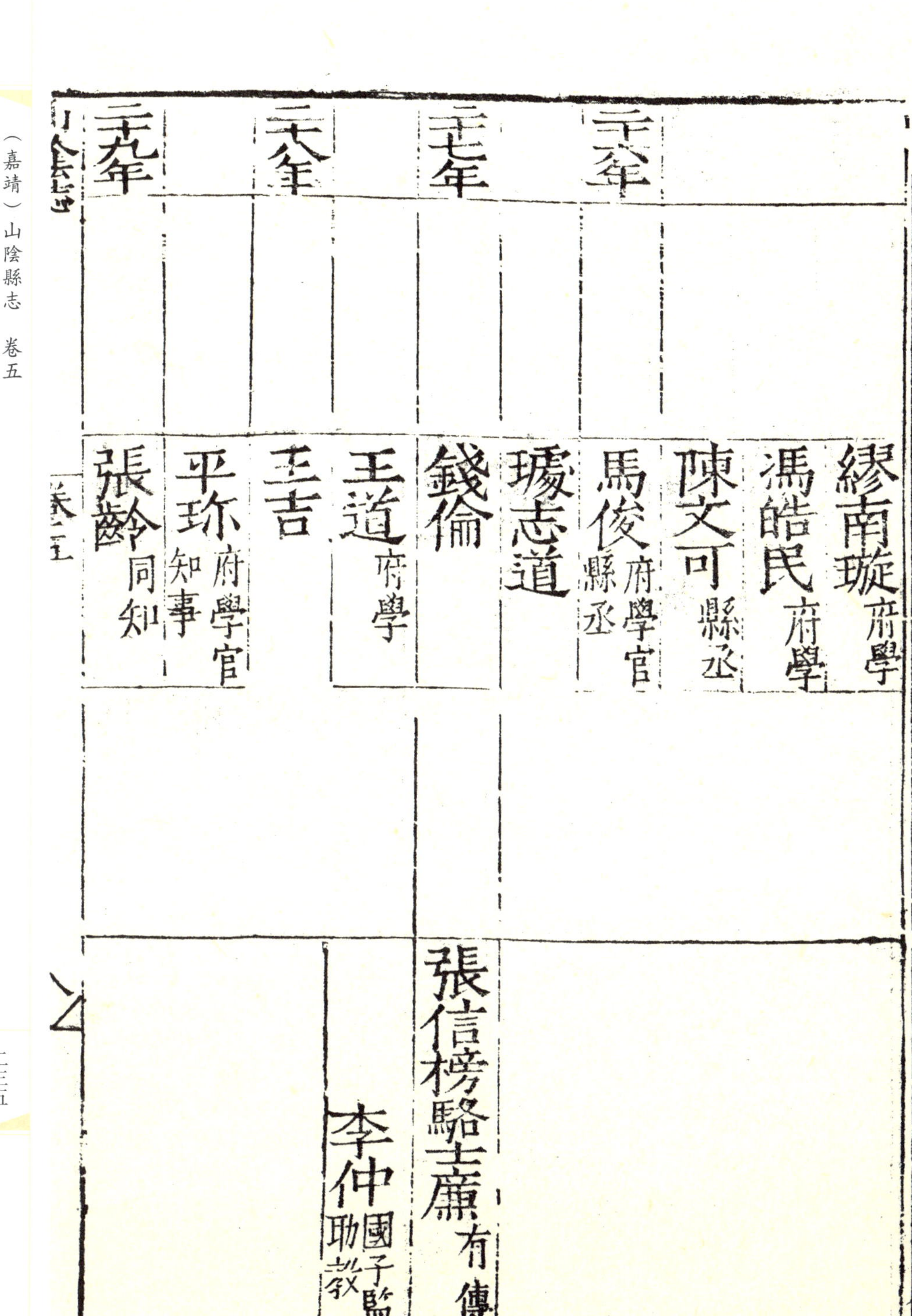

	二十六年	二十七年	二十八年	二十九年
繆南璇（府學） 馮皓民（府學） 陳文可（縣丞）	馬俊（府學官 縣丞）	璩志道 錢倫	王道（府學） 王吉	平琜（府學官 知事） 張齡（同知）
		張信榜騎士廉（有傳）	李仲（國子監助教）	

三十年

蔣原 府學

呂尹旻

劉士諤

陳性善

瑗志道 應天府中式

潘逵

金鎬 府學

陳䢿榜 劉仕諤 翰林編修

呂尹旻

陳性善 有傳

三十二年

王理 教授

郭淵 府學

三十三年

魏勝安

三十年
三十二年
永樂元年　今内外諸司文職官於臣民中有沉滯下僚隱居田里者各舉所知

張煥　府學官知縣
陳蒙
金安　府學官同知
濮名　累官布政使
張秉達　府學
王友慶
蔣永亨　府學
錢常　有傳
王彰
司馬衍　教諭
毛肇宗　有傳
周玉

二年　王珩 獻民，精十今，歲貢，照洪武二十五年例策授知縣

曾棨榜　毛肇宗 有傳

王鑒慶

施安 府學

尹勝 府學

周然 府學

三年　徐穆 府學

吳中 有傳

丘純

湯雲

王賢

戴鈺 經歷 有傳

年				
		一	高清	
四年		應伯祥		林環榜吳中
		宋彌堅府學		
五年		陳恕有傳		
		盧鈍府學		
六年		沈肅	高惟情有傳	
		金晟	王善慶	
			杜文華	
			陶菊教諭	
七年		楊銘		蕭時中榜張習

		趙魯府學	
八年		張謹	
		潘綸	
九年		陳愷府學	秦初
		朱文淵有傳	周安
			金鏞
十年		虞怡府學	
十一年		趙煥府學	
十二年		趙孝廉府學	王暹
		趙瓚	王佑

十二年

王燧　襄城伯府教授

石譽　府學

徐信

賀源　訓導

吳昉　府學官　推官

張旻　教諭

俞求

朱純　參政　有傳

任佐　教諭

方璵　教授

陳循榜　王佑　累官工部侍郎

徐信　長史

周安　御史轉同知

十一年

韓陽有傳

十三年

王資深府學官縣丞

李騏榜秦初有傳

王暹有傳

十五年

劉蘭府學官同知

十六年

曹南

葛名

毛寧

十九年

令歲貢照洪武二十一年例

曾鶴齡榜曹南御史

呂綮同知

陳讓府學

二十年	二十一年				二十二年		二十三年	宣德元年	
					徐履浩詹事府録事	伯衡之子			
王瀾府學官治中	王俊府學官知縣				秦端	胡增府學	周勝吉府學	孫讓府學	
	盧振教諭	龔荃安	吕公愿國子助教	郭傑教諭				陸倫教諭	馮獻提學僉事
					邢寬榜龔全安有傳				

二年

施廷璋

葉俊侄 府學官 州判

三年

賀徽 府學

四年

葛賢 府學

梁鎡 教諭

五年

任高 推官

劉貫 府學

六年

周倫 同知 勝吉姪

七年

今歲貢照洪武二十五年例

魯泰 訓導

胡淵 教授

八年

吳俊 府學

九年	范璇府學		
十年	鄭愷府學官主簿	秦瑛	
	王道訓導	袁康訓導	
		趙魯應天府中式	
正統元年			周奉榜王瑛行人
二年			
	楊全		
三年	葉蒙亨縣丞		
	倪侃		
四年	蔣訓		

五年

六年

令府學一年縣學二年各貢一人

趙師祖

徐綬 通判

盛儒 經魁

謝傑 訓導

吳駰 學正

沈日祺 訓導

七年

唐振 府學

八年

李朴

九年

張倬 知縣 有傳

周純 有傳

司馬恂有傳

高閭

何璧紀善

十年　祝濟

商輅榜高閭郎中

王理府學官知縣

十一年徐光大有傳

十二年　令天下貢楷書生員

朱臻　唐彬

徐震府學

十四年　趙瓚

景泰元年

王恭　府學

司馬軫　國子助教

楊德　教諭

卜巽

王昉　教諭

陳定　教諭

王昇

吳顯　刑部郎中

張傑　訓導

戴讓　教諭

錢仲瓛　訓導

三年

沈澤

張以弘

四年

俞英

徐瓚 教諭

高秩

王淵 應天府中式

金澤

賀徽 應天府中式

五年

趙霦 教諭

孫賢榜 吳顯 郎中

唐彬 有傳

金澤 御史

十六年

胡遲

胡溥 府學

十七年

滕霄

錢淳 同知

楊芸

陳壯 順天府中式

戴譓 讓之弟 知縣

丘弘 教諭

俞謚 教諭

王緬 知縣

周芳 知縣

天順元年

沈暉 訓導

周時中 府學

二年

胡廷倫 紀善

祁福 有傳

三年

袁敬

姚格 知縣

汪鎰

駱巽 教諭

滕霄 應天府中式

薛綱

鄭璇 訓導

錢諤

黎淳榜

王淵 給事中以忤旨貶終治中貞介溫惠有長者之風

四年

范璇 知州

王一夔榜

滕霄 御史有風裁

五年

趙瑋 教諭

六年

令廩增生員四十五歲已上者俱貢

王恭

袁晟

秦鉞

馬達 訓導

朱宗岳 純子

徐綬 應天府式通判

宋彩

蕭昱 經魁知縣有傳

尹溥

孫能 教諭

陳綬

司馬垚 郎中，悔之子

蔣敬

朱士學有傳
趙諤
王輝
諸甯俱府學
金本仁訓導
蔣鑾
沈澤
馮節
張能
張律

	八年	成化元年
吳瑛 楊全	周章主簿 駱傑	壽瑞府學
		魯誠 凌玉璣知縣 沈淪 呂詵
	彭教榜 汪鎡郎中 陳壯有傳 薛綱有傳 袁晟御史	

	二年		三年	四年					五年
	趙瓚知縣璿之弟	劉濟府學	王詵府學	俞英					胡暹府學
陳倫教諭				陳哲	孫徽同知	俞玹知縣	俞瑛應天府中式	堵昇順天府中式	
									張昇榜張以弘有傳

六年 趙偉 有傳

七年 潘淳 府學

司馬垔 軫子

王鑑之

張以棠 以弟 知縣

陳轂

彭融 知縣

凌寀

沈振

八年 吳寬榜陳哲 知府

司馬垔 有傳

九年

張灝府學

十年

郭宗玉訓導

虞渙知縣

章頎同知

王臚

王佐

周廷瑞隱居不仕有傳

白瑾

祝玠

十一年

韓顯府學

謝遷榜

曾誠郎中

堵昇參議

凌案知縣

十一年

祝輔 訓導

虞書 府學

王宗績

朱顯 府學

林華 知縣

十二年

陳邦直 定之子

金瑞 知縣

劉湜 經魁 知縣

陳邦□ 定子 中辛

陳轂 御史

沈振 知縣

丑會試卒
祁司員 福之子

十四年
葉瑄 教諭
曾彥榜白瑾 知縣

周貞 府學
王鑑之 有傳

祁司員 知府

十五年
金廣

十六年
毛瑄 主簿
祝瀚 有傳

盧瀚 府學
徐鎡 同知

丘霦 訓導

張景明

十九年	十八年		十七年						
朱綎 府學官訓導	張珣 府學	馮克溫 訓導	高勤 府學						
張景琦 以弘子				傅瓚	鄭如意	諸敞 長史	章頎 應天府中式同知	費愚	林愛臣 華弟教諭

王華榜 陳邦榮 不就廷試而歸

年				
			徐一夔	
			祁仁	
			劉濟順天府史式知縣	
二十年	徐鑰光大之子訓導	陳願教諭		李旻榜祁仁主事
		劉寧府學		
二十一年		趙昉府學		
二十二年		陳嵩訓導	陳邦弼定之子	
		陳韶府學乞官訓導	胡儀	
		祝輔	沈瀾	
			俞頫	

年	進士	舉人
二十三年		郭璲 府學
		王經
		張玗 都察院司務
		周時中 順天府中式同知
		吳舜
弘治元年		王鈿 蜀府教授
		楊清 長史
		宋浦 知縣
	費宏榜陳邦瓚	
	祝瀚 有傳	
	張景琦 知府	

三年

吳矜

金謐 知縣

何詔

沈俅 知縣

朱導 知縣

吳便

徐鏓 鏓之兄 同知

錢福榜胡儀

王經 副使

張景明 長史贈太子少保禮部尚書兼大學士諡恭僖

四年

吴廷璟 府學

五年

胡儉 府學官訓導

毛棨

田維立 知州

司馬公軽 訓導

吴旻

徐冕 鹽運司同知

高臺

朱憲 同知

六年

毛澄榜 汪獲麟

吴舜 有傳

李瑾

高臺 郎中

七年

俞璜 訓導

陸魁 府學官伴讀

八年

劉瀚 通判

沈欽

徐鏞 州同知

周禎

九年

奏准自是年起至十二年止每年府學貢二名縣學貢一名

周燮 府學官教諭

朱希周榜

何詔 累官工部尚書清慎簡厚卒謚[illegible]

費愚 知府

	十年		十一年						
劉鏞訓導	勞臣訓導	俞瓚	張昕訓導	錢纓府學官訓導	田宣訓導				
			劉棟	張景暘景明弟		高文炯知縣	張鴻通判	高壇	朱秩

周朸 禎之弟

十二年

朱鏶

倫文敘榜 張景暘 知府

張以震 教諭

十三年

韓洪卿 紀善

錢暉

顏悅 訓導

十四年

漏真 訓導

毛鳳

劉騏 府學官教諭

龐龍 俱紹興衛籍通判

陶天祐 通判

魏杲 通判

十五年

康海榜 吳便 副使

周禎 翰林院檢討

沈欽 僉事

高壇 知府

十六年

秦世濟 推官

洪倫 通判

十七年

徐軒 府學

蕭鳴鳳 解元 昱子

言震 經魁

胡克忠

郁采

周晟

			傅南喬
			姚譸
			胡文静
			姚鵬
十八年		錢倬	
		王愈府學	
正德元年		王騏府學官教諭	
二年		吳鉞順之子教諭	張道解元傑之孫同知
			蔡宗兗
			朱節

	三年		四年
			趙意 訓導
毛嵩 王師程 王袍 王軾			
	呂柟榜 胡克忠 知縣	胡文靜 光祿寺少卿 周礽 郎中 毛鳳 御史 郁采 有傳	

五年

沈澧 欽之子

錢滄 知縣

陳禹卿 邦直子 同知

李萱 紹興衛籍

六年

錢曙 訓導

楊慎榜

劉棟 初授編修 今任兵部侍郎

駱軒 巽子 主簿

七年

陶文奎 府學官 教諭

八年

莫震 訓導

朱麓

沈慎德 府學官 訓導

陳廷華 推官

張思聰

九年

高儁 閏之子

沈馴 瀾之子知縣

何鰲 詔之子

姚世儒

周大經

鄭蒙吉

毛一言 紹興衛籍

唐皐榜

朱節 御史贈光祿卿

王袍 知府

姚世儒 知府

蕭鳴鳳 提學副使

張思聰 叅政

王軾 知縣

十年

唐偉

陳璟

十一年

汪毅 府學官訓導

周祚 順天府經魁第

周沐 順天府中式

朱篚 箎之兄

汪應軫 鎡之孫

周文燭 號六峯

徐俊民

十二年

祝深

舒芬榜 汪應軫 會魁

傅南喬 同知

蔡宗兗 提學僉事

何鰲 易經 參政

十三年

號蓮渚

十四年

張汶 府學

周文燁 文燭兄 經魁

徐濤 經歷

錢一溥

施正

吳彥 便之子

田麟

王畿 經之子

	十六年	十七年
	薛笛周府教授 胡易府學官教授 陳玠斅子府學	周曉教諭
陳徠通判 朱簦 陳璟斅子應天府中式 張雲翰順天府中式官知縣		
		楊惟聰榜周祚給事中 徐俊民僉事 周文熯郎中

田麟 知府

朱簠 見任員外

朱箎 御史

嘉靖元年

陳文 訓導

周繹 順天府解元[illegible]弟

趙僎

潘壯

余憲 府學官訓導

張天衢

張元冲 景琦子

二年

張遠 訓導

姚淶榜

潘壯 御史

杜昇 府學三江所籍

沈澧 見任參議

吳彥 僉事

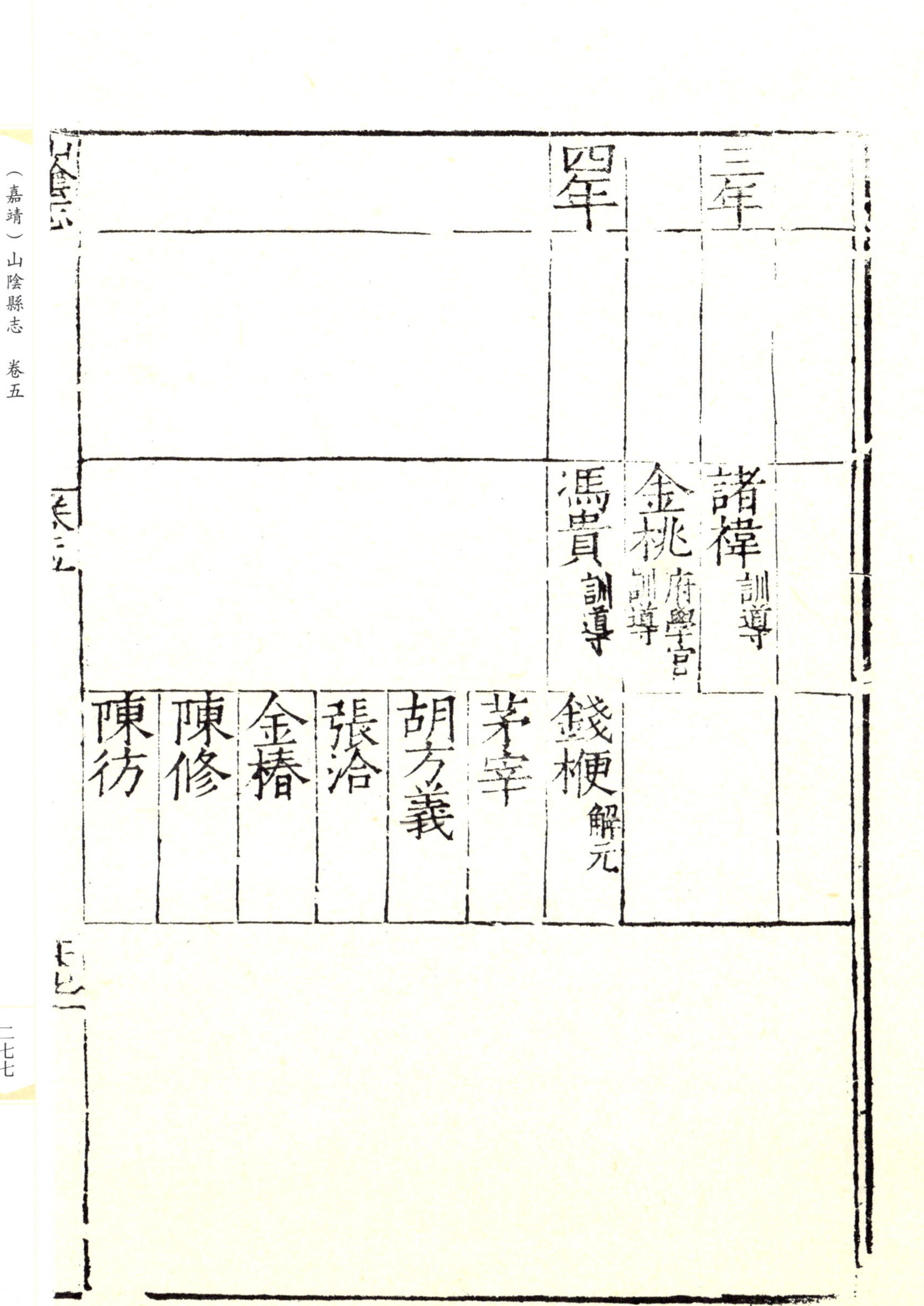

三年

諸樟訓導

金桃府學訓導

四年

馮貴訓導

錢梗解元

茅宰

胡方義

張洽

金椿

陳修

陳彷

五年

吴鑾 府學

林鳳韶 府學

陳蘂

龔用卿榜 周文燭 見任修撰

錢槓 見任郎中

金椿 見任同知

毛言

周襗

七年

陸文通 府學

丁文恮 官訓導

徐轂

徐緯

王元春

金志 謚之子

				八年		九年	十年	
				令天下歲貢五名內考選一名	駱居敬	淩世華 府學	令天下歲貢通學考選一名	張牧
[illegible]	徐緯	周宗文 號阜山	盧俆	沈夢鯉 芳之子			周浩 初之子	駱居敬 應天府中式
				羅洪先榜 茅宰 主事 先令	六合有惠政民祠祀之			

十一年

周晉 府學貢元

令天下府州縣學各開貢二年仍考選

陶雲漢 府學

劉本 府學棟弟

蔣懷德

沈學

高警

朱公節

林大欽榜

王畿 見任郎中

陳修 御史

十二年

朱函 訓導

張檄 府學

十三年

田龍 府學

周相

呂金 府學

王治

張輻

劉集

諸大綱

諸祖 知[illegible][illegible]

陳鵠 紹興衛籍

十四年

胡方禮

韓應龍榜 周浩 見任員外

張輻 見任給事中

徐緯 見任主事

沈夢麟 郎中

十五年

今天下歲貢復舊例

王舜章 府學

十六年

任大章

劉櫝 經魁

王國禎

沈大本

李語

虞俊

王守文 順天府中式

張敏 河南中式 官訓導

年				
十七年		令天下府學每年加貢一名縣學二年加貢一名 沈芳府學 金梓府學 任大章		茅瓚榜 蔣懷德見任郎中 張元沖見任參政 王國禎見任給事中 金志見任南道御史 陳鵠見任南京評事 徐緯見任福建僉事 魏豪賢見任南京主事
十八年		陶陽爲府學		
十九年		沈渾	祁清府學司員孫	
二十年		王言	俞咨益	

二十年

張津府學

趙理府學

胡方來順天府中式

沈坤榜

張洽是科任御史

張牧是科任南京主事

二十一年

孫瑛

朱安道

二十二年

諸大綬府學

俞意府學

周校

張天復 天衢弟

宋楷 府學

朱安道 順天中式

周景會 順天中式七名

徐甫宰 順天中式

張檄 山東中式 牧從弟

二十三年

汪賓 府學

秦鳴雷榜 劉櫝 楝從弟

徐夢熊

二十四年

薛立 府學

祁鋼

二十年

沈安仁府學

高鶴解元

李應元亞魁

陶秀府學

吳俊府學

羅椿

孫大學儒士

二十七年

徐恩府學衛人

李春芳榜羅椿

王景明

張天復

祁清

吳俊

二十七年	二十八年		二十九年		
劉世績府學	周景恒恩貢		馬文顯府學		
	王元敬元春弟府學	繆思華府學　高克謙			
			唐汝楫榜王元春	高鶴	趙理

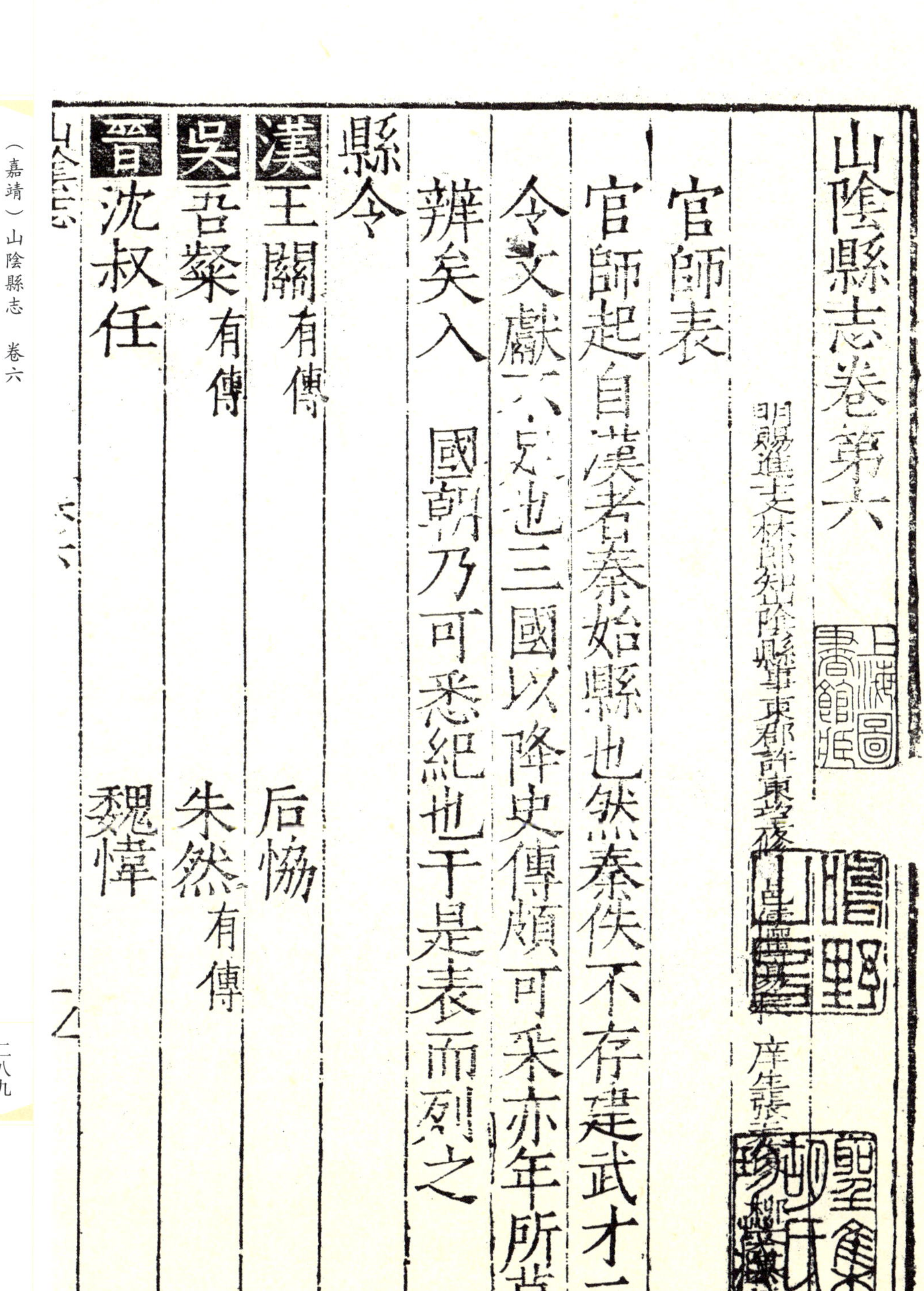

山陰縣志卷第六

明賜進士文林郎知山陰縣事東郡許東望修　邑人[illegible]　庠生張[illegible]

官師表

官師起自漢者秦始縣也然秦佚不存建武才二令文獻不足也三國以降史傳頗可采亦年所莫辨矣入　國朝乃可悉紀也于是表而列之

縣令

漢　王闞有傳　后協

吳　吾粲有傳　朱然有傳

晉　沈叔任　魏偉

羊旋　江統有傳

于寶有傳　王鎮之有傳

魏顗有傳　謝蓀

劉奭有傳　王准之有傳

顧琛　魏滕

宋

張岱有傳　顧凱之有傳

江秉之有傳　种貴

和睦　徐豁有傳

傅僧祐有傳　孔僉有傳

傅琰有傳　顧寶光　陸卲有傳

齊

王沉　沈憲有傳

周顒有傳　劉玄明有傳

傅翽有傳　王詢有傳

丘仲孚有傳

梁

謝岐有傳　沈僧昭有傳

沈浚有傳　王騫

陳

褚玠有傳　虞亘

郎機　包頡

丁遵　別浦

于文憲

唐

吉材　權益

帝有順有傳　濮雲

斯忌　牛謙

祁休　姚昺

宰知微　墨通玄

山約　趙稾

徐斗南　甘守忠

張遜有傳　馬龐有傳

焦楷

宋

臤裴　鞠詠

李茂先　　陳舜俞有傳

苗滋　　林觀

王鏏　　趙汝駉

林順孫　　婁公彥

元

高文秀　　頭盧翼

開珉　　蒲察攸

李如忠　　薛依二

定定有傳　　廉寶之

趙師道　　賈棟有傳

陸澹　　馬欽

柴青

皇朝官師表

	知縣	縣丞	主簿	典史	教諭	訓導
洪武元年						陳詔
二年	戴鵬					
六年					韓宜可有傳	薛正言府尹
九年	崔東有傳					
十二年	王時中					
十四年		閻克恭字克敬永豐人				王受益有傳
十七年	撖都魯丁					

	張宣				
二十二年	胡志學有傳			陽春有傳	
三十一年	李祿受				
	譚應奎有傳				
三十三年	姜榮有傳				
	王應夢				
永樂元年			鞠敃有傳		
四年	宋昌			黃昇有傳	何樵有傳
十二年	王耕有傳				
十五年	李開				

年						
宣德元年	李孟吉					
四年	偰順					
九年	孫禧					
正統元年	錢浩有傳					李斌
二年	李衡				呂齊	
六年	王仲德					李伯璵有傳
八年	王宣					
景泰二年					陳祿策	郭鄭
天順元年	周鐸有傳	王述	陸振		王志洪	鄭浩
成化元年	胡璉字商器					

五年金爵有傳			姚良	譚淵
十一年		陳記		謝芳
十四年王倬有傳	田昱	石誠		李寅
十六年				嚴彪	鄭選
十七年蕭憲字顧成古陵人			周源	
十八年胡琦臨淮人				陳崇儒
十九年		開銓		傅迪
二十年	賴珪			
二十二年			崔武	
二十三年	尤繼良	趙慶		

年						
弘治元年	李良有傳					
五年			劉琚	劉壽		
六年						徐貴
七年	鮑克敏					崔紀
八年			徐鼐			
九年					周剛	宋鳳
						方芬
十年	郭東山掖縣人					
十一年		楊寬				
十二年			王世良		賴從善	賴紹

年					
十四年 杜宏 有傳			丁順忠	黄仕宣	黄聰
十五年					
十六年 張元春 字約仁新建人		李範			
十七年				劉朝興	黄式
正德元年		陳錀			
二年	孔公翊		黄憲		
三年				李文顯	李淮
四年					吴瑛
五年 張煥 有傳					
六年		張銳		彭僎	

年						
七年				高志		
八年						李文明
九年	孫璦字惟大庾人	任顒	匡直			
十年					崔復秀有傳	
十一年		劉愷	張淮	翟文鳳		
十二年						熊新
十四年	顧鐸有傳	王澤				
十五年					汪瀚	
嘉靖元年						劉鳳鳴
二年	吳瀛字燕去洛陽人	汪文				

年						
三年			田夯			
五年	楊行中有傳	應佐有傳江都人		許德嚴	林斌	王昇
八年						陳文瀚
九年	劉昺有傳		王世隆			
十年		曾瑄			費寧	
十一年			施容			
十三年		嚴學				
十四年	方廷璽字信之歙縣人			王瑚		鍾爵
十五年			賀恩			鄭克恭
十六年					蘭錡	

年						
十七年		劉試茶陵人	李浩	方伯杲		
十八年				林公輔		
十九年	許東望字應東號魯山東昌府人戊戌進士					
二十年			楊善盱眙縣人			芮褒
二十一年		陽威荊州府人				
二十二年				王京壽州人		郭弘愷
二十三年	周俊民字明甫號橫山直隸無錫縣人辛丑進士					

年						
十四年						高中立直隸太倉州人
十五年		王文誥貴州烏撒衛籍陝西平涼府人			張佐	
十六年			黃復亨	高淮直隸江都縣人		
十七年						張朝理
十八年	何瓚字德輝號豐里揚州泰興人丁未進士	金銑字子良號吾溪江西新建人丁未進士				
十九年			胡鑾			何涗

[illegible]縣志卷第六終

山陰縣志卷第七

宦蹟傳

縣令　丞　簿　尉

學官

宦蹟有紀存德澤公是非而示勸戒者也賢者明則不肖者幽矣由漢迄于今無慮數千載所書僅若而人在古或有逸焉其邇者弗敢誣也

縣令

漢王闟字選公無錫人建武初為縣令不交豪傑公庭閒寂時號王獨坐

吳

吾粲字孔休吳郡烏程人爲縣令有能聲少時與同郡陸遜齊名後至會稽太守

朱然由餘姚長遷山陰令加折衝校尉督治五縣孫權每奇其能終左大司馬右軍師

晉

沈叔任吳興武康人少有幹質爲縣令職務靡不舉者後爲益州刺史

江統字應元陳留人爲令有善政時羌戎雜處嘗作徙戎論諷朝廷備其萌永絕禍患不省後五胡繼亂中原盡荼毒始以統爲知言

干寶字令升新蔡人有良史才領國史後補山陰

令有令名

王鎮之字伯重琅邪臨沂人始令剡再令上虞稱循良大元中會稽内史謝輶署爲山陰令其績效尤著云

魏顗字長齊會稽人世稱四族之雋及涖官山陰果以政蹟顯著時益稱服之

王準之字元曾琅琊臨沂人義熙中爲邑令以討盧循功封都亭侯

宋

張岱字景山吳郡人爲司徒左曹掾累遷山陰令以材敏著

顧凱之字偉仁吳郡人令山陰山陰素號繁劇前後令事事雖雖罔休息事猶病不舉凱之理繁以約縣曹無事晝日垂簾晏如也自宋世爲山陰者務簡績修吏治握體要必稱凱之後江秉之由建康繼其職亦庶幾焉

徐豁字萬同東莞姑幕人元嘉初爲尚書左丞出爲山陰令精練法理吏民畏服後爲始興太守廣州刺史

傅僧祐北地靈州人有吏才两爲山陰令以異政著稱子琰

琰字季珪令山陰以明察著名遷尚書左丞及齊太祖輔政以山陰獄訟煩積復以琰爲令有賣針賣糖二姥爭團箒詣琰琰縛團箒於柱鞭之密視有鐵屑乃罰賣糖者又二野父爭雞琰各問何以飼雞一人云豆一人云粟破雞得粟罪言豆者縣内稱其神明後爲廬陵王長史南郡内史行荆州事琰子翽

翽復爲邑令孫廉嘗請曰聞丈人發姦擿伏如神何以至此翽曰惟勤與清爾清則憲綱行勤則庶事理傅氏三世官山陰並著奇績世傳其

家有治縣譜云

孔僉邑人自五經博士爲邑令以治行著事在人物傳

陸邵景平初爲山陰令富陽賊孫道慶等攻沒縣邑直抵山陰會稽太守褚淡之自假凌江將軍以邵領司馬邵與行軍將軍漏恭期合力大破賊於柯亭

齊

沈憲吳興武康人少以幹局聞歷烏程令太祖以山陰戶衆難治欲分爲二縣世祖啓曰縣豈不可治顧用不得人爾乃以憲帶山陰令治聲蔚

然孔雅珪請假東歸謂人曰沈令斷事特有天才後爲散騎常侍孫浚爲山陰亦能其官

周顒字彦倫汝南安城人爲山陰賢令

劉玄明臨淮人爲縣令課爲天下第一及去縣傳琰子翽代之問玄明曰願以舊政告新令玄明曰我有奇術卿家譜所不載臨别當相示既而曰作縣令惟日食一升米勿飲酒此第一策也

王詢永泰初爲山陰令太守王敬則將舉兵反召詢問吾欲發丁丁可得幾傳庫物錢有幾詢荅縣卒不可得傳庫多未輸入敬則怒害之

丘仲孚字公信吳興烏程人王敬則反以拒守功遷山陰令居職甚有聲稱百姓爲之謡曰二傅沈劉不如一丘言仲孚于數賢令乃獨過之也梁武帝即位著令小縣有能遷大縣大縣有能遷二千石仲孚於是擢爲長沙内史

梁

謝岐山陰人爲尚書金部郎令山陰侯景亂岐寓東陽景平依張彪彪在吳郡及會稽庶事一以委之

沈僧昭吳興武康人爲令有能聲推服于時

沈浚字叔源憲子博洽有材歷山陰吳建康三縣

以循良著累遷御史中丞

陳

褚玠字温理大建中爲中書侍郎時山陰多豪猾前後令皆以贓汚免宣帝患之以玠清廉有器度遂用爲令縣人王休達輩賄賂通姦隱没丁戸玠乃收休達具狀啓臺宣帝手勑慰勞遣使助玠搜括所出軍人八百餘戸時曺義達爲宣帝所寵縣人有諂事義達憑其勢暴横者玠執鞭之吏民股慄莫敢犯

唐

張遜乾寧初爲縣令董昌稱帝于越州自號大越羅平國改元順天署置百官召遜知御史臺遜

固辭曰公自棄爲天下笑且浙東六州勢不助逆獨據孤州祇速死爾昌怒曰遜不知天意以邪説拒我囚之他日謂人曰我縱無遜何乏於事乃害之

宋

陳舜俞字令舉烏程人熙寧三年以屯田員外郎出知縣事時青苗法行舜俞不奉法上疏陳其害因自劾奏入貶監南康軍鹽酒稅

元

賈棟真定人至正間爲縣尹廉惠明敏百姓咸服

定定字君輔畏兀氏人至正間爲縣達魯花赤均賦役興學校表賢良明教化吏民稱之

國朝崔東字震初洪武初知縣事有治聲賦均訟簡
民去後思之
胡志學貴池人洪武末知縣事首興學校士知所
脩業惠于齊民民咸樂其生
譚應奎廣東人有治劇才洪武辛巳知縣事擿奸
祛弊吏民畏之不敢欺
姜榮峽江人洪武辛巳以試御史出知縣事守官
箴脩紀陳法尋膺薦擢陜西按察僉事
王耕字舜耕山東單縣人永樂中知縣事貞介惠
和有經濟大畧時草昧初營造事殷遠衛勾攝

旗校絡繹旁午供應調發民且不堪耕經理節約事有制不廢法亦不病民內官鄭和下西洋索寶玉道所經輒縱恣富家患苦直入人室廬探囊發篋遠近騷動耕言邑小民貧土產布粟而已寶玉非所出也和遂去耕又善水墨畫爲世所珍

錢浩華亭人宣德間知縣事愷悌文雅抑豪強伸枉滯斷獄平反皆得其情里胥應役有程度吏莫敢羈停之者治爲一時之最

周鐸四川太行人景泰初知縣事外剛內恕豪猾

有梗治者皆繩以法民相戒不敢犯尤留意學政以治行稱

金爵字良貴四川人謙約易諒成化中知縣事平易守法節賦省刑居官無赫赫名而下民愛之如父母時郡多虎獨不入境人以爲德化所感都御史劉敷奏其績擢太僕丞以去子獻民拜刑部尚書諸孫官皆侍從人謂爵盛德昌後云

王倬字用檢崑山人成化中知縣事廉慎文雅識政務達民隱吏不能爲姦民以不擾秩未滿丁外艱去後終兵部侍郎

李良字遂之山東人弘治間以進士知縣事才畧過人輕徭節費時運河土塘霖雨浹旬即頹塌水溢害稼且病行　旅所司歲脩築勞苦無成功良設法甃以堅石亘五十餘里塘以永固瀕河之田免於水患至今便之

杜宏河南人弘治間以進士知縣事慈仁政尚簡易視民煦煦若恐傷之者事無巨細皆聽而平焉有古循良之風

張煥字主奎江西太和人正德間以進士知縣事平恕近民善[illegible][illegible]裁政務先大體丁外秋海溢

溺漂廬舍死殍相枕藉煥躬率巡省弔死問生請于當道寬租賦以賑之比歲登令民築塘捍海復于上流建匾拖閘以時畜洩自是少水患民懷其惠留心學校躬勤講迪邑故有稽山書院煥始脩復之

顧鐸字孔振山東博興人正德間以進士知縣事嚴明威斷吏不爲奸而民自安豪右斂迹抵今談其政凛然風生

楊行中字惟慎通州人嘉靖間以進士知縣事重厚鎮俗不務苛細雖棼劇中不越常度所推行

必察其當於羣情者時方懾於前威而行中以簡靜居之寬猛相濟士民懽洽秩滿以績擢監察御史

劉昺字晉初鳳陽人嘉靖間以進士知縣事性敏頴剽幹剖決無滯牒邑有瀕海漲沙凡千頃民因爲田歲有穫而無徵額昺請于當道躬親覆畝而以邑之無挨糧稅量均于内民甚便之昺視事三年布利鐫弊職務舉而公庭晏閑賦詩盈篋前後爲令以儒雅稱者必推昺焉遷刑部主事

丞

元戴正，鄱陽人，至正間爲山陰丞，時年甫十九，詳慎如老吏，有清操，政尚寬平，嘗承檄括民田，詭隱弊革而民不擾。

國朝應佐，江都人，自少以志節聞，貢爲大學生，鄉有妖，佐爲辨怪文以禱于神，妖遂熄。武宗南狩，佐抗疏勸返駕，禍且叵測，而佐處之晏如，以是天下稱其正氣，縉紳多頌美其事。及丞山陰，清而有執，以文學飾吏治，遷高陽知縣去。

簿

國朝鞠珉永樂初爲主簿性寛仁不施鞭朴而吏不忍欺涖政數月庭無滯獄尋被徵擢

尉

宋鄭嘉正福州福清人紹熙初爲尉以幹理稱

國朝陽春清勤廉介有幹局晨起視事日旻未罷唯啜糜而已隆冬無衣官府知其貧以衣衣之受而不服其介如此

黄昇四會人永樂初爲縣尉廉謹有治才訟平事集民德之

學官

國朝韓宜可字伯時忠獻公琦之後幼好學精敏淹博磊落有大志洪武初以歲貢授山陰文學歷西臺御史自以受知遇言事謇諤無所避大臣之貴倖者咸側目焉賴
上神聖得自全猶恐大臣或中傷之出爲陜西按察僉事坐累免爲庶人尋起授山西布政使久之再坐累謫滇陽隸戎籍未幾事白復起爲雲南參政擢右副都御史宜可雖以文學名然明習法令歷憲臺多所平反世稱老吏云

薛正言字正言洪武初詔郡縣立學命采譽望士

爲學官所司薦正言以鄉人署訓導諸生皆鄉子弟正言視之益親執經坐講席爲辨析疑隱發揮宗旨諸生相聽受訢訢如也累官廣東叅政應天府尹

王受益字子謙舉明經爲邑庠訓導淹貫經史尤邃於春秋學善指授多所發明恒病傳註煩蕪或背聖人作經之旨取汪氏纂疏李氏會通程氏本義折衷之裒爲一書名曰春秋集說後召入翰林校書受益與韓宜可薛正言先後典學于鄉敷教自邇爲鄉後進所宗至今鄉校頌述

之

何樵字子野長洲人永樂初爲教諭時春秋寡傳授諸生鮮業之者樵盡攄其所得爲學者詔述其傳遂不泯多士思慕之稱何子云

李伯璵上海人正統中爲訓導清雅有文學先典教桐廬多所汲引及主山陰教簡諸生之穎敏者寘學旁僧舍晨夕訓廸之諸生感發其業日以進見其或匱乏輒分俸相賙助歷官淮府長史二子澄清俱第進士

崔復秀靈川人温厚樂易待諸生恩義並隆遷寧

波教授

寓賢傳

古之君子達觀海宇迹其所居今名垂焉山陰古稱名勝昔賢之所萃止紀其標度泝其流風後死者斯有所興矣

漢

梅福字子真九江壽春人少學長安明尚書穀梁春秋爲郡文學補南昌尉後去官歸壽春居家常以讀書養性爲事至元始中王莽顓政一朝棄妻子去九江至今傳以爲仙其後人有見於會稽者變名姓爲吳門市卒云今山陰之地有山曰梅山有鄉曰梅市有里曰梅里

晉

王羲之字逸少臨沂人司徒導之從子也少有美譽朝廷公卿皆愛其材器爲右軍將軍會稽內史雅好服食養性不樂居京師初度浙江見會稽有佳山水名士多居之即有終焉之志時孫綽李充許詢支遁等皆以文義冠世並築室東土與居嘗集同志修禊山陰之蘭亭自爲製序而親書之皆冠絕今古嘗臨池學書池水盡黑每自稱比鍾繇當抗衡比張芝猶當鴈行也典午中葉王事多艱重以敦峻鼓亂羲之以經濟材知時事不可爲遂絕意不仕稱病去郡於父

母墓前爲文以天之遂與東土人士鈞弋[illegible]
盡山水之樂嘗與謝萬書有曰古之辭世者或
被髪陽狂或汚身穢迹可謂艱矣今獲遂宿心
豈非天幸頃東遊還修植桑果今盛敷榮率諸
子抱弱孫游觀其間割甘分食以娛目前猶欲
教養子孫敦厚退讓彷彿萬石君之遺風其懷
抱高曠而倫義之篤類如此子七徽之操之獻
之最著留家於山陰遂世爲山陰人

梁

何胤字子季盧江灊人仕齊至中書令賣園宅欲
入東山拜表辭職不待報輒去有詔許之以越

山多靈異往遊焉居若耶山初胤二兄求點並棲遁求先卒至是胤又隱世號點爲大山胤爲小山亦曰東山世謂何氏三高梁武帝踐祚詔爲特進不起有敕給白衣尚書祿固辭又敕山陰庫錢月給五萬不受乃敕何子朗孔壽等六人於東山受學胤以若耶處勢迫隘不容學徒遂遷秦望山山有飛泉迺起學舍即林成援因巖爲堵别爲小閣室寢處其中躬自起閉僮僕無得至者及卒簡文帝爲譔墓誌銘

唐

賀知章字季真越之永興人性曠夷善譚説與族

姑子陸象先善象先常謂人曰季真清譚風流吾一日不見鄙吝生矣嗣聖初擢進士超拔群類科累遷太常博士禮部侍郎兼集賢院學士一日併謝宰相源乾曜曰賀公兩命之榮足爲光寵玄宗自爲贊賜之遷太子右庶子充侍讀徙工部肅宗爲太子知章遷賓客授秘書監知章晚節尤誕放遨遊里巷自號四明狂客及秘書外監天寶初病夢游帝居數日寤乃請爲道士還鄉里以宅爲千秋觀有詔賜鏡湖剡川一曲既行帝賜詩皇太子百官餞送遂老于鏡湖

故越人呼鏡湖爲賀鑑湖

張志和字子同始名龜齡婺州金華人年十六擢明經以策干肅宗特見賞重命待詔翰林因賜名親喪不復仕居江湖自稱煙波釣徒著玄真子亦以自號又著太易十五篇築室稽山每垂釣不設餌志不在魚也觀察使陳少遊往見爲終日留表其居曰玄真里陸羽嘗問孰與往來對曰太虚爲室明月爲燭與四海諸公共處未嘗少別何有往來李德裕稱其隱而有名顯而無事不窮不達嚴光之比云

方干字雄飛新定人工詩賦始舉進士有司奏干缺脣不可與科名干遂遯迹鑑湖蕭然山水閒以詩自放咸通中太守王龜知其亢直薦爲諫官召不就將殁謂其子曰誌吾墓者誰歟吾之詩人自知之誌其日月姓名而已及卒門人私謚曰玄英先生唐末宰臣奏名儒不遇者十五人追賜進士出身干與焉

宋

尹焞字彥明本洛人少師事程頤嘗應舉發策有誅元祐諸臣議焞曰噫尚可以干祿乎哉不對而出告頤曰焞不復應進士舉矣頤曰子有母

在歸告其母母曰吾知汝以善養不知汝以祿養顧聞之曰賢哉母也於是終身不就舉靖康初用种師道薦召至京師不欲留賜號和靖處士及金人陷洛焞闔門被害焞死復甦劉豫以兵劫焞焞抗罵不屈夜徒涉渡渭潛去紹興八年除秘書少監兼崇政殿說書每當講日前一夕必沐浴更衣以所講書置案上朝服再拜齋於燕室或問之曰必欲以所言感悟君父安得不敬高宗嘗語參政劉大中曰焞學問淵源足爲後進矜式班列中得老成人亦見朝廷氣象

乃以焞直徽猷閣主管萬壽觀留侍經筵復除權禮部侍郎兼侍講因極論和議之非又以書切責秦檜尋乞致仕其壻邢純迎養于越卒因葬焉所著和靖文集十卷

曾怘字仲常南豐先生鞏之孫補太學内舍生以父任爲郊社齋郎累官司農丞通判温州携家次于越建炎三年金酋琶八陷越城下令文武官在城中者詰旦皆詣府見不至者死怘獨不往逮捕見琶八辭氣不屈抗言國家何負汝汝乃欺天叛盟恣爲不道我宋世臣也恨無尺寸

兵以刃汝安能貪生事爾狗奴也時金人帳中執兵者皆愕眙相視琶八曰且令出左右驅㥁及其家屬四十餘口于南門外同日殺之越人作大窖瘞其屍其弟餘杭令𢀖收葬于天柱山㥁死國與衛士唐琦時事相同琦有旌忠祠而㥁以流寓迄無建白之者嘉靖壬寅知府張明道始刱大節祠並琦祀之於是越人始知有曾公云

韓肖胄相州人忠獻公琦之曾孫徽宗時賜同上舍出身建炎初爲工部侍郎條奏戰守計千餘

言累遷簽書樞密院事後以資政殿學士知紹興府尋奉祠與其弟膺胄寓居於越事母以孝聞卒謚元穆

林景熙字德陽溫之平陽人也宋咸淳中進士宋亡不復仕與同舍生邑人鄭樸翁輩私相嗟悼以不能死國難報君恩爲愧嘗寓越適楊髠發宋諸陵墓棄其遺骸景熙佯爲采藥行陵上以草囊拾之盛以二函託言佛經瘞越山植冬青樹以志之而哭之以詩旣而歸平陽尋爲會稽王監簿延致於是往來吳越者廿餘年歸卒于

家所著詩文有白石藁白石樵唱

王冕者諸暨人七八歲時父命牧牛隴上竊入學舍聽諸生誦書聽已輒默記暮歸忘其牛或牽牛來責蹊田父怒撻之已而復如初母曰兒癡如此曷不聽其所爲冕因去依僧寺以居夜潛出坐佛膝上執策映長明燈讀之琅琅達旦佛像多土偶獰惡可怖冕小兒恬若不見安陽韓性聞而異之録爲弟子學遂爲通儒性卒門人事冕如事性時冕父已卒即迎母入越城就養久之母思還故里冕買白牛駕母車自被古冠

服隨車後鄉里小兒競遮道訕笑冕亦笑著作郎李孝光欲薦之爲府吏冕罵曰吾有田可耕有書可讀肯朝夕抱案庭下備使令哉每居樓上客至僮入報命之登乃登部使者行郡坐馬上求見拒之去去不百武冕倚樓長嘯使者聞之慚冕屢應進士舉不中歎曰此童子羞爲者吾可溺是哉竟棄去買舟下東吳渡大江入淮楚歷覽名山川或遇奇才俠客談古豪傑事即呼酒共飲慷慨悲吟人斥爲狂奴北遊燕都館秘書卿泰不花家泰不花薦以館職冕曰公誠

愚人哉不滿十年此中狐兎遊矣何以禄仕爲即日將南轅會其友武林盧生死灤陽唯兩幼女一童留燕倀倀無所依晃知之不遠千里走灤陽取生遺骨且挈二女還生家晃既還越復大言天下將亂時海内無事或斥晃爲妄晃曰妄人非我誰當爲妄哉乃携妻孥隱於九里山種豆三畝粟倍之植梅千樹桃杏居其半芋一區薤韭各百本引水爲池種魚千餘頭結茅廬三間自題爲梅花屋嘗倣周禮著書一卷坐卧自隨秘不使人觀更深人寂輒挑燈朗諷既而

撫卷曰吾未即死持此以遇明主伊呂事業不難致也當風日佳時操觚賦詩千百言不休皆鵬騫海怒讀者毛髮爲聳人至不爲賓主禮清談竟口不倦食至則食亦不為辭謝善畫梅不減楊補之求者肩背相望以繒幅短長爲得米之差人譏之冕曰吾藉之以養口體豈好爲人家作畫師哉未幾汝潁兵起一一如冕言

高皇帝取婺州將攻越物色得冕寘幕府授以諮議參軍一夕以病死冕狀貌魁偉美鬚髯磊落有大志不得少試以死宋太史曰予受學城南時

見孟宗言越有狂生當天大雪赤足上潛嶽峰四顧大呼曰遍天地間皆白玉合成使人心膽澄徹便入仙去及入城戴大帽如簁穿曳地袍翩翩行兩袂軒翥譁笑溢市中予甚疑其人訪識者問之即晃也晃真怪民哉馬不受駕不足以見其奇才晃亦類是矣

山陰縣志卷第七終

山陰縣志卷第八

人物傳

列傳　忠烈傳　孝友傳　義行傳

夫賢哲克生古今作類列其經世者而叙述之文獻足徵紀載之體備矣其或懿行芳躅卓異而擅名亦有高人女士幽貞而濟美著之別傳所以顯彛敎示典刑也後有作者攷世而類稽焉鄉有餘師惟景行之不置耳若夫方技小術緇黃異流藝成行脩世有稱述不可以詭異而遺也法當附書故作外傳

列傳

漢丁復始爲趙將已而從高祖入關定三秦破龍且拜大司馬復破項羽拜將軍封陽都侯元功位次十七

賀純字仲貞少爲諸生博極群藝十辟公府三舉賢良方正皆不就復徵拜議郎數陳災異上便宜數十事多見省納遷江夏太守

鍾離意字子阿少爲郡督郵亭長有受人酒禮者府下記案考之意封還記言於太守曰春秋先内後外今宜先清府内且闊畧遠縣細微之愆

太守甚賢之遂任以縣事舉孝廉辟司徒掾嘗部送徒詣河内冬寒徒不能行意移屬縣使作徒衣事聞光武謂侯覇曰君所使掾何乃仁於用心誠良吏也除瑕丘令吏有犯法者既服不忍誅吏父謂其子曰無道之君以刃行誅有道之君以義行誅遂令進藥而死再遷堂邑令縣人防廣爲父報讐繫獄其母病死廣哭泣不食意傷之乃聽廣歸使得殯斂丞掾皆爭意曰罪自我歸義不累下遂遣之廣斂母訖果還入獄意密以狀聞廣竟得以減死論顯宗即位徵爲

尚書時交阯太守張恢坐贓千金詔班賜群臣
意得珠璣悉委地不拜賜帝問其故對曰此贓
穢之寶誠不敢拜帝嗟嘆曰清乎尚書之言乃
更以庫錢賜意轉尚書僕射車駕數幸廣成苑
意以爲從禽廢政當車陳諫天子即時還宮永
平三年夏旱而大起北宫意詣闕免冠疏請帝
策報罷遂應時澍雨焉帝性褊察好以耳目隱
發爲明公卿近臣數被詆毀至見提曳朝廷爭
爲嚴切以避誅責意獨敢諫諍數封還詔書臣
下過失輒救解之帝雖知其至誠然亦以此故

不久留出爲魯相後德陽殿成百官大會帝思意言謂公卿曰鍾離尚書若在此殿不立意視事五年以愛利爲化卒于官

鄭弘字巨君少爲鄉嗇夫太守第五倫見而深奇之召署督郵舉孝廉弘師同郡河東太守焦貺楚王英謀反發覺引貺貺被收道亡妻子繫詔獄諸生故人皆變名姓以逃禍弘獨髡頭負鈇鑕詣闕上章爲貺訟罪顯宗覺悟即赦其家屬弘護貺喪及妻子還鄉里由是顯名累遷尚書令弘前後所陳有裨益王政者皆著之南宮以

爲故事出爲平原相徵拜侍中遷大司農元和初爲太尉時舉將第伍倫爲司空班次在下每正朔朝見弘曲躬而自卑帝問知其故遂聽置雲母屏風分隔其間奏尚書張林阿附竇憲而素行贓穢憲奏弘大臣漏泄密事帝詰讓弘收上印綬弘自詣廷尉詔赦出之乞骸骨未許病篤上書陳謝幷言憲短帝省章遣醫占弘病臨歿悉還賜物敕妻子褐巾布衣素棺殯殮以還鄉里

吴 賀齊字公苗守剡長有縣吏斯從輕俠爲姦齊立

斬之從族黨遂相糾合衆數千人攻縣齊率吏民擊破之威震山越後大末豐浦民反轉守大末長誅惡養善期月盡平侯官長商升起兵應王朗齊告諭陳禍福升遂降領都尉事累立破賊功遷秩賜軿車駿馬吏卒兵騎如在郡儀吴主權望之歎曰非積行累勤此不可得嘗從權征合肥權爲張遼掩襲幾危齊率兵迎權涕泣曰願以此爲終身戒權自前收其淚曰謹以刻心非但書諸紳也後與陸遜破降鄱陽尤突封山陰侯累遷後將軍假節領徐州牧

闞澤字德潤孫權稱尊號以澤爲尚書嘉禾中爲中書令加侍中赤烏五年拜太子太傅領中書如故每朝廷大議經典所疑輒諮訪之以儒學勤勞封都鄉侯虞翻稱澤曰闞生矯傑蓋蜀之楊雄又曰闞子儒術德行亦今之仲舒也

丁覽字孝連清身立行用意不苟推財從弟以義讓稱補郡功曹守始平長門無雜賓孫權深貴重之未及擢用會病卒

丁固字子賤覽之子在襁褓闞澤見而異之曰此兒後必至公輔固少孤家貧事母能色養致敬

族弟孤弱與同寒温後歷顯位遷司徒時孫晧
悖虐固與陸凱孟宗同心憂國年七十六卒
朱育少好奇字造作異字千名以上仕郡門下書
佐與太守僕陽興問對行於世育後仕朝常在
臺閣爲東觀令遥拜清河太守加位侍中推刺
占射文藝多通
鍾離牧字子幹意七世孫少與同郡謝贊齊名居
永興躬自墾田臨熟縣民有識認之者牧曰本
以田荒故墾之耳遂以稻與縣人縣長聞之召
民繫獄欲繩以法牧爲之請長曰君慕承宮行

義僕爲民主當以法率下何得寢公憲而從君牧曰今以少稻而殺此民何以復留遂出裝還山陰縣長自往止之爲釋繫民民慚懼率妻子春所取稻得六十斛送還牧牧閉門不受民輸置道旁莫有取者牧由此發名領武陵太守討平郭純散五谿諸夷卒于官家無餘財士民咸思之羊衜常稱之曰子幹操行清純有古人之風

晉孔愉字敬康年十三而孤養祖母以孝聞與同郡張偉康丁世康齊名時人號曰會稽三康建興

初參丞相軍事以討華軼功封餘不亭侯蘇峻反愉朝服守宗廟峻平愉往石頭詣溫嶠嶠執手流涕曰天下喪亂忠孝道廢能持古人之節歲寒不凋者唯君一人耳時人咸稱嶠居公而重愉之守正三遷尚書左僕射後以論議守正爲導所銜累乞骸骨不許出爲會稽內史乃營山陰湖南侯山下數畝地爲宅草屋數間棄官居之卒謚曰貞

孔汪字德澤愉之子好學有志行孝武帝時位至侍中時茹千秋以佞媚見倖於會稽王道子汪

屢言於帝帝不納以不合意出爲廣州刺史政績甚著爲嶺表所稱

賀循字彦先邵之子邵以忠諫忤孫皓誅死循生而童齔不群言行舉動必以禮讓歷武康令政教大行鄰城宗之陸機薦補太子舍人陳敏之亂詐詔書以循爲丹陽內史不屈元帝爲晉王以循爲中書令固讓不受轉太常領太子太傅廷尉張闓將奪左右近宅以廣其居作都門早閉夜開民患焉因詣循質之闓聞遽詣循謝而毀其門其爲人敬服如此時朝廷初建動有疑

議宗廟制度皆循所定朝野諮詢爲當世儒宗

丁潭字世康元帝時爲尚書祠部郎時瑯琊王裒

始受封帝欲引朝賢爲其國上卿將用潭以問

賀循循曰潭清淳貞粹聖明所簡才實宜之成

帝時爲散騎常侍蘇峻作亂帝蒙塵於石頭潭

隨從不離帝側峻誅賜爵永安伯

孔坦字君平愉從子也少方直有雅望咸和初爲

尚書左丞會蘇峻反陷臺城挾天子幸石頭坦

奔陶侃論賊勢皆如所籌後遷侍中時成帝每

幸王導府拜導妻曹氏有同家人坦每切諫及

帝加元服尤委政王導坦從容諫不可由是忤導以疾去職疾篤庾冰省之流涕坦慨然曰大丈夫將終不問安國寧家之術乃作兒女子相問耶冰深謝焉

孔群字敬林志尚不羈蘇峻入石頭時匡術有寵于峻群與從兄愉同行於横塘遇之愉止與語而羣初不視術術怒欲刃之愉下車營救獲免峻平王導保存術嘗因衆坐令術勸羣酒以釋横塘之憾群荅曰羣非孔子阨同匡人雖陽和布氣鷹化爲鳩至於識者猶憎其目導有慚色

孔嚴字彭祖少仕州郡歷司徒掾尚書殿中郎時朝廷崇樹殷浩以抗擬桓温温深不平浩又引接荒人謀立功於外嚴言於浩曰當今時事艱難處任者所至不同所見各異頃來天時人情良可寒心願深思廉藺屈伸之道平勃相和之義又觀頃日降附之徒貪而無親難以義感浩深納之哀帝時以侯領尚書多所裨益拜吳興太守善於牧下甚得人和又甄賞才能之士論者美焉

孔安國字安國以儒素顯武帝時甚蒙禮遇仕歷

侍中太常再爲會稽内史領軍將軍及帝崩安國服衰經涕泗竟日安帝隆安中詔曰安國貞愼清正外内播譽可以本官領東海王師後歷尚書左右僕射

孔沉字德度有美名何充薦沉於王導曰文思通敏宜登宰門辟丞相司徒掾瑯琊王文學並不就從兄坦以裘遺之辭不受坦曰晏平仲儉祀其先人豚肩不掩豆猶狐裘數十年卿復何辭於是而服之是時沉與魏顗虞球虞存謝奉並爲四族之儁沉子廞位至吳興太守廷尉廞子

琳之以草書擅名又爲吴興太守侍中

謝沉字行思博學多識綜練經史察孝廉内史何

充引爲叅軍母老去職不交人事耕耘之暇研

精墳籍康帝即位朝議疑七廟迭毁徵爲太學

博士以質疑滯何充庾氷共稱歎之遷著作郎

沉著毛詩漢書外傳及詩賦文論其學在虞預

之右

謝奉字弘道歷安南將軍廣州刺史吏部尚書後

免官東還道遇謝安停三日共語安欲慰其失

官奉輙引以他端雖信宿竟不言及此事安謂

同舟曰謝奉固是奇士

王徽之字子猷羲之第三子性卓犖不羈爲桓温叅軍又爲桓冲騎兵叅軍嘗夜雪初霽月色清朗四望皓然獨酌酒詠左思招隱詩忽憶戴逵逵時在剡便夜乘小舟訪之經宿方至造門不前而反人問其故徽之曰本乘興而行興盡而返何必見安道耶嘗寄居空宅中便令種竹或問其故徽之但嘯詠指竹曰何可一日無此君耶後爲黄門侍郎棄官東歸

王獻之字子敬少有盛名高邁不羈嘗與兄徽之

操之俱詣謝安二兄多言俗事獻之寒温而已既出客問安王氏兄弟優劣安曰小者佳客問其故安曰吉人辭寡以其少言故知之風流爲一時之冠工草隸善丹青七八歲時學書羲之從後密掣其筆不得歎曰此兒後當有大名太元中新起大極殿安欲使獻之題榜而微試之獻之正色而拒安遂不之逼嘗從山陰道上行語人曰山川自相映發使人應接不暇若秋冬之際尤難爲懷仕至中書令謚曰憲

宋齊梁孔靖字季恭宋武帝東征孫恩過季恭宅季

恭正晝卧有神人謂曰起天子在門季恭遽出適見帝延入禮接甚厚累遷吳興太守加冠軍遷尚書左僕射固讓及帝北伐季恭請從以爲太尉軍諮祭酒從平關洛又遷尚書令不拜乃拜侍中特進光禄大夫辭而東歸及受命加開府儀同三司讓不受子靈運位著作郎靈運子琇之

孔琳之字彦琳強正有志力桓玄爲太尉以爲西閤祭酒玄議欲廢錢用穀帛又議復肉刑琳之極論變通之道以爲不可議遂寢玄好人附悅

而琳之不能順旨以是不見知宋末初中爲御史中丞奏劾尚書令徐羨之虧違典憲時羨之領揚州刺史琳之弟璩之爲其從事以羨之意語琳之求釋焉琳之不許曰我觸忤宰相政當罪止一身汝少不應從事自是百寮震肅莫敢犯禁武帝甚嘉之行經蘭臺親臨幸焉

孔覬字思遠琳之從孫少骨鯁有風力口吃好讀書早知名歷位中書黃門侍郎後除安陸王後軍長史江夏内史寮類間多所凌忽尤不能曲意權幸莫不畏而疾之居常貧罄無有豐約未

嘗闕懷性好酒雖醉日居多而明曉政事判決無所壅衆云孔公一月二十九日醉勝世人二十九日醒也顗在都下䓵道存遣吏載米五百斛餉顗竟却之吏乃載米而去其清介每類此
孔遏字世遠好典故學與王儉交昇明中爲齊臺尚書儀曹郎屢箴闕禮多見信納上謂王儉曰遏眞所謂儀曹不忝厥職儉爲宰相遏常謀議幄帳儉從容啓上曰臣有孔遏猶陛下之有臣永平中爲太子家令卒
孔琇之有吏能仕爲尚書左丞廷尉卿出爲臨海

太守在任清約齊武帝知之深歎息焉隆昌元年遷琇之爲晉熙王冠軍長史行郢州事欲令殺晉熙琇之辭不許遂不食而死子臻臻子幼孫幼孫子奐奐仕至晉陵太守清白不可欺郡中號曰神君

孔稚珪字德璋少多學涉時周顒隱鍾山而復仕稚珪作北山移文以譏之詞甚婉麗齊高帝爲驃騎召爲記室參軍與江淹對掌辭筆歷黃門郎御史中丞建武初爲南郡太守以魏連歲南伐百姓死傷乃上書陳通和之策稚珪風韻清

踈好吟咏不樂世務時憑几獨酌門庭之内草萊不剪中有蛙鳴或問之稚珪曰我以此當兩部鼓吹王晏嘗鳴鼓吹候之聞群蛙鳴曰此殊聒人耳稚珪曰我聽鼓吹殆不及此晏有媿色

孔休源字慶緒晉尚書冲之八世孫州舉秀才徐孝嗣省其策深善之謂同坐曰董仲舒華令思何以尚此可謂後生之準的也觀此足稱王佐之才休源初到都范雲一與相遇深加褒賞曰不期忽覩清顔頓祛鄙吝尚書令沈約當路顯貴軒冠盈沓休源或時後至必虚襟引接處之

坐右商畧文藝其爲通人所推如此武帝嘗問吏部尚書徐勉求有學藝解朝儀者勉以休源對即日除尚書儀曹郎時多所改作每逮訪前事休源即以所記誦隨機斷决無疑滯任昉常謂之孔獨誦遷御史中丞正色無所回避百寮憚之後歷秘書監再爲晉安王長史累佐名藩甚得美譽昭明太子薨有敕夜召休源謀議立晉安王綱爲皇太子及卒帝流涕顧謂謝舉曰休源居職清忠方欲共康政道奄至殞殁朕甚痛之舉曰此人清介強直亦爲陛下惜謚曰貞

子

賀瑒字德璉晉司空循之玄孫也世以儒術顯瑒少聰敏會稽丞劉瓛見而器之嘗與俱造吳郡張融指瑒謂曰此生將來爲儒者宗矣天監中爲太常丞召見說禮稱旨詔朔望預華林講四年開五經館以瑒爲博士別詔爲皇太子定禮撰五經義時武帝方創定禮樂瑒所建議多見施行子革季與兄子琛並傳瑒業

賀琛字國寶幼孤伯父瑒授之業一聞即通義理瑒異之後家貧乏粟以養母雖躬執舟檝而習

業不廢尤精三禮初瑒聚徒教授四方受業者三千人瑒亡而散至是復集琛築室郊郭之際傳禮學究其精微彭城到溉聞琛美名命駕相造會琛正講學徒侶滿筵聞上佐來莫不傾動琛說經無較曾不降意溉欣然就席問難從容歎曰通才碩學復見賀生因薦爲郡功曹琛辭以母老不就年四十餘始應辟後領尚書左丞參禮儀事凡郊廟諸儀多所創定每見帝語常移晷刻故省中語曰上殿不下有賀雅琛容止閑雅故云

孔子祛少孤好學耕耘樵采常懷書自隨明古文尚書爲國子助教遷西省學士助賀瑒撰録累遷中書通事舍人武帝撰五經講疏及孔子正言子祛常攷閱群書以爲義證又自撰註尚書及尚書義後加散騎侍郎卒于官

孔僉通五經尤明三禮孝經論語生徒數百人三爲五經博士值太清之亂卒于家子淑玄亦以文學著官至太學博士兄子元素善三禮亦有盛名

唐

賀德仁與兄德基師事周弘正皆以文辭稱時人

爲之語曰學行可師賀德基文質彬彬賀德仁兄弟八人時比漢荀氏太守王仁改其所居里爲高陽云武德中除中書舍人徙洗馬爲東宮學士貞觀初遷趙王友有集二十卷藏於四庫見藝文志

孔紹安蚤知名勵志于學陳亡外兄虞世南謂紹安曰本朝淪覆吾分湮滅有弟若此知不亡矣紹安與孫萬壽皆以文辭稱時謂之孫孔子禎歷監察御史門無賓謁時譏其介禎子季詡擢制科授秘書郎陳子昂稱其神清韻遠可比衛

玠從子若思

孔若思早孤其母躬訓教長以博學聞有遺以褚遂良書者止納一卷其人曰是書貴千金何取之廉若思曰審爾此亦多矣復還其半擢明經歷庫部郎中座右置止水一石明止足意中宗初敬暉桓彥範當國以若思多識古今凡大政事必咨質而後行遷爲禮部侍郎出爲衛州刺史别駕李道欽恃宗室驁放不恭若思劾奏道欽有詔切責之後别駕見刺史致恭自若思始以清白擢銀青光禄大夫累封梁郡公謚曰惠

子至

孔至字惟微歷著作郎明氏族學與韋述蕭穎士柳冲齊名撰百家類例以張說等爲近世新族剗去之說子垍方有寵怒曰天下族姓何與若事而妄紛紛耶初書成以示韋述述謂可傳及聞垍語或欲增損之述曰止大丈夫奮筆成一家書柰何因人動揺有死不可時述頴士冲皆撰類例而至書稱工

孔敏行字至之元和初擢進士第歷官諫議大夫時李絳遇害事本監軍楊叔元朝議莫敢顯攻

之者獨敏行上書極論其罪風力勁然未及大
用早卒贈工部尚書
嚴維字正文爲秘書郎大曆中與鄭槩裴冕徐嶷
王綱等宴其園宅聯句賦詩世傳浙東唱和維
有詩一卷藏在秘府
吳融字子華祖翥有重名大中時觀察府召署以
吏不應高其節言諸朝賜號文簡先生融學益
自力富辭調龍紀初及進士第韋昭度討蜀表
掌書記累遷御史歷翰林學士中書舍人昭宗
反正御南闕群臣稱賀融最先至于時左右歎

駭帝有指授疊十許藳融跪作詔少選而成語當意詳帝咨賞良厚進戶部侍郎

五代

吳程父駢唐大順中進士累官右拾遺程起家校書郎吳越王承制授金部郎中提舉諸司公事文穆王時奏授職方郎中知睦州拜丞相後爲威武軍節度使卒謚忠烈

宋

杜衍字世昌幼孤及長舉進士累遷吏部侍郎樞密使范仲淹嘗出衍門下時爲參知政事數爭事上前衍無愠色而仲淹益敬服之及衍爲相革弊事以修綱紀尤抑絶僥倖凡内降恩澤者

一切不與每積至十數必面納之仁宗語歐陽脩曰外人知杜衍封還內降耶凡有求於朕每以衍不可告之而止者尤多於所封還也由是僥幸寢不悅衍善决大事初邊將議欲大舉以擊夏人韓琦亦以爲可衍固爭之後兵果不得出契丹與夏人爭銀甕族大戰黃河外鴈門諸處皆警范仲淹使河東欲以兵從衍以爲契丹必不來兵不可妄出後契丹果如衍所料及仁宗欲罷范仲淹富弼二人宣撫衍執不可遂疑其朋黨以尚書左丞出知兖州衍爲相凡百日

而罷去明年以太子少師致仕累遷太子太師
封祁國公卒年八十諡正獻
齊唐字祖之唐觀察使濟之後少貧苦學得書輙
手録之過誦不忘郡從事魏庭堅聞士也謂唐
曰今士多不讀書唐曰幸公任意以几上書令
唐一誦之如何庭堅以一帙開示乃文選頭陀
寺記而唐誦不遺一字庭堅大驚服登天聖八
年進士第嘗進龍韜豹畧賦士大夫覽者皆震
讋兩應制科對策皆第一當路忌其切直復排
去之後爲南雄州僉判會交趾進麒麟唐據史

傳非之斥蠻人給中國衆服其博物以職方員外郎致仕初鑑湖東北有山巋然與禹廟相望最爲山水奇絶處唐命其山曰少微而卜築焉所著有學苑精英少微集各三十卷

錢彦遠字子高舉進士知潤州以地震勸帝順天脩德且言契丹據山後諸鎮趙元昊盜靈武銀夏湖廣蠻獠刼掠生民惟陛下念此三方之急講求長久之計以荅天戒時旱蝗民乏食即發長平倉以賑之部使者不能阻召爲右司諫知諫院會諸路大水彦遠奏陰氣過盛在五行傳

下有謀上之象未幾果有挾刃入禁門者特贈

五品服

錢勰字穆父以蔭補官神宗嘗召對將任以清要官王安石使弟安禮來見許用爲御史勰謝曰家貧母老不能萬里行安石知不附己命以他職知開封老吏畏其敏欲困以事導人訴牒至七百勰隨即部決乃驚咤去宗室貴戚爲之斂手召拜戶部侍郎進尚書加龍圖閣直學士因忤章惇惇極意排詆罷知池州卒

陸佃字農師受經於王安石安石當國首問新政

佃曰法非不善但推行不能如初意故反病民耳擢甲科授蔡州推官初置五路學官選爲鄆州教授召補國子監直講王雱用事好進者至崇以師禮佃待之如平日以是在太學七年不徙官修定說文得入見神宗方議大裘佃考禮以對帝悦用爲詳定郊廟禮文官加集賢校理崇政殿說書進講周官帝稱善擢中書舍人給事中哲宗立去安石之黨士多諱變所從會安石卒佃率諸生哭而祭之識者嘉其無向背及預修神宗實錄數與史官范祖禹黄庭堅爭辨

大要不肯詆安石庭堅曰如公言蓋佞史也佃曰盡如君意豈非謗書乎徽宗即位復爲吏部侍郎上正始疏遷吏部尚書拜尚書右丞佃執政持論多近恕每欲參用元祐人材尤惡奔競嘗曰天下多事則須不次用人苟安寧無事但當以資歷序進少緩之則士知自重矣著書二百餘卷埤雅禮象諸書傳於世

唐翊字浙師其先上蔡人五世祖始遷山陰爲越著姓曾祖而下俱以儒術顯翊生甫七齡日誦千言十三能屬文鄉老以奇童目之元豐中進

大學較藝屢居諸生上聲稱籍籍元祐間人士競工詞章翊堅守經術卒以兩經中第主宿州蘄縣簿吏以其初筮少之翊稍露芒鍔吏竟畏服不敢欺知靈壽時歲大旱翊開河渠溉田數千頃旁渠之田不雨而稔常平吏盜倉粟翊發其姦以能例得遷秩乃歎曰置人於重辟而已受賞可乎乃改從自首律後屢典州郡曹所至皆有事功可紀録同時陸佃等咸推服焉

姚勔字輝中舉進士歷永康令重親猶在父母每以榮其親爲言遇郊封父母父母請回官封及

勔祖父母特從之元祐中召爲左正言奏御史中丞趙君錫雷同俯仰無所建明累遷至寶文閣待制國子祭酒知明州紹聖初言者論其阿附吕大防范純仁謫知信州再貶水部員外郎分司南京卒勔以孝行著每省先墓素衣步出城門且行且霣涕至墓尤哀惻見者爲之感動陳過庭字賓王嘗使遼還時傳遼主苦風痺又箭損一目過庭正其妄且勸帝飭邊備累遷御史中丞兼侍讀睦寇竊發過庭言致寇者蔡京養寇者王黼竄二人則寇自平又論朱勔父子本

刑餘小人交結權近竊取名器罪惡盈積宜昭正典刑以謝天下由是忤旨安置黄州及欽宗立以兵部侍郎召在道除中丞過庭論近日爵命不由勳績及辨宣仁后誣謗又劾姚古之罪擢右丞中書侍郎時遣大臣使金耿南仲聶昌固辭過庭曰主憂臣辱願效死帝固遣南仲昌及城陷亦行因被留不還四年六月薨於虜明年贈開府儀同三司謚曰忠肅

傅墨卿字國華以大父傅正恩補太廟齋郎宣和中以禮部尚書持節册立高麗王楷有功還賜

同進士出身建炎中守正奉大夫致仕墨卿凡三使高麗所過郡縣輒爲守令道上德意以寬宥爲務罪囚及當死者多得減釋官吏有責罰編置亦貸除之高麗至今有廟祠祀墨卿尉江都往來山陽深爲節孝處士徐積所知人問積所爲知墨卿者積曰方欽聖升遐楚之官吏寓客皆集服臨郡廷下惟傅尉客稱其服吾以是賢之

傅崧卿字子駿墨卿從兄弟省試第一擢甲科累遷考功員外郎時方士林靈素得幸造符書自

三公輔臣以下皆從靈素師授崧卿與曾幾獨不行被譖出爲鄂州蒲圻縣丞高宗召爲中書門下省檢正諸房公事詔問建都孰便崧卿以建康建國宜定基本以濟中興爲對北虜度江上自越將幸四明崧卿殿後秉障盡死力以崧卿爲浙東及衢信州防遏使明年知越州上自永嘉還越供億用度崧卿乞悉從蠲減雖中旨有不便輒執奏賜可乃已後金師復大舉入寇高宗將親撫六師崧卿入對言留都管籥旁郡輔翼當及鑾輿未發亟圖之庶無後慮上稱善

進給事中尋罷歸自國家多事常慷慨欲以功名自見與客言及國事輒憤詫或至流涕覽鏡見齒髮衰浩歎曰吾遂無以報國家而死乎在上前論議尤感激未及大用而卒時人惜之所著有樵風溪堂集六十卷西掖制誥三卷其夏小正傳最行於世

唐閎字進道少爲學刻苦夜未嘗卧舉進士屢遷都官員外郎乾道間兩浙歲饑詔爲浙東檢察賑濟州縣抑配豪右時民家多閉糶閎奏儲粟之家宜勿限以價勿計以數則趨利之徒將傾

囷兢售不待低昂而價自平民饑不相保小兒遺棄衢路宋法三歲以下乃許異姓收育閎請雖及十歲權聽民鞠養以爲己子孝宗皆可之於是所全活甚衆嘗以左氏春秋倣遷固史例以周爲紀列國爲傳又爲表志贊合五十一卷號左史傳行於世

陸游字務觀左丞佃之孫少穎悟問學該貫喜爲詩歌工文辭淹練先朝典故聲名振耀當世張孝祥以詞翰自擅獨見游輒傾下之以蔭補官高宗聞其名欲召用之游以語觸秦檜故抑不

進紹興末始召對褒諭再三命賜進士出身孝宗即位遷樞密院編修官和議將成游以書白二府抗陳不便又代樞臣張燾言龍大淵曾覿招權植黨熒惑聖聽上詰知游所代草怒出爲通判後爲建康王炎幹辦公事陳進取之策又知蜀師吳挺將叛請以吳玠子拱代之以絶亂階炎不從後挺果叛人服其先識范成大帥蜀游爲參議官以文字交不拘禮法人議其頽放因自號放翁預修光孝兩朝實録成陞寶謨閣待制致仕卒年八十有五所著有劍南詩集二

十卷續稿六十七卷渭南集四十五卷及會稽志行於世

梁仲敏字元功紹興初爲太府丞以周葵薦召對擢監察御史拜右諫議大夫仲敏居諫職久所論抗直無隱上或未悟必反覆開陳冀其聽納方止金虜入寇大將有潛遯者仲敏力請誅之大將坐遠斥軍聲遂振晚罷官居家尤篤風誼既卒邦人咸思慕之

王佐字宣子十八補太學生二十有一以南省高選奉廷對爲第一授簽書平江軍節度判官秩

赴召爲秘書省校書郎秦檜專政其子熺提舉
秘書省舘中或趨附之以爲捷徑佐獨簡默嚴
重未嘗妄交一語嘗語同舍謂不宜自屈熺聞
不能平嗾言者論去之及檜死熺斥尋復起用
檜妻王氏陳乞舊所得恩數之未用者自稱冲
真先生佐駁之曰妾婦安得此稱向者誤恩有
司不能執爲失職今當追正併欲奪其僭階執
政不能聽但寢其請而已後王氏死卒奪先生
號淳熙中知建康府有妖人挾左道與軍士不
逞輩謀不軌佐得其陰謀一日坐帳中決事命

捕爲首者至前詰數語責短狀判斬之而流其徒於嶺外僚屬方候見於客次無一人知者見佐擲筆乃異之而妖人已誅矣佐方閱案牘治他事延見賓僚乃退無少異於常日後徙知潭州宜章民陳峒竊發甚猖獗佐檄流人馮湛權湖南路兵馬鈐轄統制軍馬即日授以節制征之具奏論賊勢上是其策親督戰斬賊寇誅獲無遺詔以佐忠勞備著超拜顯謨閣待制歷工戶二部尚書淳熙十一年奉祠卒贈銀青光祿大夫弟袞別有傳

莫叔光字仲謙舉進士又中博學宏詞科歷官中書舍人紹熙二年春雷雪交作詔陳闕失叔光言女謁漸行近習預政等事辭皆剴切人所難言布衣俞古上書將以指斥被竄叔光詣執政白不可尋有旨筠州安置叔光即繳奏方求言不宜罪言者事竟寢後歷吏部侍郎兼秘書監卒叔光外醇和中實耿介入西掖纔三歲論駁數十事且奏遏內侍遥領郡等事時論甚韙之

俞亨宗字兼善登隆興二年進士洪适帥越聞亨宗行義延置郡齋日以文章爲事嘗爲博學宏

詞業适弟遵讀之曰他日玉堂揮翰可也後知
漳州首罷民間戶口鹽值及溪港津渡之權減
經制司錢之苛取者又貸民輸丁錢嘉定初入
爲秘書少監以老求奉祠章六上除直顯謨閣
主管成都府玉局觀卒年八十九所著有垂軒
稿山林思古録群經感發等書

唐閎字識通以世賞授將仕郎爲台州郡曹治獄
以恕且持正不曲意以阿上有所屬委稍不如
法輒辭職太守劉光以是賢之閎儒術立身見
於政事者經綸燦然志在愛民而不爲姑息性

至孝初罷臨海令以母會稽郡夫人高年求丞
上虞移遠次以便温清年四十九而卒
徐天祐字受之祖元德從晦庵東萊二先生游父
耜朝奉大夫知惠州天祐幼有慧質頴悟夙成
以惠州任爲將仕郎銓試爲詞賦第一註歸安
尉地近事煩而尉職尤劇莫敢任天祐歎曰豈
有不可爲之官耶筮仕之初願爲其難者既試
以吏事衆皆驚服嘗出郊吏具飲食舟楫甚飾
天祐詰所出吏以例對天祐曰費出於官則犯
法於民則重擾例不可用也盡却之貴人居邑

者將囑事出謂人曰吾見尉自不敢有所請中進士第時年尚英妙聲華籍籍爲大州教授曰與諸生講經義聽者感發德祐二年以文林郎國庫書監召不赴退歸城南杜門讀書與人交終不變四方學者至越必進謁天祐高冠大帶議論卓卓見者咸以爲儀刑

元幹勒海壽字允常其先河南人海壽剛正有志節爲監察御史劾奏殿中侍御史合麻及其弟雪雪罪惡直聲震朝廷中外皆推重之官至浙東廉訪使

王裕字好問早歲融通經史既長以文辭鳴順帝時科舉法復行裕領浙江鄉薦再試禮部中乙榜屢授校官既謝事歸以五經教授于鄉門徒常百餘人工於詩文有集若干卷

國朝

高復亨字本中元時遊燕京從太史金華王餘慶學及遊學士歐陽玄諸名公之門洪武中詔爲總戎掌書記改知河間獻縣招集流亡百姓咸歌思之坐累謫鍾離未幾詔起官復知諸城諸城故客地客人廢學久復亨始至樹學延儒教化大行民喜而誦曰我有士于高侯文之我

有琴瑟高侯鼓之孰爲干戈我歌舞之孰爲稚
埋我訓語之高侯高侯毋舍我而去之尋以事
免歸

王儼字若思通毛詩三禮洪武初以明經薦除本
府儒學教授性方重律身至嚴動有典則諸生
知所型範爲當世儒宗

唐肅字處敬工古文詞其詩風格薄漢魏步驟盛
唐稱當世大家爲皇岡書院山長轉嘉興學正
洪武三年用近臣薦召至京師纂修禮學尋擢
應奉翰林文字承事郎同知制誥兼國史院編

修官肅以文詞擅名于朝日侍帷幄被顧問其奏對皆稱旨眷注隆重一日侍食

上前上食未已而肅先罷因秉匙筯以候

上既輟膳顧謂肅曰秉匙而待此何禮也肅倉遽頓首謝曰此田野氓所行禮耳

上怒曰野氓之禮亦行之君前乎因放肅于濠廢爲耕民而卒所著有丹崖集行於世子之淳

唐之淳字愚士潛心著述同時蔡肅毛鉉鎦績俱有詩名而之淳爲稱首朋徒叙論以禮樂道藝相詰難汲引後進多有成立以大儒方孝孺薦

授翰林侍講嘗集古今治亂爲書將獻之朝不果而卒所著有敼齋萍居二集及文斷十卷

錢宰字伯均一字子予吳越王鏐之後幼好學淹貫墳典弱冠以文詞名至正間中甲科明年當會試以親老不行教授于鄉 國初被薦徵諸京師與諸儒從事預修禮樂諸書尋以病歸洪武六年授國子助教以禮度繩諸生諸生咸究極儒業數上疏乞休洪武二十七年再召會諸儒校書翰林是時老臣凋謝澌盡宰與學士劉三吾特承眷倚每進見必賜坐侍食年幾耄疏

乞骸骨再三乃允仍遣行人護之歸子尚絅歷官新成學術宦蹟有聞于世

韓宜可字伯時忠獻公琦之後幼好學精敏淹博磊落有大志洪武初以歲貢授山陰文學歷西臺御史自以受知遇言事蹇諤無所避貴倖咸側目焉賴

上神聖得自全出爲陝西按察僉事坐累免爲庶人尋起授山西布政使久之再坐累謫滇陽隸戎籍未幾事白復起爲雲南參政擢右副都御史宜可雖以文學名然明習法令歷憲臺多所

平反世稱老吏云

周觀政洪武中以薦教授九江擢爲監察御史嘗監奉天門有中使將女樂入觀政止之中使曰有命觀政曰有命亦不可中使怒而入頃之出報曰可使之出觀政亦不從曰必面奉詔已而上出謂觀政曰内間慶賀侑食之樂廢缺欲令内人肄習吾已悔之御史言極是永樂初陞江西按察司僉事建言九事曰遵定制厚親親嚴邊備覈邊情謹刑獄通下情慎朝儀惜人才明毀譽皆見嘉納時安南初下觀政又言四事曰修

明政教慎簡征科革正衣冠作新學校疏入
成祖即賜施行官至觀察使卒
劉子華字昭甫明春秋工爲詩詞洪武初以明經
薦
太祖御奉天門召見命賦開平王常遇春挽詩子華
即承詔賦詩少選而成其詩曰揮戈十載定河
山忽報星沉易水灣馬首西風旌旆捲天涯落
日凱歌還功成楚漢興亡際名在韓彭伯仲間
聖主思功心獨苦黃金直欲鑄真顔大稱旨授
大興同知改青州推官政績懋著子仕諤郡學

生未弱冠領鄉薦及廷對
太祖覽其策曰有用之才也乃賜進士及第授翰林
院編修
趙俶字本初宋宗室之後也母方妊時夢異僧抱
兒畀而承之已而生俶强記絶人八歲能詩文
指物輒賦稍長博涉經史子集爲文章有秦漢
作者之風其賦尤擅美于時部使者河中何約
接部至越俶時爲諸生延見之從容問諸史俶
能詳其上下三千年君臣行事下至夷狄山川
形勝如其身所履者約奇其博洽因歎曰窮年

讀史不如聽趙生談也尋登進士上第時方右
武儒者絀不用俶遂隱居
明興徵拜國子助教是時與成均者皆極殊選而俶
與蘇伯衡爲冠弁云後以老乞休授五品秩賜
誥諭而還
白範字以中學行爲世所推重膺薦典教勳戚家
動有典刑諸子弟遵其教習服清素華紈袴淫
靡之習擢青州府同知政以寬簡而治卒于官
有詩文傳於世
毛鉉字鼎臣賦性方直生平無妄交風度夷曠視

榮利邈如也善詩歌備漢魏以下諸體爲文高簡有古法洪武中以薦授國子學錄弟銳亦以文學著名

胡粹中名槐以字行生而警敏博洽治毛詩春秋三傳歷官楚府左長史佐楚凡二十年善輔導上下皆格心及卒府中無賢愚皆涕泣所著有讀史筆記十卷元史評二卷興復齋稿若干卷

王誼字内敬幼自強問學事親以孝稱既而從戍遼陽守帥賓而禮之教諸生有成法未幾朝臣論薦授翰林待詔尋罷歸閉門著述學者咸問

業焉子佑爲工部侍郎封如子官弟惲字内悅溧水知縣亦工於詩清麗纖巧不能如誼之渾厚雄壯有盛唐人風然亦多可傳者

劉真字天錫以詩領鄉薦主教星子望江以古道迪諸生一時多所樹立擢司經局校書尋左遷久之召爲考功主事律身嚴慎人莫敢干以私洪熙初詔選文學老成輔親藩之國真拜淮府長史未幾致政還嘗有偷兒盜其隣誤入真第持物少許去已乃知爲真物乘夜歸之其德感人類如此

呂升字升章洪武庚午領鄉試典教溧陽當路者薦之于朝擢江西僉事振肅風紀吏民畏而化之按部所至禱雨輒應永樂戊子改山西境多虎患升爲檄告神虎即就捕丙申改福建建寧有螟傷稼升向天祝之俄而雷雨大作螟盡死

戊戌辛丑同考禮部會試丙午陞大理寺左少卿壬子致仕年九十二而卒子公愿國子學正孫詵南平知縣俱自科目君子稱其家學有自云

錢遜字謙伯性至孝毋病侍湯藥久不怠及卒廬

墓終喪洪武中膺薦授寧夏水利提舉吏目修河防實邊餉既還征虜大將軍都督何福奏遜參侍元戎贊理有大功爲一方保障會陝西按察副使宋理上言遜功不可忘當序進以旌其賢遂拜孟津知縣盡心民事丁内艱服闋改知弋陽坐累謫戍交南復以薦對策稱旨授文昌主簿文昌居海島夷俗悍戾遜宣布德意民漸懷服化行嶺海間百姓咸樂其生遜狀貌魁梧言行詳定夷險一節雖歷變卒能以功名終素工詩有遜齋集二十卷

朱文淵字叔龍洪武間以太學生詣闕陳時政忤
旨謫戍雖歷顛沛而志行益堅定宣德丙午大
臣薦其直節宜錄用授滑縣儒學訓導規條肅
密振起頹廢講學行禮以身先多士化及齊民
致事歸年已耋猶手不釋卷郡大夫政有所疑
輙造其廬問焉不敢以呵導先其爲隆禮如此
子宣亦世其春秋學以孝義聞
毛肇宗字克敬幼孤篤學居僧舍卒業三年不出
戶永樂甲申登進士第時方重藩臣選吏部以
肇宗舉授周王府教授王嘗因封拜恩遣肇宗

入謝既竣事出京

上念肇宗有輔導功追召還更賜酒饌以示殊寵

肇宗喜吟詠寄興高遠有耶溪集二十卷

吳中字孟庸以進士拜監察御史累有建明嘗揔理三法司事詳讞諸道疑獄時

成祖勤政務尤恤刑典躬錄囚公卿在前按簿閱實中默唱囚名舉成律無一詿誤

上特記其名將大用之既而奉勑往參大將軍戎事綜理邊務識虜情虛實山川險要其所經畫動中機宜以是每致克捷尋擢山西參政督軍

餉勞瘁致疾卒中性喜吟詠雖在軍旅倥偬未嘗廢積千餘篇子駿從子駰皆承其家學宦業有聲

徐士宗永樂中以國子生知滕縣再令貴溪歲甲午邑大水士宗奏蠲田租三之二又請以租折輸布民田之污者盡除其租有婦人訟其夫爲讐家所害士宗鞫之無驗俄有蚱蜢飛集几案士宗祝曰爾有冤當集雞人身已而果然因始伏辜境內稱爲神明擢廣信通判去邑人懷之爲立去思碑

王暹字景暘永樂戊戌登進士上第選爲庶吉士儲養中秘授刑部主事進員外郎斷獄有能聲廷臣薦其才可大用擢河南按察副使再調陝西以督餉著勞擢布政使專理粮儲事集而歲用充會丁内艱時以金革例不終喪上疏懇乞終制不許未幾召拜都察院右副都御史已巳之變京師戒嚴暹守正陽門圻外民爲虜所蹙聚城下丐入時各門已固守慮虜叵測無敢任其責者暹獨奏開西直門納之活者萬計既而虜知有備遯去尋命安撫順天河間軍民及安

揮新舊達官經理曲盡機宜遂輯寧畿甸國家賴以無事又疏通水陸清寇盜以利往來守護天壽山陵相地形築立昌平等城堡統軍勦賊致克捷功悉奏罷被掠郡縣歲課物料凡事之爲民患者未幾再奉命巡撫河南潼關等地方練軍伍修城隍賑貧窮通漕運其所經畫皆國家大計轉左副都御史尋進右都御史時河徙漸逼汴城亟命有司募徒役築堤防以捍其勢河不爲患仍奏免被災郡縣芻糧二十餘萬且因災異自劾不職懇乞罷乃得致事而歸順天

甲申詔進榮祿大夫階及卒訃聞賜祭葬如禮錄其子綖爲國子生暹剛毅敏達清峻耿介恬於進取而遇事敢爲所著有愼庵集綖字文冕初典教郡縣后終楚府長史博學篤行有雅度鄉稱長者所著有名宦鄉賢贊

秦初字性初以進士起家官翰林檢討中書舍人遷禮部主事敦裕醇厚行誼如古人居太學時同舍生以使命出妻死無主初爲之經紀喪事甚周有金安者除後山衛經歷當之任貧無以治裝初脫所乘驢資遣之徒步出入後在史館

阜人嘗失馬以逸告人疑阜爲盜當窮治曰我未嘗寡恩人必不負我後馬果得于他所鄉人有積不義者富于財禮幣爲其母請銘初誘曰吾文不足以榮若母卒不許終于官

朱純字惟純領鄉薦典教易州易士鄙悍不知學純至振育多方一時知所奮起咸自力於儒業終考士之成名者甚衆所司奏課吏部考上上冢宰郭進問曰易士久無可薦者今爾多得士予嘉乃績純對曰此前人造就已成純適收其成功耳進歎曰長者之言也拜刑科給事中奉

命撿閱福建糧儲清弊祛蠹吏姦無所容繼以飭軍政往遼陽按視營壘奏益軍士衣糧邊人至今德之官終廣西右參政子宗岳繼其業爲學官博學能詩所著有如夢集行于世

韓陽字伯陽永樂丁酉以春秋魁兩浙歷蘇松二郡司訓教士有成業譽望日起典江右試事所錄者皆名士後多至名公卿轉丹陽教諭用太常卿姚友直薦拜南京監察御史論奏不避權要嘗劾同官王復及内官袁誠不軌事卒寘于法楊文定公溥時爲宗伯推陽學行可師表一

方乃授湖廣按察僉事提督學政以教吳學者教楚士士類向化擢江西按察副使景泰丙子監省試同官有欲私其所親者陽毅然斥之慮因多所平反以殊績超擢廣東左布政使未幾得請致仕陽孝友天至母病躬爲嘗糞然性剛方不能容人過所著有思菴稿

張倬字士昭正統間由鄉舉分教崑山時年尚少爲師儒益嚴禮範事之有裨風化者必毅然主行之擢閩縣知縣縣當寇亂餘倬起頹葺廢政漸以舉憂勤致疾卒于官邑民奠哭者相屬不

絶倬自少穎悟篤學爲文法秦漢詩備諸家體裁所著有数齋集二十卷筆録十卷藏于家

司馬恂字恂如温國公十二世孫恂性醇篤自以先賢後裔砥礪以承遺休既力學尤敦尚行義在鄉校出入動止皆有常度正統辛酉貢入太學祭酒李時勉當世儒宗慎許可獨器重恂延教其子弟甲子中順天鄉試第一拜刑科給事中偕學士倪謙使朝鮮朝鮮主素知恂名及見其威儀言論特加尊禮臨行爲贐甚厚皆卻不受其所酬應多文辭華夷至今傳之及

英宗復辟恂乃帥同官極論人臣懷二心者慷慨引義擊權姦辭甚切至然特敦厚周慎權姦欲中傷無可乘者未幾以殊選入爲春宮贊善侍經筵多啓沃之助進少詹事兼國子祭酒敦禮範衆脩其科條諸生無敢自便尋謝事歸居宗黨恭儉卑約恂恂如也不愧其名稱云司馬氏自宋來清白相承至恂歷顯仕服習如寒素家不增一廛其文學政事爲一代名臣卒贈禮部侍郎遣官葬祭如禮子垚刑部員外郎亦篤行能文章孫公紳中書舍人

徐光大名暹以字行少有大志侍其父復瑒宦遊兩京潜心儒業讀書務探其精藴文行炳朗一時名士多折行輩與之遊以遺逸徵爲句容學官之教罔不秩以學也是歲學宫産靈芝之嘉麥同根竹並蔕瓜及蓮其爲瑞應者甚繁明年與鄉薦者五人句容士學遂大振人以爲學官殊績擢國子監丞律身正物益篤以勤而髦士悦服拜楚府左長史尋卒所著有久庵藁

唐彬字質夫景泰甲戌登進士拜監察御史時總兵官石亨擅權驕横廷臣無敢議之者彬抗章

論劾其罪謫官平鄉及亨敗召還職持節按八閩嚴重清肅事必舉綱紀繼巡陝西其風裁亦如在閩癸未監會試試院火再謫知新喻未幾擢山東按察副使益貞憲度屬府倅以賄敗托權要求倅免彬卒寘諸法以考績便道之家擢貴州左布政使未行卒

蕭昱字用光性至孝母喪明昱日以舌舐之復有見以易詩三禮教授生徒學究本原說經邃密經其指授者多成名俊天順壬午魁省試授貴溪知縣縣俗囂澆號難治昱以簡易慈愛爲政

民用不擾未幾丁母憂民追轉皆弗許則相與率錢帛如紹興即其廬奠焉補令高密初民困于征輸皆相率亡去昱至停羨餘以蘇民瘠設舍具以招流亡密地當沙河下湮漫流殺稼昱治塘浚溝取南人水耕法教民濵河爲田立均徭九等例當道須之一省以爲定式公退親教授諸生朔望集耆艾於庭率民孝弟卒于官民傾邑哭送至有及淮而返者昱先在貴溪入名宦祠及終高密民復祠而祀之凡水旱疾疫必禱焉密人李中丞介謂昱惠愛及民使民生而

神明殁而考妣得王道遺意子鳴鳳弘治甲子
省試第一人登進士高第官臺中時稱眞御史
督學南畿人士以蕭比斗頌之歷官河南廣東
皆督學副使文章行業爲世所宗未大用而卒
世多惜其經濟之器不究厥施云
朱士學字用之以貢入太學初授瑞州推官繼任
河間廉介自持義却皂隸緡錢長貳咸義而從
之遂寢其額河間獄訟繁夥士學剖决無寃滯
有聲畿輔尋乞休致家居杜門翛然自適博古
能文尤邃春秋學故子姓咸以春秋世其家

祁福字天錫素凝重簡默以貢典教龍溪待諸生以恩禮有貧窶者每捐俸賙之秩滿遷重慶教授甄陶振育士之有造者至三十餘人從弟仁子司員承家學皆以進士起家仁禮部主事司員監察御史後知徽州府

陳定字定之由鄉舉分教袁州遷分宜教諭教士多成材嘗典修袁郡志得體裁以善志稱歷膺聘典名藩鄉試所得士皆士望尤善課子三子皆以科第顯邦直西安同知邦榮邦弼相繼登進士鄉人以爲義方之勸

薛綱字之綱以進士起家拜監察御史巡按陝西其所建明皆邊防大計奉勑督學南畿學政振舉有聲望擢湖廣副使督學如初歷廣東按察使雲南布政皆善其職尋謝事歸綱簡直夷坦不矯激而能持正爲文醇雅所著有三湘集崧陰蛙吹等篇

陳壯字直夫幼從父戍燕清苦力學常枕筐讀書慷慨有大節敦篤典禮以振起流俗庶幾古人之風烈天順間成進士拜南京監察御史風采清峻諸所建明皆經濟大畧而尤以激揚爲任

時官留都者莊公昶劉公大夏倪公岳羅公倫輩皆海內名流壯與定交日以行義相淬厲白沙先生獻章道學聞望冠天下學士大夫得登接者輒自榮重壯獨爲先生所許可交至雖尋丁內艱服除改江西僉事以憲度督察官吏雖素所愛厚者無所假南安守張弼才華翰墨表著當世風流儁雅而頗不事事壯劾其醉酒狂書罷之未幾抗疏乞歸師相西涯公東陽重其去有莫與越人謀出處直大先謝外臺歸之句歸十餘年當路屢論薦有詔起官福建辭弗允

尋擢河南副使甫涖官即懇疏乞休既得請杜門修理道益窮藴奥絶請託事有不平者輒直于所司或歸德焉辭不居與至携賓朋歷湖山一觴一咏其懷抱盖泊如也壯直道事人志未竟而退退而爲鄉之典刑者二十年屹然繫社稷之望豈所謂獨立不懼鄉先生沒而可祭於社者非與有所著集

司馬堊字通伯父軫由學官歷國子助教學術宦業有聲當時堊幼敏睿博極文典性通朗夷亮成化辛夘冠省試明年登進士以御史視學南

畿考文序士如權衡之齊物無錙銖失其平士
南畿人士至今稱其神鑒擢福建副使尋致政
歸歸即闢園亭杜門謝人事以詩酒相娛樂縱
情丘壑視塵俗無可羈者嘗榜其門曰獨呼明
月長陪醉不負青天早放閑其襟度清洒大節
磊磊蓋達士云所著有蘭亭諸集

王鑑之字明仲以進士知元氏縣有治才擢監察
御史督南畿學政學政修而士有造咸畏而愛
之入爲大理丞轉都御史歷刑部侍郎進尚書
時逆瑾擅權以威虐鉗士大夫爭卑諂以求自

免六卿見者皆長跽鑑之獨與抗禮且責同列曰大臣而可屈體於宦竪乎瑾聞之不悅人或勸鑑之少屈鑑之終不從遂謝病歸
天子詔厚其禮典進一品階賜玉帶鑑之清介嚴肅強毅能執自縣令歷官上卿僅能立門戶對家人語亦以國法相敎戒蓋亦古之法家者大節尤炳朗云

張以弘字裕夫性寛簡凝厚以進士起家拜吏科給事中多所論奏時謂其識大體出爲江西參議尋致政歸家居循循無賢愚皆得其歡心子

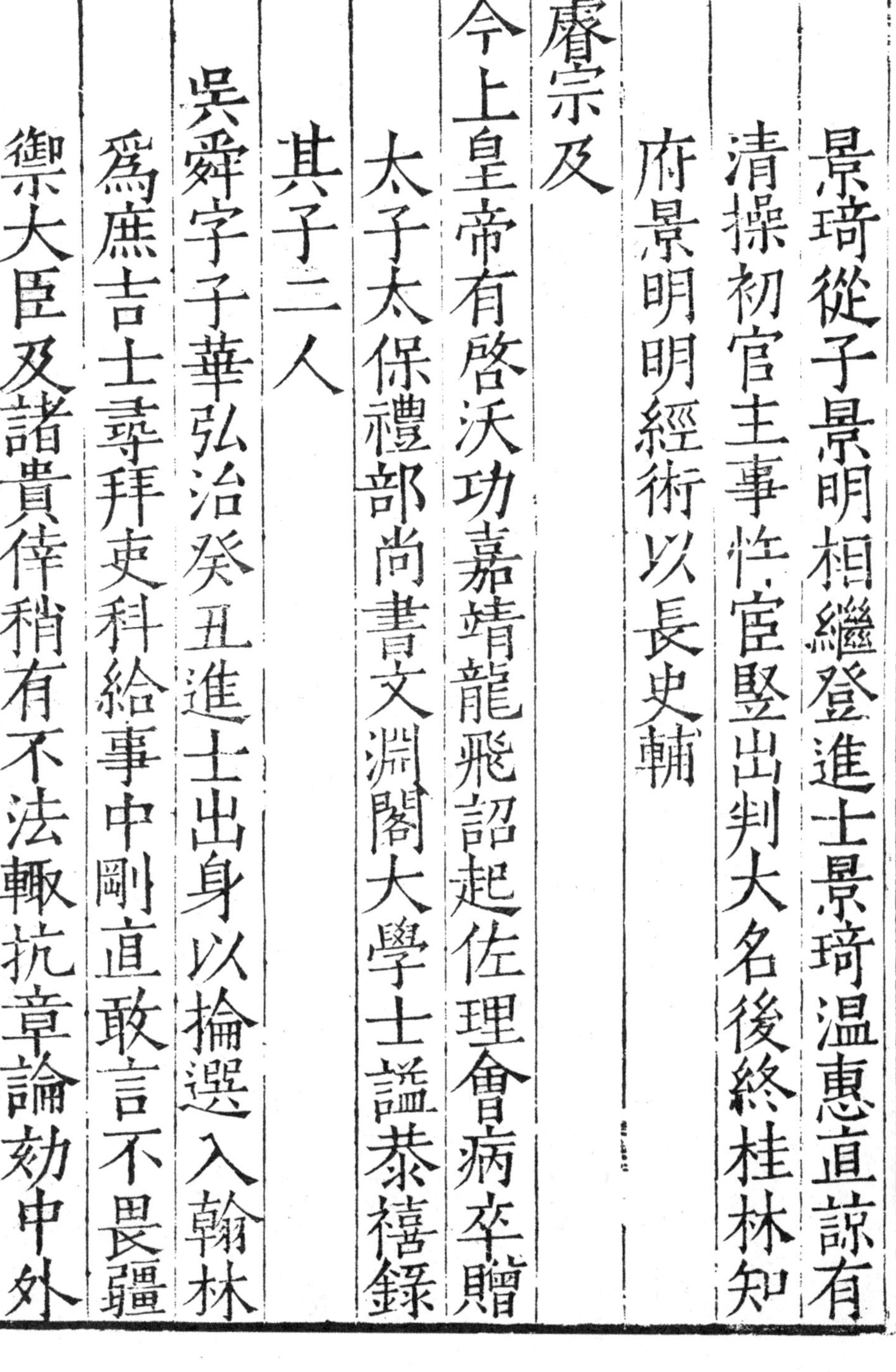

景琦從子景明相繼登進士景琦温惠直諒有清操初官主事忤宦竪出判大名後終桂林知府景明明經術以長史輔
睿宗及
今上皇帝有啓沃功嘉靖龍飛詔起佐理會病卒贈太子太保禮部尚書文淵閣大學士謚恭禧録其子二人
吴舜字子華弘治癸丑進士出身以掄選入翰林爲庶吉士尋拜吏科給事中剛直敢言不畏疆禦大臣及諸貴倖稍有不法輙抗章論劾中外

多尊憚之者嘗以事劾天官卿天官卿竟中傷之免官歸環堵蕭然杜門不出

祝瀚字惟容弱冠登進士拜刑部主事歷員外郎中風采才望爲時所推擢南昌知府南昌郡附藩臬繁劇號難治瀚廉明有威獄有疑滯者無不立斷時逆濠勢漸熾戕民黷貨每有所干謁必嚴拒之郡民賴以全濟王府有鶴帶牌者縱于街民家犬噬之濠牒府欲抵罪傾奪其貲瀚批牒曰鶴雖帶牌犬不識字禽獸相爭何預人事其制濠不能逞者類如此竟以中傷謝事歸

時年尚壯杜門終其身未嘗入城府

忠烈傳

吳

鍾離狥牧之子狥偏將軍領兵戍西陵與監軍使者唐盛論地形勢謂宜城信陵爲建平援若不先城敵將先入盛不然狥計晋果遣將修信陵城晋軍平吳狥領水軍督臨陣戰死

晋

張茂字偉康少有志行爲鄉人所尊信初起義兵討陳斌郡賴以全元帝辟爲掾屬太子衛率出補吳國內史沈充反茂與三子並遇害茂弟盎爲太守周札將軍充害札盎亦死之茂妻陸討

充謝朝廷贈茂為太僕

【梁】王琳字子珩授都督廣州刺史元帝爲魏國所逼徵琳赴援除湘州刺史師次長沙知魏已平江陵迺爲元帝舉哀三軍縞素大營樓艦以圖義舉陳武帝授梁禪乃移湘州軍府就郢城帶甲十萬巡軍而言曰此可爲勤王之師矣溫太真何有哉初魏克江陵永嘉王莊年甫七歲逃匿人家琳迎還湘中出質于齊請納莊爲梁王齊文宣遣兵援送冊拜琳梁丞相遂奉莊纂梁祚於郢州琳兵東下爲陳軍所敗復與莊同入齊

齊孝昭遣琳出合肥鳩合義故更圖進取淮南愴楚皆願戮力陳將吳明徹寇齊齊遣琳與尉破胡等出援秦州破胡軍敗琳還彭城齊令徑赴壽陽幷許召募明徹進兵圍之城陷被殺哭者聲如雷齊贈琳侍中謚曰忠武

張彪居若邪山中時臨城公大連出牧東楊州以爲中兵參軍侯景將宋子僊攻下東揚州還入若邪山義舉貞陽侯即位以爲東揚州刺史陳文帝入會稽彪擊走之沈泰申進等共叛彪彪敗遂與弟崑崙及妻楊氏還入若邪山一大名

黃蒼在彪前後陳遣章昭達領兵購之并圖其妻刼來黃蒼便囓一人中喉死彪映火識之曰卿須我者但可取頭誓不生見陳蒨謂妻楊呼爲鄉里曰我不忍令鄉里落他處今當先殺鄉里然後就死楊引頸受刀不辭彪不下刀便相隨下嶺彪謂楊曰從此而訣若見沈泰申進等爲語功名未立猶望鬼道相逢刼即殺彪并其弟害之

宋

趙孟崧福王與芮從子元兵入臨安孟崧謀舉兵事泄被執至臨安范文虎詰之孟崧詬曰賊臣

負國共危社稷我帝室之冑欲一刷宗廟之耻乃更以爲逆乎文虎怒驅出之過宋廟呼曰太祖太宗之靈在天何以使孟嵩至此杭人莫不隕涕既死雷霆晝晦者久之

國朝陳性善本名復初以字行洪武中以策試　奉天殿傳臚唱名過　御前舉動凝重閑雅太祖屬目久之謂侍臣曰向唱名陳性善者君子人也　賜出身授行人司副已而入翰林爲檢討嘗奉　勑入内閣錄劉太史秘書時　天威嚴重偕進見者皆震恐失措性善獨俛首從事從

容詳愼旣竣書法姸好

太祖甚悅未幾超拜禮部左侍郎固辭謝不許乃就職薦賢才雪寃滯　皇孫在東宮時已熟性善名及即位察先朝舊臣無如性善賢悉心委任嘗賜坐問治天下之要所宜施於今者性善條陳世務酌其緩急先後會文切理深中肯綮

朝廷悉爲施行旣而行不竟性善又切諫謂爲法自戾無以信天下

文皇帝靖難師起大戰白溝河李景隆潛納欵性善時爲監軍知事不可爲躍馬入於河死之後加

追戮徙其家於邊
文皇帝尋悟其忠悉赦還

黄里字德鄰幼有大志以節義自許從王冕學通春秋三傳工詩詞洪武初舉明經授雲南州同知七年邊寇突入倉卒里以身禦之寇欲奪其印里執弗與且詬罵求死遂遇害其弟亨率衆退寇城賴以全亨别有傳

龔全安字希寧其先金華蘭谿人從父可平戍越遂爲越人補郡博士弟子以進士起家授工科給事中在言路能舉其職擢通政司右參議轉

左通政歷官以清謹聞凡遇奏對從容詳雅
天顔每爲之怡懌以是頻得褒諭正統己巳從
駕北征次土木營　駕陷全安死之景泰改元
朝廷嘉其忠遣官諭祭贈嘉議大夫通政使録其
子廷輝爲刑部官
郁采字亮之幼警敏向學不輟性狷介寡合所交
遊必有行檢可相麗澤者正德戊辰登進士高
第授刑部主事在職勤慎奏讞詳明時臺長恣
威厲陵其屬采不屈竟附吏議奏謫大名教授
大名學政久弛采整設教程業務敦本士習一

新遷裕州同知適流賊起河北扈熖南熾采浚城池固守賊騎至城下州守欲棄城去采止之曰公第坐守備禦事采任之仍謂所親曰今事勢如此吾生則爲功臣死則爲忠臣矣或謂太夫人在堂君奈何死則戒勿復言曰徒亂我意耳使我偷生歸豈孝耶載妻子託其友儀賓莊士儁於南陽與書爲永訣且曰僕欲苟免家累者恐重傷老母心也乃率素所練士登陴復遣騎擣賊獲其俘必手劒擊之歷二旬晝夜不假寐每以義激州人州人無不效死者相拒既久

賊乃悉衆來攻勢益熾城危采自禦其東郛守開門潛遁賊擁入采還救巷戰不勝被執奮罵賊賊裂其口輔殘其體事　聞

天子震悼　詔贈光祿寺少卿錄其子遣有司諭祭

勅裕州立祠祀之

孝友傳

宋 蔡定字元應家世貧寒父革依獄吏傭書以資定定得遊鄉校業進士頗有聲後獄吏坐舞文革連坐時年七十餘法當免繫鞫胥削革年籍議罪欲與獄吏等案具府奏上之方待命于朝定

痛父非辜陷犴狴誓以身贖數詣府號愬請代

弗許請効命于戎行弗許請隷王符爲兵又弗

許定知父終不可贖仰而呼曰天乎使定坐視

父死乎父老且傭書罪固宜釋而無所告愬使

父果受刑定何以生爲乃預爲志銘其墓又爲

訴牒置懐中陳其所以死者冀免父刑罪趨府

橋河自投死太守翟汝文聞之亟命出其父且

給貲以瘞之後守王公絢爲上其事立廟祀焉

賜額曰愍孝

王公袞佐之弟也毋墓爲盜所發盜既捕得有司

薄其罪公衮手斬盜首雪母寃詰州自言佐請納所居官牘第時王十朋爲簽判賦詩美之且載其事于風俗賦

皮延字叔然事母至孝居喪廬墓有白鳩巢于廬側終喪而去

元

徐允讓天性至孝元末兵起允讓挈家匿嶺西山谷遇兵至執允讓父安刃之流血被體允讓曰我父老不勝刃寧殺我丐父命兵遂捨安而殺允讓既而欲辱其妻潘潘紿兵焚夫屍遂赴火死潘別有傳　國朝並旌之

陸思孝樵夫也母老病痢思孝日夜不離側醫禱俱弗効方欲割股爲糜以進假寐間若有神人者授藥一劑思孝得而異之即以奉母母病立愈人以爲孝感所致

陳福年十歲母葉病甚侍湯藥衣不解帶每夜出籲天曰我母死福何倚哉遂刲股以療母而母終不起鄉人重福童齔能盡孝因目之曰孝童鄉先生銕崖楊維禎爲作孝童詩

國朝

高珣本農家子性朴魯蚤孤而貧行傭以供母母卒葬刑塘下以母生時畏靜每夕往墓所藉

苫簿以卧四無墻壁地沮洳多虺蛇恂不爲患歷三載不輟當冱寒時有物夜來暖珣足習爲常珣初意其爲猫或以告人人密窺之始知其爲狐也珣愛母出天性不知廬墓可以希孝名竭其誠行之乃能爲異類所感珣真孝子哉郡倅劉王白其事于藩臬學士大夫多爲詩詞傳之

沈曰禎字天祺少遊鄉校以父久客河南音問遼絶白于當道將往訪而歸之時有令凡庠序諸生有稱故從遊者例戍邊當道以是難其行曰

禎曰使得見吾父雖十戍不辭奮然治裝以行辛苦萬狀備歷險遠卒遇其父於逆旅奉以歸尋領鄉薦爲學官

陳倫字天彝性篤孝家貧極力養母母嗜魚冬月不常得倫躬涉水求之後領鄉舉任塩山教諭母老不敢奉以歷險遠留其妻侍養單騎之官

周廷瑞字應麟生有至性奉二親以孝通春秋領鄉薦一日父偶患疾廷瑞時外出忽心動奔還疾正劇廷瑞籲天求以身代父得愈後父歿哀毀踰禮奉母氏不忍離絶意仕進煦煦色養無

少遠母亡廬墓側刻木像親祀之

黄亨里之弟隨兄宦雲南里既被害寇方肆擄掠亨痛忿致死命率衆百餘與寇戰勇氣百倍寇不支潰去亨亦傷其左目瀕死抱兄骨歸葬故鄉論者謂里死官而亨破寇報國且報其兄忠義萃于一門禮當旌褒卹惜未有以其事上聞者

徐恩者項里人也與兄讓同系家貧不甚知書而孝友出天性與兄文刈薪項里嶺日未午一虎從叢篠中出噬文牙貫肩項恩急顧得一木棓

趨擊虎數十下持不可奪則躡文足自後撑之虎乃釋文走恩度必復來於是曳文首前向立跨屍以待且大呼曰天乎吾於虎何讐虎殺吾兄天尚相與殺此虎復兄讐少選虎迂行負上勢奔突而下恩側身承勢橫扼而擠之虎輒失足旁逸若是者凡數四鄰族聞者或匿林薄間呼恩棄屍自脫恩厲聲曰汝能助助我不能毋撓我今日斷無棄兄理我不與虎俱生矣虎欲施不得復奔突如前垂至則人立不動亦若出奇設疑意在乘間以逞者恩直前批之適中其

鼻虎創甚始郤步徐行而去然猶數回視焉旣而救者咸至共輿尸以歸恩力竭病累月死方恩病時人有以義士譽之者恩愴然涕下曰吾恨力止此不能磔此虎以祭吾兄吾乃以是得衆人譽吾獨何心哉嗟夫恩可謂朴茂不散見兄不見虎無所爲而爲義者矣鄉先生靜菴蕭鳴鳳傳其事而爲之贊曰昔庾袞不避疫太史氏錄之以爲難事夫疫之不避容有不死理未若奪兄虎口置身必死者也究其心皆出於至誠惻怛心同而迹加難恩獨不得與袞並傳耶

義行傳

漢　陳囂囂與紀伯爲隣伯竊囂藩地以自益囂不較益徙地與之伯慙悔歸所侵地囂辭不受遂爲大路鴻嘉中太守周君刻石旌之號曰義里吳虞翻嘗稱其漁則化盜居則讓隣感侵退藩遂成義里

晉　孔祇字承祖車騎將軍愉之弟也太守周札命爲功曹史札既爲沈充所害故人賓吏莫敢近者祇冒刃號哭親行殯禮送喪還義興時人義之

梁　郭世通嘗入市貨物誤得一千錢追主還之至以

半酬世通世通委而去之會稽太守孟覬察知
舉孝廉不就
宋
唐珏字玉潛少孤能力學以明經教授鄉里子弟
而養其母至元戊寅浮圖總統楊璉真伽利宋
殯宮金玉故爲妖言惑主聽發之珏獨懷痛忿
乃貨家具行資得白金若干爲酒食陰召諸惡
少亭千家衆皆驚駭前請曰平日且不敢見今
召我飲又過禮不審欲何爲雖死不避珏因泣
數行下謂之曰爾輩皆宋人吾不忍陵寢之暴
露已造石函六刻紀年一字爲號自思陵以下

欲隨號收殯之衆皆諾中一人曰此固義事也然今無有知者恐萬一事露禍不測不得終志柰何玨曰吾以籌之矣要當易以他骨焉衆如玨言夜往收貯遺骸瘞蘭亭山後上種冬青樹爲識作東青行約明日復來會出金帛爲人人壽戒勿泄也璉又易宋內爲諸浮圖乃裒陵骨雜馬牛枯骼築白塔號曰鎮南以爲陵骨良已鎮而不知真之他存也已何沐人袁俊爲越治中招玨爲子師問問曰吾聞越有唐姓瘞宋諸陵骨豈君邪坐有指玨者俊大奇之手加額曰

先生義士哉豫讓不及也竊高義之日久矣不意得與先生處因訊珏以故甚貧俊函爲買田宅居之先是珏卧疾一夕夢吏持文來召曰帝召君速之行至見宮闕邃麗一人冕旒中坐旁一人延上殿又數黄衣進揖珏曰賴收遺骸無以報俄曰第報良田二頃有妻孥以養乃復揖及闕翻然而牝覺莫省謂何已而會俊料理事如夢中始悟夢中見也有謝翔者文丞相客也與珏友善嘗感珏事爲作冬青樹引語甚悽苦時讀者莫不灑泣焉

傳者曰余讀晉世家知趙氏有後矣非程嬰公孫杵臼而莫存其孤今十七廟不食而有暴骸之難獨珏能瘞之甚義乎哉嗚呼珏一布衣爾葢其義視程公孫何媿哉千載而下有國士之風者非珏誰歟

元

趙孟治家世業儒尚義行皇慶中捐田三頃爲學田助國家教養又捐田三頃入義廪給鄉人無以婚葬者事聞有詔旌之孟治子由鍾行義有父風丁未歲大飢設粥于道所活餓莩甚衆由鍾子宜浩以進士起家

國朝丁能者舟人也嘗夜載衆賈至東關及旦衆散去遺金一囊能艤舟候賈還待之久不至攜歸明日將復往婦勸能無往能曰我豈不欲財耶物固有分彼辛苦營之而卒然失去悔且喪身吾何安終往候得金主感謝欲酬以半堅不受能愚朴賤氓本不知義美乃其審人己明取與有古烈士風亦世之圓冠句履裒然薦紳者顧忘其身攘竊貪黷喪廉耻無所愛惜視能爲何人哉

周端字孟端幼失父事母以孝聞嘗推資產與兄

弟歲飢輒倒廩施貸鄉閭里之貧窶者多所匡濟正統間輸粟京師以助國家事聞遣行人廖莊賚　勑旌之

高宗浙字叔胥讀書好禮積而能散嘗捐山七十畝爲義阡給棺以葬鄉之貧者里有衣纓之裔盜其牛或以其人告輒諱而隱之不忍汚其世正統庚申歲大飢糴旁郡米七百斛歸給飢民頼以全活者甚衆明年歲飢又出私廩助公貸後二年又飢亦如之有司上其事　詔旌其閭

山陰縣志卷第八終

山陰縣志卷第九

明賜進士林郎知山陰縣事東郡許東望修
庠生張天復纂

人物傳

隱逸傳　烈女傳

隱逸傳

漢趙曄字長君少嘗為縣吏奉檄迎督郵曄恥於廝役遂棄車馬去到犍為詣杜撫受韓詩究竟其術積二十年絶問不還家為發喪制服曄卒業乃歸州召補從事不就後舉有道卒于家著吳越春秋詩細歷神淵蔡邕至會稽讀詩細而嘆

息以為長於論衡邕還京師為學者誦而傳之

晉 謝敷字慶緒性澄靖寡欲入太平山十餘年辟命皆不就初月犯少微一名處士星占者以隱士當之時譙國戴逵有美才人或憂之俄而敷死越人以嘲吳人云吳中高士求死不得死

宋 朱百年少有高情攜妻孔氏入會稽南山以伐藮採若爲業以藮若置道傍輒爲行人所取明旦已復如此人稍怪之積久方知爲朱隱士所賣須者隨其所堪多少留錢取藮若而去或遇寒雪藮若不售無以自資輒以榜船送妻還孔氏

天晴迎之好飲酒頗言玄理時爲詩詠有高勝之言隱迹避人唯與同縣孔顗友善顗亦嗜酒相得輒酣對盡懽顗竣爲東揚州餉百年米五百斛不受後卒山中蔡興宗爲會稽太守餉百年妻米百斛妻遣婢詣郡門奉辭固讓時人美之以比梁鴻妻云

孔祐敬康曾孫也至行通神隱於四明山嘗見山谷中有數百斛錢視之如瓦石不異采樵者競取入手即成沙礫曾有鹿中箭來投祐祐爲之養創愈然後去太守王僧虔欲引爲主簿不可

屈子道徽與杜景齊友善，少厲高行，能世其家。隱居南山，終身不窺都邑。齊豫章王嶷爲揚州辟西曹書佐，不至。鄉里宗慕之。道徽兄子揔有操行，遇饑寒不可得衣食，縣令丘仲孚薦之，除竟陵王侍郎，竟不至。

唐

孔述睿，梁侍中休源八世孫。少與兄弟克符、克讓篤孝，偕隱嵩山。而述睿資嗜學，大曆中劉晏薦於代宗，累擢司勳員外郎、史館修撰。述睿每一遷，即至朝謝，俄而辭疾歸。以爲常。德宗立，拜諫議大夫，賜第宅，固辭。久乃改祕書少監，以太

子賓客還鄉

宋趙宗萬字仲囦少知名錢忠懿器之入朝欲與之俱以親老辭不行既長博極書傳負經濟之術用進士應詔籍於春官宗萬天資蕭散於世故淡如也壯歲築室於郡之照水坊左瞰平湖前挹秦望畜一鶴號冊砂引以爲侶足跡不及於高門鼓琴讀書怡然自適者三十餘年祥符中詔舉遺逸郡守康戩以宗萬薦尋被召乃曰吾老矣不足以任事因獻跛鼈傳以自見且請自託于道家者流朝廷不奪其志即其家賜以羽

服後十餘年辛華鎮言宗萬神禹清明識度夷曠終日凝淡若嬰兒眞方外之士然取捨去就之際則確乎有不可奪者善八方草隸書通俞扁術或辟穀導氣嘗爲詩曰斗懸金印心難動屏列春山眼暫開蓋其志也

王易簡字理得尚書佐之玄孫生而穎異幼喪父哀毀如成人益嗜學及冠有聲望登進士第除温州瑞安主簿不赴隱居城南讀張子東銘作疏議數百言唐忠介震黄吏部虞見而器之折輩行與之交易簡篤倫義事伯姊甚謹尤賙恤

其族撫兄之諸孤如其子多所著述

元

韓性字明善魏公琦之後高祖膺胄始居于越性天資警敏七歲讀書數行俱下日記萬言九歲通小戴禮作大義操筆立就文意蒼古老生宿學皆稱異焉及長博綜群書循明性理之學其文自成一家四方學者受業其門戶外之屨至不能容其指授不爲甚高論而義理自融見人有一善必爲之延譽不已及辨析是非則毅然有不可犯之色出雖無華軒旅從所過負者息肩行者避道巷夫街叟至於童稚厮役咸稱爲

韓先生云部使者舉爲教官辭不赴縉紳大夫有事于越者必先造其廬得所論述即以爲繩準年七十六卒門人南臺御史中丞月魯不花請于朝謚曰莊節所著有禮記説四卷詩音釋一卷書辨疑一卷郡志八卷文集十二卷

施鈞字則夫博學能文詩得唐人體有飲氷餘味集隱居不仕

吕中字居正性莊默終日危坐未嘗傾側臺署舉爲甬里山長不就

國朝

王紹原字復初自幼嗜學治毛詩刻意吟[illegible]

仲五人值元季兵興經亂離家以傾廢紹原性守淡苦諸弟欲求分異以自便紹原不能已推産與之唯取先世基田以供祭祀及海内平于所居之旁闢一軒扁曰晰讀與常所往來觴咏自娱灑然無世累有晰讀集傳于家

鎦績字孟熙父渙有雅行以詩名績方數歲渙試以詩有奇句既長遂擅名一時然素貧轉徙無常地所至書齋文榜于門得所酬物輒市酒樂賓客不事生産計嘗有客至呼茗不即出恠之因入室其妻方拾破紙以代所爇薪家不能具

擔石簞瓢度昕夕晏如也所著有暠陽集霏雪録穿雲集傳於世子師卲性超邁亦工詩辭鎦氏祖父孫皆以文學高于世世稱爲三鎦云

蔡庸字惟中襟度夷曠接人惠而和未嘗有怒言愠色好吟詩與毛鉉唐之淳鎦績齊名相倡和喜飲酒家貧教授于鄉居有借行軒自號資癸生

王宥字敬助篤學力行潛德弗耀鄉稱隱君子云

鄭嘉字元亨凝重寡言性至孝母病嘗糞晝夜不解帶毋未復初不就枕篤行好古其詩亦有

古風鄉稱補庵先生

李昺字文勉性敏達卓犖不羈詩宗晚唐得李商隱之體

羅紘字孟維博學能文性恬靜散逸志行淳慤卓爲後生宗仰及門之士甚衆其著名若張燦輩者二十餘人子周嘗辟儒職不就次子新亦振儒業鄉稱二難新子頎

頎字儀甫性淳璞鮮嗜慾不事華飾承家學敦篤古道于書無所不讀過目輒成誦當其會意時雖食寢亦惘不自覺五經諸子百家上下古

令載紀及老佛諸書稗官小説罔不析精攬奇鈎玄索微著之篇章成一家之言弟子及其門者各有所就褒衣博帶從容曳履見貴勢無加禮人亦不敢以貴勢加之郡大夫戴公琥崇禮隱逸于頎猶注敬焉嘗聘修郡志未成書左叅政賛亦以博學自許聞頎名聘至論難相酬應扣愈深其出愈不窮賛深嘆服以爲博洽無可擬羅氏三世隱梅山各以文學鳴于世紘啓其源周新承其流頎益滙而大之著述可稽越人士得所師承羅氏于吾越有功哉紘著蘭坡集

十二卷會稽百詠一卷周著梅隱稿十八卷新著介軒集八卷傎所著猶浩繁其易齋札記及諸所訓詁詩話二百餘卷稱梅山叢書

朱純字克粹淳雅有儒行詩清婉風格高古教授于鄉孫節以進士起家貞亮洪雅風度如古人多所引接有經世大志官監察御史按山東振舉憲紀釐整績務奉使職夙夜如不及統兵勦賊卒于師　朝廷憫其死國事贈光禄少卿

吴騵字文英少敏慧博學洽聞才名藉甚工爲古文辭嘗作東山賦典藻不下孫興公師相李西

涯東陽時稱文章宗匠見顥所爲駱賓王廟碑嘆賞不能休自京師遺以書幣其志秉傳記諸所著作皆得體裁文多可傳世者志行散逸醇篤不如諸儒才美亦非諸儒所及故獨以文學擅名

夏寅字正寅隱居教授言動莊肅有詩名二子焕灼煥操行清介所爲詩多典潤語灼與兄齊名人擬之元方季方云

王文轅字司輿七歲時拾遺金一鐶坐待失者歸之願畀以半轅笑曰我苟欲金何待汝爲識者

嚚之素多病父毋憐其瘠俾勿終舉子業遂隱居卧龍山下人咸識其隱德王公守仁尤雅重轅數延致與語彌日忘倦一時名士如朱氏節徐氏愛季氏本咸敬事焉有司類多及門詗訪累薦經明行修不就所著有茹澹稿猶遼皇極經世律呂諸書云

烈女傳

晋陸氏者張茂之妻也茂爲吴郡太守以討沈充遇害陸憤激傾家貲率茂部曲討充先登殊死戰克敗陸乃詣闕謝茂不尅之罪詔曰茂死妻忠

舉門義烈遂與茂俱得褒錫

謝道韞者王凝之之妻也少有慧質遇事能辯且善應變凝之爲會稽内史孫恩之亂凝之及諸子俱被害道韞命婢肩輿抽刃出門恩兵稍至手刃數人乃被虜外孫劉濤時年數歲賊欲害之道韞曰事在王門何關佗族必欲害濤寧先見殺恩雖毒虐爲之攺容濤得脱免自爾嫠居立法甚肅家人皆嚴憚之

梁

張彪妻楊氏彪既遇害章昭達稱文帝教進兵迎楊楊攺啼爲笑請昭達殯彪殯既畢其犬黄蒼

俯伏冢間號呌不肯離楊還經虎宅謂昭達曰
婦人本在容貌今辛苦日久請暫過宅粧餙楊
入屋遂割髮毀面哀哭慟絕誓不更行文帝聞
之嘆息許爲尼

元

朱淑信少寡誓不改適一女妙淨以哭父喪明家
貧歲凶凍餒瀕死毋子以苦節自厲竟無他志
邑之士人王士貴聞而賢之且重其女之孝娶
以爲配

馮淑安字靜君武寧尹李如忠繼室也如忠先居
平陽因祖定宦遊寓越家素富嬴妾媵二十餘

人先娶探馬赤氏生子任繼娶馮生子仕杖至大二年如忠病篤謂淑安曰吾不復甦矣將柰汝何淑安引刀斷髮誓不他適如忠歿東平之族聞之利其家貲媵妾乃誘其子任率探馬赤氏黨囂其家欲奪其志淑安竟不渝有強之者輒爪面流血乃鬻衣櫝厝于邑之蕺山下廬墓哭泣鄰里不忍聞時淑安年甫二十七居越一十六年至二孤有立始奉如忠柩歸塟汝上留子仕奉祀東平携仗還越以承祖祀且以遠逆任卒完其節云元季有司上其事詔旌其門

潘妙圓者邑之項里徐允讓之妻也生有慧質喜讀書女誡列女傳不去手年二十五適徐甫三月與其夫從舅避兵山谷間舅被執夫泣請代死遂殺其夫而釋其舅將辱妙圓妙圓紿之曰吾夫既死暴露不忍也若能焚其屍即從汝無憾矣兵信之共聚薪以燔火烈方熾妙圓且泣且語遂投火中而死　明興　詔旌其門詳載

烈女傳

張正蒙妻韓氏邑名儒性之女也正蒙時為湖州德清稅務提領以母喪歸廬墓南池至正十九

年大兵至正棠母柩被發見而哀慟恐被執辱乃謂韓氏曰吾為國臣於義當死韓氏曰爾果能死於忠吾必能死於節遂俱縊死其女池奴年十七泣曰父母既死吾何以獨生亦投崖而死次女越奴晝匿山中夜歸守屍傍尋亦餓死大兵軍校趙經歷素聞正棠名率衆瘞之歎息而去

徐慎妻王氏宋少師忠八世孫貢甫之女也至正十九年兵至王氏被執義不受辱行十數里至邑之界塘宣橋赴水死

郁景文妻徐氏蔡彥謙妻楊氏居邑之南池至正十九年越州被兵二婦俱被驅迫以行度不能脫乃給兵曰願取衣服粧飾而後相從兵信皆縱之迻二婦遂相率投井死

張氏者王子純妻也生子彰甫二歲而子純死婦誓不貳志力女紅以自給殁稱完節焉至正二十六年詔旌表之

聞氏者俞新之之妻也性篤孝年二十三歸俞氏凡六年而夫喪舅亦尋殁家貧聞鬻奩貲以葬已而父兄憐其少寡且貧欲奪其志聞斷髮自

誓紡績養姑唯謹姑患末疾失明伏枕逾三載聞奉湯藥旦夕嗽盥舐其目目爲之復明後姑喪貧不能葬聞率子女躬負土營壙號慟幾絕人不忍聞鄉閭爲之語曰欲學孝婦當問俞婦寡居三十九年至正丁丑有司以狀聞詔旌爲節孝之門

國朝張拱辰妻施氏拱辰早卒施年方艾志誓不再力苦織紝孝養舅姑有司奏其事　詔旌其門

錢伯顏妻張氏子志中生甫晬而伯顏死家貧不能給饘粥張甘分艱苦力女紅以育其子人無

閭言縣令張宣上其節　詔旌其門

俞玄恭者姚彥良妻也生子體原明年彥良卒玄恭居甚貧勵苦操奉舅姑撫教體原體原賴慈教卒仕顯為禮部員外郎備致孝養而玄恭雅素如初體原終以廉能稱而玄恭之賢節益顯知縣李祿受以事聞　詔旌其門

孫華玉妻余氏年二十五而華玉死家貧子幼紡績自給終身苦操隣婦雖甚密邇罕識其嬉笑容鄉人稱之無間言

呂聰妻田氏歸五月而聰卒貧窶不給織紝以養

姑姑亡鬻衣營葬居喪盡哀遠近聞之咸嘉其
孝節云

金俊妻張氏自幼莊重簡默甫歸金氏舅姑與夫相繼而歿張年尚艾乃携其孤依婦以居終身苦操鄉稱完節焉成化初事聞　詔旌其門

張希勝妻錢氏名昪婉順有容德年二十而希勝死舅姑憫其幼寡欲使改適昪聞之遂自縊於室家人覺而救之乃得甦舅姑卒不敢彊以終其志

俞貞廉王曇妻也幼時父母口授列女傳即能誦

記及歸曇恪修婦道曇亡時貞廉年方二十屏華守素終其身舉族稱其操行

鄭谷林妻周妙清年十六而嫁未踰歲而林亡居貧無子清苦自持年七十而卒

包慎妻徐氏歸七年而慎死無子同邑右族多方以利誘其姑及其夫之弟欲強取之徐禿髮毀形以絶之既而知不免縊死

余亨妻朱氏亨死朱年二十三無子亨既葬辭墓慟絶遂投河而死

陳軾妻錢氏年二十六而軾亡子彛方五歲錢去

華飾甘自苦事舅姑盡婦禮孀居四十年其節孝為鄉閭表著云

汪德聲妻謝氏年二十四而寡子幼姑老苦節自勵以儒業教其子鎡鎡竟以進士起家官至兵部郎中姑疾篤刲股籲天求以身代成化間監司上其事　詔旌其門

錢良潔者士人張旭妻也年十八歸于張甫兩月而寡家貧以奩資易喪具遺腹生子永言服闋有勸其易志者遂引刀截髮以自誓事舅姑孝教永言慈而嚴永言卒成儒名孀居五十餘年

以壽終求言痛其母孤苦刻木像事之

張衡妻孔氏早寡衡從子遜娶錢氏遜亦夭歿二婦同心以勤苦相勵處一室守節踰四十年内外無間言時稱爲雙節云

馬德貞者朱偉之妻也家病疫舅與夫偕亡姑張氏亦病篤德貞艱難萬狀侍其姑姑疾得稍愈既乃毋家欲奪其志德貞斷指為誓姑歿德貞撫膺大慟翌日死

陳週妻戴氏年二十五週亡子魁尚在腹舅姑憐其貧欲改嫁之戴泣曰生爲陳氏婦死爲陳氏

思欲自裁舅姑乃不敢言卒以節歿其身

胡燦妻趙氏年二十一燦卒無子毋欲奪其志不從勤苦以自存孀居四十餘年而卒

孟玉輝者宋隆祐太后之裔朱士忞之妻也歸士忞八年而寡孟哀慟幾絶終日居寢室步履不過中閾歷六十年其節如金石百折不磨有烈丈夫之風焉正德中有司奏而旌之

周氏年十九爲蕭山汪氏婦汪兄弟五人俱殀死獨其舅姑存夜有盜鼓譟而入舅當之獨遇害明日周哭陳於憲臺竟獲其盜二十人斬下市

卒全其志節周以嫠弱婦乃能爲舅復讐君子賢之

宋如珪妻丁氏歸宋八年而如珪卒時年二十六遺腹生子茂保丁孝事其姑撫孤有立孀居凡六十五年卒時年九十一

趙容妻余氏贅容未期而寡年十九矢志不渝屏華甘素孀居三十餘年以貞操著于鄉

張裒妻胡氏年二十歸裒甫三載而裒殀卒胡即誓死不貳歷四十餘年完其節而死事聞　詔旌其門

潘宋妻王氏年十七歸宋未幾而宋病卒王節甚貞介雖姻族罕覿其顔面年五十患痞醫欲療之以鍼王以露衾爲辱固郤之曰寧死不願治也竟以是卒

孫妙吉本農家女適同里吴善慶善慶死孫尚艾無子其貞信自天持婦節不可易將終身焉鄰邑人有賄其叔祖小觀者小觀將奪而嫁之妙吉聞有嫁期知不免紿曰吾嫁矣得供佛飯僧爲亡夫福始行耳小觀喜如其言旣具妙吉沐浴更衣禮佛甚恭頃之走縊夫墓木而死小觀

怒其紿也且亡利殘其屍覆葬于土一時聞者咸嗟吁涕下然其家甚微不能聞有司使良有司聞焉當不以歲月湮也

沈浤妻傅氏年二十八而浤卒撫遺腹子期底於成立終日閉戶力女紅近屬私親罕覩其面郡守游興嘗奬勸存卹之

戴毓齡者建安尹肅之女蔣倫之妻也早寡其守婦節甚貞既老鄉人欲白其事毓齡輒止之曰婦人不再嫁常事耳不願煩官府爲也

丁阿姑貧家婦夫亡遺腹生一女母家欲改嫁之

潛受聘乃詒之歸將適其所謀者阿姑既覺悟忽躍入水中以救免衆懼遂返其故夫家終不能奪其志

吴曇妻嚴氏年十八歸曇越數歲而曇没誓死無二志且時宣義方訓督諸子曰汝輩不能自立未亡人何以見汝父於地下子顯卒成毋志舉進士官刑部郎嚴之慈節以是著成化初有司以聞 詔樹桓旌之

孔淑貞者吴顯之妻宣聖五十九代孫女也生自曲阜長歸顯顯舉進士遷刑部郎淑貞偕往于

京師甫二年而顯卒于官淑貞自以宣聖之裔焚香刲臂誓死無貳扶櫬南還舟抵濟寧凍合去父母家數里許父母哀其寡欲强留之淑貞固辭不履岸朝夕號慟别而訣曰嗣兹以往不及黄泉無相見也比至顯家闔户毁容閨閾嚴整苦節自終曲阜族人高其節爲之樹碑弘治間事聞　詔旌其門

鄭翰卿妻徐氏儒家女幼曉大義適翰卿僅踰月翰卿出遊山右十年不返徐獨奉舅姑極敬順姑疾劇籲天請代疾遂愈後翰卿歸旬日病卒

徐嘗斂畢泣而嘆曰吾嚮不忍死者以夫在耳今夫死矣未亡人何以生爲遂絶粒七日而卒

孟氏者祁鎡之妻也適鎡家甫數日鎡即病死孟年方十九父憐其弱齡且無賴欲諷之他歸孟輒閉戶號慟將自盡其姑防之嚴不得間乃剪髪破鏡誓無二志躬自績紡以養舅姑及舅姑歿家貧不能葬盡易衣服以襄事攻苦歷辛幾六十年貞操聞於鄉有司標榜以揚之

濮閏英者繆禹鄉之妻也年十七歸于繆甫二載禹鄉病亟刲股救之不効竟殀死家故貧窶且

無子或勸之更嫁閨英嚴拒之誓死不貳卒以節著焉

陳滋妻沈氏年十八而歸滋甫十八日而滋亡終身不踰閾限守六十餘年滋之從姪陳鎣妻沈氏亦年十八而早寡苦志不貳鄉閭稱之爲陳氏雙節云

周濡妻趙氏趙瑋之女也歸濡六年而寡營葬旁築一壙或問之趙曰生與偕衾死當偕穴耳居守七十年壽九十三竟以節終

周英妻何氏年十歲受英聘未幾英遘癩疾父母

欲背盟返前聘女聞之號泣不止父母誘之曰吾欲爲汝配嘉婿耳何泣而曰夫之不幸女之不幸也曷敢貳志父母終不能奪卒歸英後英竟以前疾殀死何堅操不踰守至七十餘年而終何幼而矢言老完其志以死當世誦之稱貞婦焉

徐文佩妻鄭氏年十七歸文佩三年文佩病亟囑鄭曰我死無可恃汝惟善事後人鄭泣曰何出此不祥語耶脫不幸俟季叔有子即君子也當求爲君嗣耳時季叔文龏之妻童氏盖始娠尋

果生子鄭喜繈抱示其夫夫已不能言但以舌舐兒首遂卒明年文舉亦罹危疾將死童年尚艾刲臂肉與文舉訣遂與鄭共撫遺孤無貳心郡守聞之爲榜其門曰雙節以彰勸焉

周篪妻朱氏年十七而歸于篪二十而寡哀毁自誓家徒四壁舅姑皆老朱不憚井臼之勞以備甘旨鄉稱孝且貞者必曰周婦事聞于　朝表其門

陳潤妻胡氏年十九而寡持操堅苦姻族有諷其更節者輒詈絶之家甚貧罄績紡達旦以自給

外戶不踰焉非其力不食嫠居七十八年九十三而卒

倪福淨年十七歸庠士胡詡越三載而詡故且無子福淨號慟幾絶斷髮撫棺以示志孀居六十年貞操凛如也詡姪憲妻章氏妙貞年十七而歸憲踰年而寡亦無子堅操無異於倪每向夫墓號泣致有白鳥來巢鄉人謂貞潔所感年十八十五而終有司前後上其事　詔旨並旌之

山陰縣志卷第九終

山陰縣志卷第十

人物外傳

方技傳

漢　謝夷吾字堯卿少爲郡吏學風角占候太守第五倫擢爲督郵使案烏程長夷吾望閤伏哭而還白倫曰竊以占候知長當死遊魂假息非刑所加月餘果有驛馬齎長印綬上言暴卒倫爲司徒令班固爲文薦夷吾曰推攷星度綜校圖錄探賾聖秘觀變歷徵占天知地與神合契豫尅死日如期果卒敕其子曰漢末當亂必有發掘

露骸之禍使懸棺下葬墓不起墳

韓說字叔儒博通五經尤善圖緯之學舉孝廉數陳災青光和元年十月說言於靈帝云晦日必食乞百官嚴裝帝從之果如所言中平二年二月文上封事尅期宫中有災至日南宫大火

齊

孔靈產宋泰始中罷晉安太守有隱遁之志於禹井山立館事道精篤頗解星文好術數齊高帝輔政沈攸之起兵靈產白高帝曰攸之兵衆雖強以天時冥數而觀無能爲也高帝驗其言擢光祿大夫以簏盛靈產上靈臺令其占候賜靈

麈白羽扇素几曰君有古人之風故贈君以古人之服當世榮之

徐熙東海人僑居山陰秦望好黃老術嘗遇一異人遺一瓠曰君子孫宜以醫術顯開之乃扁鵲鏡經遂精醫學名震海內後子孫皆以醫名一時

元

張德元者不知何許人至正間嘗爲諸暨州吏牧避亂居山陰有奇術善觀字知吉凶生一子名之曰槐忽謂友人曰是兒必死槐字木傍鬼非死兆耶未幾兒果卒其友病以豐字示之德元

曰死矣死矣明日計至或問其故德元曰豐字山墓所也兩丰封樹也豆祭器也墓既成矣尚欲生乎或以命字揖德元使占人病德元曰已死君持命字以揖垂命之兆也已而果然徐緫制書字問德元德元曰據字今夕公當納寵徐歸其夫人呼一婦人出拜乃乳媪也嘗飲劉彦昭家曰今夕復有客已而客至問之德元曰吾聞滌器聲故耳其奇驗如此

尚雨字仲彬善山水雜畫松石師郭熙墨竹瀟灑可愛

鮑敬字原禮善畫茶木禽魚尤長於人物嘗爲人寫牡丹恣態天成

馮道助善幻術凡里中犬齧人者道助指之則狂猘以死有村夫板築道側見行者偶妨其業則詈之道助摘草一莖置其上已而所築連堵皆潰道遇三江戍卒強侮輒遜謝不與較但引之坐石橋上道助乃去戍卒踰時不能起道助行三十里許摘草與樵者曰某橋上有戍卒數人可以此草與之樵夫如言戍卒始能去道助至丁墟呼農夫渡不得遂幻雙鯉躍田中見者取

鯉禾盡蹂躪頽埭道傍多瓜道助暑行求瓜于圃人弗得蔓中忽走一白兎行者爭逐之瓜蔓盡傷符籙事發覺有司遣人持牒往捕適與捕者遇於途取捕者公牒去而捕者昏然不見道助盖得介象蔽形之方云

莫月鼎名起炎風神秀朗膚體瑩潤雙目閃閃有光少習舉子業不利于有司乃絶世故後十數年着道士服更名洞一號月鼎師青城山徐無極及南豐鄒鐵壁傳斬勘雷書於是召役鬼神指叱之間其應如響宋聖祐戊午浙東大旱紹

興守馬鑾迎致之月鼎登壇瞋目按劒呼雷神役之忽陰霧四塞震雷大雨隨澍事聞穆陵制詩一章賜之元至正乙丑見世祖於内殿世祖曰雷可聞乎月鼎即取袖中核桃擲地雷應聲而發又命請雨雨隨至大見賞異

國朝黄武字維周少頴敏有志康濟尤善古詩文事舉子業不就遂精岐黄術先是越人療傷寒輙用麻黄秏劑武獨有識曰南人本弱賦且風氣漸漓情慾日滋本實已撥而攻其表殺人多矣乃投以參芪輙取奇効自是越之醫咸祖述之

矣一時名醫如陳淮何鑑咸出其門所著有醫學綱目數百卷脉訣若干篇行於世

費傑字世彦曾大父子明爲元世醫宗傑故以醫承其家性古慤淳篤邑人患劇疾雖百里外必迎候傑至投一二劑輙効傑以故醫益顯嘗設藥餌以週邑之煢獨葬疏遠無歸者數十人嫁外姓之孤者五人時劉憲使患熱症或誤投以桂附瀕死傑亟疏治之乃甦竟不居其功憲使甚賢之郡守戴琥尤重其雅誼加賓禮焉所著有畏齋詩稿名醫抄經驗良方爲世所宗傑子

愚登進士官大理評歷守名郡秉節不阿
孝宗朝以貞諒聞司空劉麟嘗爲愚著傳稱愚剛方
清介云

僊釋傳

晉　葛玄字孝先丹陽句容人從左元放受九丹金液仙經常服餌求長生能絶穀連年不饑游會稽有賈人從海中還過神廟廟使主簿語賈人曰今欲因寄一書與葛僊公可爲致之主簿因以函書擲賈人船頭如釘着板拔不可得還達會稽輒以報仙公仙公自往取之即得也語弟子

張恭曰吾不得治作大藥今當作尸解去八月十二日日中時當發至期衣冠入室而臥氣色不變弟子等燒香守之三日三夜夜半忽大風起發屋折木聲響如雷燭滅良久風止然燭失仙公所在但見衣在而帶不解以其學道得僊故號曰葛仙公今越地有仙公釣磯及鍊丹井

葛洪字稚川仙公從孫以儒學知名性寡慾不好榮利閉門却掃究覽經籍尤好神仙導養之法初僊公以鍊丹秘術授弟子鄭君稚川就鄭君悉得其法咸和初選爲散騎常侍固辭不就聞

交阯出丹砂求爲勾漏令乃止羅浮山鍊丹在
山積年優游閒養著述不輟著四外篇凡一百
一十六篇自號抱朴子因以名書年八十一卒
顏色如玉體柔軟舉尸入棺輕如空衣世以爲
尸解得僊輿地志云上虞縣蘭芎山葛稚川所
捿隱也今越之遺迹至多稚川盖嘗至焉

梁

陶弘景字通明丹陽秣陵人十歲得葛稚川神仙
傳晝夜研尋便有養生之志齊高帝作相引爲
諸王侍讀永明中脫朝服挂神武門上表辭祿
許之敕所在月給伏苓五斤白蜜二升以供服

餌止于句容之句曲山立館號華陽隱居仙書云眼方者壽千歲弘景晚年一眼有時而方梁大同二年卒年八十五歲顏色不變香氣累日謚貞白先生按内傳言先生嘗遐遁東適改名氏曰王整官稱外兵令越有陶宴嶺蓋遺迹云

唐

苗龍唐初人失其名能畫龍故呼之曰苗龍後得道僊去

晉

釋于洪開遊石城住華元寺又移白山靈鷲寺與支公遁爭色空義弟子法威寂知名開嘗使威出都當還山陰曰道林正講小品將無往見之

耶威曰諾既至遁方捉麈威致難攻之遁曰君乃受人寄載來耶

釋惠基自錢塘渡江棲山陰法華寺學者千人元徽初即龜山建寶林寺啓普賢懺法高士周顒劉瓛張融並摳衣問道焉

釋弘明山陰人住雲門寺誦法華經瓶水自蒲有童子自天而下供使虎無時入室自卧起嘗有一小兒來聽經明爲說法俄不見又有山精來指笑明捉得以帶繫之乆不得脫曰放我我不敢復來於是釋之後住永興紹玄寺又住栢林

寺

釋曇翼號飛雲晉義熙中誦法華經于秦望西北禪定三十年感普賢化現內史孟顗異之請于朝置法華寺至梁時有釋惠舉亦隱于此山武帝徵之不至昭明太子統遺舉以金縷木蘭袈裟世以天衣名其寺焉

釋曇彥晉末時與許詢玄度同剏浮圖未成詢亡久之岳陽王至訪彥曰許玄度來何暮昔日浮圖今如故王不能自解彥曰未達宿命焉得知之遂握手入室席地王忽悟前身造塔之事由

是益加壯麗詳見雜志寶林寺

釋慧虔晉末居廬山慕遠公德業之盛乃之山陰嘉祥寺聚徒講經謂衆曰願相講道用奉彌陀後五年先時已至乃曰花開見佛即其時也其夕有尼淨嚴假寐之頃見觀音忽至與百千衆從空而下異香經旬不絕

唐

釋海慧大師仲休精習天台教禪寂頓悟不接人事李文靖公廸以其名上得紫衣海慧之號

釋澄觀住寶林寺博通諸典撰華嚴義疏二十卷德宗召至京師與罽賓三藏般若譯烏荼國所

進華嚴經賜號清涼國師時順宗在東宮又述了義心要各一卷

宋

釋惟定祝髮於資福院自幼穎悟紹興丁夘住景德寺講偈有野猿獻菓於前將卒謂其徒曰庭前桂樹花開我將逝矣其徒出視之桂花忽開五色急返入戶定端坐瞑目矣龕留十四日顏面如生

釋時習禮大善寺學古爲師年十四肆業於杭諸名僧皆異之延祐中以高麗王薦名至京令說法于南城寺時習頂門忽現異光縈結如盖華

聞上大說錫賚甚厚賜號佛音眞應禪師南還法名遠播近自甌閩交廣遠自日本高麗航海而至者無虛日

元釋文明海慧族姓婁氏諸暨人母王氏妊時夢神人以白芙蕖授之既誕甫能言見母舉佛號即合叶隨聲和之及長客居山陰靈壁寺窺內典輒歎曰春秋世間法耳欲求出世間法非釋氏吾誰依乎大德乙巳投其寺僧思窮祝髮明年授其戒精進益力後一夕集衆謝曰吾將歸矣遂索筆書偈端坐而逝

國朝

釋了真者天台人嘗寄跡山陰諸寺或稱羅漢或稱醉仙嗜酒落魄橫拖杖乞錢市中散與貧者冬月惟著單衣或敲冰而浴洪武二年大旱一夕留偈辭衆瞑目而逝鄉人舉龕燔於五雲門外甘雨隨澍其偈曰平生只是呆說不知今朝弄决諸人笑我癡顛依舊清風明月

僧惟宗者不知何許人嘗結亭于戴於山道左每盛暑烹茶以濟行客洪武十九年秋酷暑鄉人遍謁龍湫祈禱莫應惟宗語人曰旱久不雨田苗盡瘁人將奚告某生無益於世願焚身禱天

以濟兆民即日齋戒聚薪於野遂火其身大雨

如澍觀者如堵鄉人感其誠立土祠祀之

山陰縣志卷第十終

山陰縣志卷第十一

雜志上

古蹟　亭榭　宅墓

古蹟

越王臺 按臺舊在卧龍山巔越王勾踐登眺之所宋守汪綱移置山之西岡今在光化亭上 唐李太白詩 越王勾踐破吳歸義士還家盡錦衣宮女如花滿春殿只今惟有鷓鴣飛 宋[illegible]詩 曙光晴散越王臺萬壑千巖錦綉開倚檻僧鍾雲外落捲簾漁唱鏡中來樹藏茅屋雞聲斷露濕松巢鶴夢回安得畫圖分隙地移家仍住小蓬萊

飛翼樓 在卧龍山上舊經云越范蠡作飛翼樓以壓強吳唐人因樓址為望海亭已廢至明嘉靖十七年郡守湯紹恩改建為越望亭

觀風堂 在卧龍山東麓宋紹興中曹詠建 王十朋詩 薄俗澆風有萬端欲將眼力見應難但令心鏡無

塵垢端坐斯堂

清白泉亭在府治內泉清而色白即可觀今廢故名宋守范仲淹有記

會稽府署據卧龍山之南足北上有蓬萊閣閣之西有涼堂堂之西有巖焉巖之下有地方數丈密蔓深叢莽然就荒一日命役徒而闢之中獲廢井即呼工出其泥滓觀其好惡曰嘉泉擇高年吏問廢之由不知也乃扃而澄之三日而後汲視其泉清而白色味之甚甘淵然丈餘綆不可竭當大暑時飲之若餌白雪咀輕冰凜如也當嚴冬時若遇愛日得陽春溫如也其或雨作雲蒸醇醇而渾蓋山澤通氣應於名源矣又引嘉賓以建溪日注卧龍雲門之茗試之則甘液華滋說人襟靈觀夫大易之象初則井道未通泥而不食弗治也終則井道大成收而弗幕有功也其斯之謂乎又曰井德之地蓋言所守不遷矣井以辨義蓋言所施不私矣聖人畫井之象以明君子之道焉予愛其清白而有德義為官師之規因署其堂曰清白又搆亭于其側曰清白亭庶幾居斯堂登斯亭而無忝其名哉寶元貳年月日范仲淹記

王十朋詩　錢清地古思劉寵泉白堂虛憶范公印綬紛紛會稽者誰

能無愧

蓬萊閣

在卧龍山上五代時吳越王錢鏐建宋時尚存唐元稹詩州城縈繞拂雲堆鏡水稽山滿目來四面無時對屏障一家終日在樓臺星河影向簷前落鼓角聲從地底回我是玉皇香案吏謫居猶得小蓬萊宋張伯玉詩書報蓬萊高閣成越山增翠越波明雲收海上天地靜人在月中金翠橫游女弄芳珠作珮仙人度曲玉為笙會須長揖浮丘伯醉聽銀河秋浪聲○萬疊湖山煙水濱朱門晝啟閒松筠登臨不踏紅塵路燕寢長居紫府春晝靜欲驂風外駕夜深疑是月中身我慚白首方懷綬猶得蓬萊作主人王十朋詩中秋翫月小蓬萊風送嬋娟入座來樽俎論文清有味瀏山照眼淨無埃雲生腳底蛟龍卧影落人間鼓角催把酒問天兼問月何時此夜更啣杯○祖龍車轍遍塵寰只道蓬萊在海間空上望秦山上望不知此處是神山本朝高啓詩旅思曠然釋羈身蒼林秋群山為誰來歷歷散清曉奇姿眺霧雨奮首爭欲矯氣通海煙長色帶州郭小曲疑藏啼猿橫空截歸鳥流暉互蕩激下有湖壑繞佳處未徧總一覽心頗了秦皇遺跡泯昔士風

流杏願探金匱蘭亭一名稽亭去縣西南二十七
篇振袂翔鹿表里越絶書云勾踐種蘭渚山
晋王羲之為右軍將軍會稽内史與同志太原孫
綽陳留謝安又其子獻之等四十有一人修禊於
此羲之自為之序永和九年歲在癸丑暮春之初
會于會稽山陰之蘭亭修禊事也群賢畢至少長
咸集此地有崇山峻嶺茂林修竹又有清流激湍
映帶左右引以為流觴曲水列坐其次雖無絲竹
管絃之盛一觴一詠亦足以暢叙幽情是日也天
朗氣清惠風和暢仰觀宇宙之大俯察品類之盛
所以遊目騁懷足以極視聽之娱信可樂也夫人
之相與俯仰一世或取諸懷抱悟言一室之内或
因寄所託放浪形骸之外雖趣舍萬殊静躁不同
當其欣於所遇暫得於己快然自足曾不知老之
將至及其所之既倦情隨事遷感慨係之矣向之
所欣俛仰之間以為陳迹猶不能不以之興懷況
修短隨化終期於盡古人云死生亦大矣豈不痛
哉每覽昔人興感之由若合一契未嘗不臨文嗟
悼不能喻之於懷固知一死生為虚誕齊彭殤為
妄作後之視今亦猶今之視昔悲夫故列叙時人

敍其所述雖世殊事異所以興懷其致一也後之
覽者亦將有感於斯文**其詩**代謝鱗次忽焉以
同欣此暮春和氣載柔詠彼舞雩異世同流乃攜
齊契散懷一丘**又詩**仰視碧天際俯瞰淥水濵寥
閬無涯觀寓目理自陳大矣造化功萬殊莫不均
群籟雖參差適我無非親一十二人詩二篇成**謝**
安詩伊昔先子有懷春游契兹言執寄傲林丘森
森連嶺茫茫原疇迥霄垂霧凝泉散流**又詩**相與
欣嘉節率爾同褰裳薄雲羅物景微風翼輕航醉
醪陶丹府兀坐遊羲唐萬殊混一象安復覺彭殤
謝萬詩肆眺崇阿寓目高林青蘿翳岫修竹冠岑
谷流清響條鼓鳴音玄崿吐潤霏霧成陰**又詩**司
冥卷陰旗句芒舒陽旌靈液被九區光風扇鮮榮
碧林輝翠萼紅葩擢新莖翔禽撫翰遊騰鱗躍清
泠**孫綽詩**春詠登臺亦有臨流懷彼伐木肅此良
儔修林陰沼旋瀨縈丘穿池激湍連濫觴舟**又詩**
流風拂枉渚停雲蔭九皋鶯羽吟修竹游鱗戲瀾
濤攜筆落雲藻微言剖纖毫時珍豈不甘志味在
聞韶**孫統詩**俯揮素波仰掇芳蘭尚想嘉客希
風永歎**又詩**清響擬絲竹班荊對綺疏零觴飛曲

津歎然朱顔舒**孫統詩**茫茫大造萬化齊軌罔悟
云同兢異標旨平勃運謨黄綺隱几尼我仰希期
山期水**又詩**地主觀山水仰尋幽人蹤迴沼激中
逵疎竹間脩桐因流轉輕觴冷風飄落松時禽吟
長澗萬籟吹連峯**王彬之詩**冊崖疎立葩藻映林
渌水揚波載浮載沉**又詩**鮮葩映林薄游鱗戲清
渠臨川欣投釣得意豈在魚**王凝之詩**莊浪濠津
巢步潁湄冥心真寄千載同歸**又詩**氤氲柔風扇
熙怡和氣淳駕言興時游逍遥映道津**王肅之詩**
在昔暇日味存林領今我斯游神怡心靜**又詩**嘉
會欣時游豁爾暢心神吟咏曲水瀨渌波轉素鱗
王徽之詩散懷山水蕭然忘羈秀薄粲顔疎松籠
崖遊羽翮霄鱗躍清池歸目寄歎心冥二奇**又詩**
先師有冥藏安用羈世羅未若保沖真齊契箕山
阿**袁嶠之詩**人亦有言得意則歡嘉賓既臻相與
游盤微音迭詠馥焉若蘭苟齊一致遐想揭竿**又
詩**四眺華林茂俯仰晴川瀵激水流芳醪豁爾累
心散遐想逸民軌遺音良可説古人詠舞雩今也
同斯歡一十五人詩一篇成**[illegible]詩**温風起東谷
和氣振柔條端坐興遠想薄言遊近郊**王豐之詩**

肆眄巖岫臨泉躍趾感興魚鳥安居幽峙[illegible]林榮其爵浪激其隈泛泛輕觴載欣載懷[illegible]馳心域表寥寥遠邁理感則一冥然斯會[illegible]神散宇宙內形浪濠梁津寄暢須臾歡尚想味古人**魏滂詩**三春陶和氣萬物齊一歡明后欣時豐駕言映清瀾亹亹德音暢蕭蕭遺世難望巖愧脫屣臨川謝揭竿**謝繹詩**縱暢任所適迴波縈遊鱗千載同一朝沐浴陶清塵**庾蘊曰**仰想虛舟說俯歎世上賓朝榮雖云樂夕斃理自因**孫嗣詩**望巖懷逸許臨流想奇莊誰云眞風絕千載挹遺芳**曹茂之詩**時來誰不懷寄散山林間尚想方外賓超超有餘閒**曹華詩**願與達人遊邂逅遊濠梁狂吟任所適浪流無何鄉**桓偉詩**主人雖無懷應物貴有尚宣尼遨沂津蕭然心神王數子各言志曾生發奇唱今我欣斯遊慍情亦蹔暢**王玄之詩**松竹挺巖崖幽澗激清流蕭散肆情志酣觴豁滯憂**王蘊之詩**散豁情志暢塵纓忽以捐仰詠挹遺芳怡情味重淵**王渙之詩**去來悠悠子披褐良足欽超迹修獨往眞契齊古今一十六人詩不成曰謝瑰曰卞迪曰丘旄曰王獻之曰楊模曰孔熾曰劉密

曰虞谷曰勞夷曰后綿曰葉耆曰謝藤曰白凝曰吕系曰吕本曰曹諲各罰酒三觥[孫綽爲後序]其辭曰古人以水喻性有旨哉非所以淳之則清淆之則濁耶故振轡於朝市則充詘之心生閑步於林野則寥落之意興仰瞻羲唐邈然遠矣近詠臺閣顧探增懷聊於暖昧之中期乎瑩拂之道暮春之始禊于南澗之濱高嶺千尋長湖萬頃乃藉芳草鑑清流覽卉物觀魚鳥具類同榮資生咸暢於是和以醇醪齊以達觀快然兀矣焉復覺鵬鷃之二物哉耀靈縱轡急景西邁樂與時去悲亦系之往復推移新故相換今日之迹明復陳矣原詩人之致興諒歌詠之有由文多不載大畧如此所賦詩亦裁而綴之如前四言五言焉

太祖高皇帝御製[流觴曲水圖記]古蘭亭流觴曲水圖一卷俯清流而湍湍仰茂林而幽靜亭坐一人下視游鵞一捆一皮二人露列流側一授一接松下二人一撚髯而問一凝卷而聽巖傍一人神倦而伸身澗右一人一手舉卷一手握筆按膝竹間二人一捲軸已成一回身以軸而授老竹下二人年邁屈脊抱膝藁卷而息一臨流而探盃澗北二人

人一據膝而問一以手印地而聽又竹邊二人一
收卷而捲一紐頸而觀詩底一人安筆硯整衣冠
而坐其潁川庾蘊過酒覆盃交睫不開僕者撼之
叅軍楊模隔流而躍如伶人狀王獻之攝衣而慹
王肅之將俯流而取觴司馬虞說凝軸以言呂系
側身以手踞地而聽后綿酩酊握卷坐寢孔熾酒
後持卷仰觀劉密袒衣攘臂以取覆盃王玄之王
彬之相揖而構詞謝繹搔疥王嶽之舉幅執筆而
書勞夷擊盃鵲下徐豐之玩鵲遍觴華耆撙盃他
視曹華開卷王蘊之攘臂肆坐卞迪迎流欲觴謝
禹回顧長松曹諲舒足回顧華茂袒衣執筆呂本
握筆搔耳虞谷捧觴而勸他者孫嗣撚鬚而態度
袁嶠之讚他文王豐之開卷誦之首有童子十人
侍立者二主器者一擎瓶者二掬酒者一發盃者
三受酒者一中有遺滯盃者一末有童子五人捧
殽者二呼盃者一縱盃者二一卷凡六十人內烏
一隻其或吟或詠或醉或眠或俯或仰或起或坐
或舞或取或趨或止曲盡其態尤有異焉皆始於
一良工之胷方有名於筆鋒之下是可奇也由斯
知晉代之衣冠人情之風美有若是耶故於洪武

九年秋七月記亭側舊有天章寺寺傍有蘭亭書院有田千餘畝世相傳守以爲遊覽勝迹歲久就圯嘉靖初知府南大吉曾爲修復近皆爲有力者所侵蝕曲水故道圯爲荒墟遊覽者爲深惜焉

適南亭 去縣北一十八里梅山頂上宋熙寧中郡守程師孟築蓋取莊周大鵬圖南之義今廢陸佃有記曰會稽山川之秀甲於東南自晉以來高曠宏放之士多在於此至唐餘杭始盛而與越爭勝見於元白之稱然山川之勝殆有鬱而未發者也熙寧十年給事中程公出守是邦公吏師也下車未幾政成訟清與賓客沿鑑湖上戢山以尋右軍秘監之跡登望稍倦未愜公意於是有以梅山之勝告公者蓋指其地昔子眞之所居也今其少西有里曰梅市其事應史公聞往焉初留佛刹橫見湖山一面之秀以爲未造佳境也因至其上望之峯巒如列間見層出煙海杳冥風帆隱映有魁偉傑特之觀而高晴爽氣適相値也已而山之高層因築亭焉名之曰適南蓋取莊周大鵬圖南之義暇日領賓飲而賞焉於是闔州以爲觀美而春時無貴賤皆往又其風俗潔雅嬉遊皆乘華

舫平湖清淺晴天浮動及登是亭四眺無礙恍若登下蓬萊之上可謂奇矣雖然公之美志喜於發揚幽懿豈特貴一山而已凡此鄉人藏道畜德晦於畎隴釣瀨屠市卜肆魚塩之間者庶幾托公之翼摶風雲而上矣

白樓亭去縣西三里附城常稽門外白樓堰今廢

東武亭去縣二里二百七十步世傳龜山自東武飛來因以爲名

軒亭在府橋東宋時有樓名曰和旨以其便民飲也翟汝文爲郡時所創今廢

柯亭漢時名高遷亭去縣西三十里漢蔡邕避難於此仰見椽竹知有奇音遂取爲笛故名張騫文士傳曰蔡邕告吳人曰吾昔嘗遊會稽高遷亭見屋椽中東第十六根可以爲笛取用果有異聲今亭已廢爲柯橋寺 唐胡曾詩 一宿柯亭月滿天笛亡人没事空傳中郎在世無甄別爭得名垂爾許年

西園在縣治後宋守蔣堂置中有曲水閣流觴亭茂林亭後人又作望湖樓飛蓋堂漾月堂流盃巖右軍祠清真軒惠風閣列翠亭華星亭春榮亭夏陰亭秋芳亭冬瑞亭逍遥亭徘徊亭修竹隝數榮門形勝面山負郭元以後湮圯不存今惟池尚

在宋王十朋詩黎明出城郭偶作西園游春淺花未都池寒綠初抽湖山欲縱目煙霭浮不收初來興非淺心賞殊未酬賴有三君子清談洗牢愁更期春色濃携酒泛仙舟

小隱園

在縣西南鏡湖中四面皆水宋守楊紘與賓從遊故名中有勝奕忘歸翠麓三亭外有鑑中倒影二亭歲久淪於湖矣本朝王[illegible]詩楊公真吏隱政暇即湖山亭榭臨流起雲蘿陟蹬攀一朝辭郡去千古惜春閑遊客興懷處西風鬢易斑

雲壑

在卧龍之東嘉定中郡守汪綱剏建即宋時百花亭故址其側有清曠軒今俱廢

南林

在縣南吳越春秋范蠡在越見處女出於南林越王聘之問以劍戟之術

冬青穴

宋義士唐珏取元僧楊璉真伽盗發宋諸陵骨瘞天章寺前六陵各爲一函每陵樹冬青壹株以志其處又作冬青行云馬箠問髑形南面欲起語野麕尚屯束何物敢盗取餘花捨飄蕩白日哀后土六合忽怪事蜿龍掛茅宇老天鑒區區千載護風雨○冬青花不可折凉風吹花作香雪搖搖翠蓋萬年枝上有鳳巢下龍穴君不見犬之年羊之月霹靂一聲天地裂[illegible]

[illegible]詩冬青花花時一日腸九折隔江風雨清影空五月深山護微雪石根眞氣龍所藏尋常螻蟻不敢穴移來此種非人間曾識萬年觴底月蜀魂飛遶百鳥臣夜半一聲山竹裂○珠亡忽震蛟龍睡軒弊寧忘犬馬情親拾寒瓊出幽草四山風雨鬼神驚○一杯自築珠丘土雙匣猶傳竺國經獨有春風知此意年年杜宇哭冬青○空山急雨洗巖花金粟堆前起暮鴉水到蘭亭更嗚咽不知眞帖落誰家○喬山弓劍未成灰玉匣珠襦一夜開猶記去年寒食日天家一騎捧香來

國朝太師李東陽冬青行　高家陵孝家陵鱗骨盡蛻龍無靈唐義士林義士野史傳疑定誰是玉魚金粟俱塵沙何須更問冬青花微欽不返梓宮復二百年來空朽木穆陵遺骼君莫悲得葬江南一坏足

太史高啓詩　樓船載國沉海水金槌晝入三泉裡空中玉馬不聞嘶日落寢園秋色起魚燈夜滅隧戶開弓劍已出空幽臺髡胡暗識寶氣盡六陵松柏悲風來玉顱深注酡酥酒誤比戎王月支首百年帝寃泣穹廬醉骨飲寃愁不朽幸逢中國眞龍飛一函雨露江南歸環珮重遊故山月冬青樹死遺民非

千秋詭解鋼南山世運典亡反掌間起輦谷前馬蹄散白草無人澆麥飯○按輟耕録所載唐珏林景熈收宋諸陵骨事年月事實前後不同有紀事四絶句唐之傳林之集中各有載其詞則大同而小異陶九成謂唐所收者諸陵骨林所收者但高孝兩朝詩中有雙匣字得非林之詩而傳者誤入于唐傳中者乎故今載於林之名下其冬青花歌附于唐傳者二載于林集中者一詞皆不同今則各附于二公名下俾觀者有所辨也

望烏臺 昔越王勾踐入吴有丹烏夾王而飛故其霸也起望烏臺以表其瑞今温泉鄉十九都鏡湖傍山有望湖臺舊址或云即其處也

賀臺 按會稽舊志云在長湖山之西嶺有賀臺越王滅吴還而成之以志慶也故名

中宿臺 在縣界越絶云勾踐典樂中宿處也久廢

斬將臺 在縣西北四十五里塗山東禹東巡會諸侯於此防風氏後至築臺戮之以徇

福王府 在縣治東北蕺山之南宋理宗封弟與芮爲福王因築府以居之今廢

浦陽府 在縣西四十里唐書云會稽有府曰浦陽盖唐人之兵府也久廢

浴龍宫在迎恩門西虹橋北宋理宗母全氏家理宗童時嘗浴于此故名橋側有會龍石尚存

烏龍井在縣治內宋淳祐間趙與傑浚

鰻井在寶林山上舊傳有靈鰻出入井中正德間井尚有泉今涸宋林景熙詩雲根藏海眼靈物此中蟠吐沫晴巖雨陰飛夏木寒何年化龍去半日待潮看消長從誰問徵吟倚石闌

蛟井舊傳井有三蛟故名今人以爲温泉鄉銅井即是

丹井在縣北十八里梅山上世傳梅福煉丹于此故名元吳師道詩團團石甃冷蒼苔僊客雲遊竟不來寂寂斜陽巖甃底藥爐丹竈盡塵埃

陸太傅丹井在縣西北八里靈芝鄉法雲寺前少東太傅昔以直集賢院守鄉邦晚謝事居寺東魯墟故廬辟穀煉丹專汲此井十餘年容髮不衰丹已八轉忽變化飛去太傅乃洗爐鉢水飲之數日不疾而逝

浮丘公丹井去縣西一百二十里天樂鄉世傳浮丘公煉丹於此丹成僊去故名

何公井在雲門山西世傳梁何胤所居故名

半月泉在法華山巔天衣寺側泉隱巖下雖月圓時但見其半月

最爲佳勝唐李公垂有殿湧全身塔池開半月子泉之句紹興初僧法聰鑿開巖石名曰滿月

真泉 在梅山本覺寺上泉味甘寒廉博士布嘗爲書子真泉三大字

磨鏡石 會稽志云在鏡湖邊世傳爲軒轅磨鏡石石畔常絜不生蔓草

磨針石 在法華山舊傳曇翼誦經山中久無所得乃下山逢老姥磨針于石上遂感悟還入山脩業

富中大塘 越絕云勾踐治以爲義田致肥饒故謂之富十道志云勾踐以田肥美故富中都文選吳都賦富中之甿貨殖之選舊經云富中里是也

苦竹驛 唐劉長卿曉行次苦竹驛詩云故驛花臨道荒村竹映籬今去縣二十九里迎恩鄉有苦竹城故地疑昔唐時爲驛今廢

古塘 去縣西南二十五里晉太康謝輶築　本朝蕭鳴鳳詩　古塘環謝塢雲煙有深藏魚沿曲溪下鳥沒青天上想當虞夏初民跡土材獷中鄉饒稼穡儲湖度高亢象耕事已誕營居跡猶壯竭來齒髮凋山川日錯錫衣冠出林麓禾黍入深障拙巧何太殊淳澆來相望撫事懷夙昔乾坤一惆悵

抱姑塘 去縣西五十二里上

運鏡湖下接小江世傳塘刱始之時隨築隨潰一老嫗苦之赴水死其婦痛之亦赴水死抱姑屍而出於水中其去縣西三十五里越絶云勾踐塘遂成故名吴塘已滅吴使人築塘東西各千步名曰吴塘

亭榭

鎮東閣在縣治東北一里府治之左即舊子城鎮東門吴越王錢鏐時改名鎮東軍門宋元以來名鎮東閣明嘉靖元年燬於火四年知府南大吉復刱輪奐偉麗屹然爲東南巨觀越望亭在卧龍山巔嘉靖十五年知府湯紹恩建即望海亭故址亭之題詠有集會稽[illegible]之[illegible]越望亭奚爲作也存古也紹興古越地爲勾踐故區郡署依卧龍山山之冢嶺則亭所在也亭初名飛翼樓勾踐時范蠡所建歲久寢圯後人葺之名望海亭歲久復圯正德間猶餘石柱者四前守曳而仆之古迹遂泯篤齋湯侯自德安舉能治劇來涖于兹踰年政通人和乃及斯亭經工化材不浹旬

而亭屹然以完更名越望者以龍山爲一郡之望又前與秦望山相值也其名義與地斯稱矣蓋昔之稱勝槩者必於深山窮谷如所謂羅浮天台衡嶽廬阜乃皆在乎僻陋之鄉人迹所罕能至惟金陵錢塘二都會號爲盛麗然其占形勝治亭榭者亦必於郊野之外而好事者後得以爲已功未有直治城挾闤闠不踰庭闕而湖山林壑之美煙雲潮汐之變人物居邑之繁一寓目而盡得之徧行天下者無與此亭比頃傾圯堙没于榛莽間且千餘年前後爲守者不知其幾莫或詢及至侯而一旦復之遂冠絶于他邦雖博物辨口莫能窮其狀者傳曰賢者之興而愚者之廢非此類也夫於是郡之父老扶携聚觀其大夫士之能言者又形諸歌詩輯爲巨集諸僚佐春山孫君形齋周君誠齋葉君仰峯周君將刻以傳而屬予爲序予閱而歎曰詩人美復古斯亭也侯以古迹之所寓然且復而存之况古之善政善教有發于今者乎苟其職之所得爲與時之所可爲有弗究圖者乎然則斯集也豈徒以侈遊觀之勝將俾繼侯之理者即其細知其大也故不辭而書之侯蜀之安岳人諱[illegible]

恩字汝承篤齋其號嘗取
聖祖教民榜註釋刊行又有勸善書養蒙條訓皆教
令之著者肇建三江經宿閘尤有功于民云**吏部**
侍郎謝丕詩小亭着向卧龍尖東越爭傳勝事忝
八面奇靈環海嶽四時作息見閭閻星河炯炯仙
凡隔邐路蕭蕭吏隱兼欲攬莓苔尋舊跡重教杜
石聳遐瞻**知府湯紹恩詩**龍合兩江如鳳舞東来
越望氣氤氲千年王霸名山在萬壑風煙高閣分
參錯翠華羅綺帶平臨奎壁煥人文漫誇非為新
亭計憂樂關情答
聖君**同知孫全詩**龍嶠雄盤壓蠡城遶亭風景海天
清松蘿遺跡千年史薪膽垂名幾度鶯星斗摘來
雲氣爽江山望裏曙光平閭閻何處歡歌動擊壤
驚聞第一聲**通判周表詩**壽江東去越州亭主人
能詩亭亦清山名卧龍還棲鳳人在暈飛只聽鶯
立傍星辰天閣迥坐臨滄海島夷平蓬萊只隔階
前地時有飛僊玉簫聲**通判葉金詩**扳蘿直上最
高峯入望晴巒擁碧空海嶽平分玄圃界風雲近
際玉皇宮碑殘芳草嗟陳迹亭搆飛翬識鉅工勝
境慶興真有待龍岡從此益增雄**推官陳讓詩**亭

成越望俯松關襟帶甌吳六丰閑日浴桑泉雲外海江分南北浙東山卧薪露冷飄菰米刊木祠高垂宇宸自古會稽王霸地峯巒不盡意中看

兼山亭在縣治西北蕺山嶺嘉靖十五年知府湯紹恩椎官陳讓建以山居艮方故名

宅墓

江彪宅在縣東北一里太平寰宇記云郭北有江橋即江彪所居之地

許徵士宅去縣南三里許詢之父從元帝過江遷會稽內史因居焉皇甫冉詩有昔聞玄度宅門對會稽峯之句

孔車騎宅去縣西南四里今候山即孔愉所居地詳見山川志

王右軍宅去縣東北六里蕺山南麓戒珠寺即其故址今右軍祠尚在寺西或云此爲羲之別業剡縣有金庭觀乃其舊宅也宋朱晦翁詩因山盛啓浮屠舍遺像仍留內史祠筆塚近應爲塔塚墨池今已化蓮池書樓觀在人隨遠蘭渚亭存世幾移數紙黃庭誰不重退之猶笑博鵞時

嚴維宅

曆中維與鄭華裴冕等六人相賡唱名重一時其宅去縣北十五里名長史村維嘗自賦詩有云落木秦山近衡門鏡水通句故又云在鏡湖中未知孰是

施肩吾宅 唐時人舊志言在山陰而不詳其處

陳文惠公詩 幽居正想飡霞客夜久月寒蹤露滴千年獨鶴兩三聲飛下簷前一株柘

王奇宅 在縣東南櫳木巷内

道士莊 在鏡湖中與三山連接唐賀知章致政歸道自號黃冠道士因所居故得名

本朝夏煐詩 道士道士何許人四明狂客賀季真金龜解却共李白長安市上酣青春乞歸送別玄宗惜賢達應知罕儔匹無柰山林高尚心驅馬高車留不得鑑湖一曲剡川通好山隱映波瀲灩詔書特賜為臺沼一錢不必捐青銅盤盤第宅連雲漢歸來乞作千秋觀別營別業着閑身野服黃冠恒泮渙有時理棹向南汀忘機不令鷗鳥驚有時高卧北窗下手書一部南華經種菱種藕堪給食酒醞松花配鮮鯽一任姚崇解救時從教杜老能憂國千載遺蹤尚未湮經尋每嗟當世人髮鬖鬖白戴頭顱雪潦倒青雲說為貧

越王允常墓在縣南十五里木客山上越王句踐墓在縣南九里句踐子墓在縣南三十里夫山上按越絕世家句踐之後爲王子鼫與而庚子不得其名文種墓在縣西卧龍山麓越王勾踐既覇范蠡去之大夫文種未能去或讒於王王乃賜種劍死葬于此輿地志云潮水至越山失其屍世傳子胥乘潮取以去之今缺處是也【宋徐天祐詩】越種吳胥總可憐傷心賜劍兩忠賢浮丘無地埋靈骨却送潮頭嚙墓田陳音墓在縣西南五里今名陳音山音越王時善射者詳山川志灼龜公墓在縣南五里按越絕云勾踐客秦伊善灼龜者疑即其人而云其冢曰秦伊山者未詳按十道志云在龜山之下靈文園在縣境漢薄太后之父係郡人卒葬于此追封靈文侯故置園謝夷吾墓在縣治東北一里府治儀門下初夷吾將死囑其家曰漢末當亂必有發掘露骸之禍宜懸棺下葬府門下其家從之故墓獨存孔愉墓在縣二十九里即孔車騎郗愔墓在縣西南二十五里愔本高平人鑒

之子遂流寓於此　謝輶墓在縣西南三十三里晉太元中會稽內史　謝靈運墓在縣西南三十三里靈運死廣州歸葬於此　徐浩墓在縣南二十一里　賀知章墓在縣南九里其地因名九里墓在山巔鄉人呼爲賀墓　馬太守墓在縣三里鑑湖鋪西五步即漢守馬臻　康希銑墓在縣西三十里蘭亭舊有墓碑顏魯公撰并書宋郡守吳奎携去又康德言墓在離渚嬴石湖傍湖之得名以其墓上有石嬴載碑故云　魏惠憲王愷墓在縣東南三十里法華山天衣寺法堂故址王諱愷宋孝宗第二子也王嘗領雍州牧旣薨命厝紹興善地遣使較祭且視窆焉　陸潛墓在縣西南三十里黃枋嶺上　齊尚書執象墓在昌原　傅墨卿墓在縣西南承務鄉　宋脩撰煇墓在縣九里　朱提舉興宗墓在縣西南三十里苦竹村　王中書孝迪墓在縣九里　陳中書過庭墓在縣西南三十里黃枋嶺上　王特進俊

義墓在縣西六十里栖山西尚書佐墓附焉

司馬提舉挽墓在縣南五里亭山

呂顯謨正已墓在縣九里

曾文清公墓在縣南三十里秦望山道樹村

杜太師祁公墓在末昌鄉苦竹村本朝唐之淳詩蕭蕭隴頭樹下有祁公墓祁公宋良臣埋骨此其所野老向我言公生我鄉土三十中科名四十典州府五十任中外六十掌機務七十拜相公八十歸泉路為人仁且賢藏戢盡其度身終名不亡烜赫於竹素左右種松栢東西藝禾黍禾黍既離離松栢亦楚楚凡百我里人懷賢當繼武

孫威敏公沔墓在承務鄉

陸太保昭墓在承務鄉左丞之祖四世塋于此墓碑尚存

趙太師墓在承務鄉清獻公之祖與陸氏墓正相對墓碑亦存

唐右史閎墓在縣西南三十里蘭亭

李太尉顯忠墓在縣東南三十里法華山

石銀青元之墓在盛塘孫端中邢晳附

唐運使閎墓在縣西三十里古城

石提舉墓在縣南二

十里謝墅太師賀孝敏王士奎墓在縣東南三十里天衣寺法華山唐少卿墓在縣西二十五里蘭亭西邁里古思墓古思以紹興錄事司官掌總督越爲御史拜住所殺溺其首溷中公未死前三日有星大於盃盌墜鎮越門化爲石今墓在蕺山内本朝吳縣詩鎮越城邊將星墮蘭臺忽起蕭牆禍殘軍不領戰衣歸屍首那將革囊裹傍無石獸表無文至今不識誰家墳棠梨花開曉無踪墳頭高處羊成羣憶昔孤城臨大敵保全竟賴斯人力當時不見起祁連向後誰能錮陰宅百年陵谷儘如斯故老于今有口碑玄堂陰深土花碧萇弘寃血應淋漓唐蕭墓在縣南二十里赤土鋪鐳績墓在縣南三十里直步羅頎墓在梅山馬莊嘉靖十年知府洪珠立碑表墓白太守墓在縣西北一里許卧龍山之陰即知府白玉墓下有墓祠漏澤園在縣南七里崇寧三年二月有詔收瘞枯骨凡寺觀旅櫬二十年無親屬及死人之不知姓名及乞丐或遺骸暴露者今州縣命僧主之擇高原不毛之

土收塋名

湧澤園

山陰縣志卷第十一終

山陰縣志卷第十二

雜志下

寺觀　災祥

寺觀

大能仁禪寺 在縣南二里東西廣一百四丈四尺南北深六十丈總七十二畝有奇東晉許詢捨宅建廢復建號圓覺寺咸平六年賜名承天寺政和七年上后土號曰承天令天下僧寺皆改爲能仁寺蓋避后土號也故邑人爲大能仁寺元初燬至正年間重剏嘉靖二十年知縣許東望奏粮儲叅政婁示以每畝科糧一斗八升一合

小能仁禪寺 在縣治西北三里開寳六年觀察使錢儀建太平興國二年吳越給地藏院額大中祥符元年改名承天政和七年五月改賜今額

寳林寺 在縣南二里二百二十步飛來山麓宋僧慧基建會昌中毀廢乾符元年

重建因改爲應天寺晉僧曇彦與許詢元度同造甎木二塔未成詢云久之彦尚在梁岳陽王帥越至訪彦彦望而歎曰許元度來何暮昔日浮圖今如故遂握手入室席地王忽悟前身造塔之事由是益加壯麗宋乾德初僧皓仁建塔九層高二百二十丈號應天熙寧間灾毁郡守程師孟復拓舊址奏請賜名寶林尋改崇寧萬壽又改報恩廣孝又更名光孝紹興中復毁乾道末藻繪光盛置田五十餘畝大德中復燬至大四年再新一寺宇闢莊田構鍾樓至正間寺塔俱燬明永樂十一年僧善怤裔建嘉靖十七年僧鐵尾始成[illegible]端禮撰塔

記端禮奉詔來守會稽退食之暇登蓬萊覽秦望雲煙空濛天宇澄徹而屹然突兀隱顯於群山之間者寀堵坡也棱層九級高切星漢爲一方之壯觀訪其所以興建之始晉有沙門曇彦與檀越許詢元度同造甎木二塔於山之椒彦有神異天降法輪故有應天之號梁大同五年岳陽王帥越誌公謂王曰到越可見彦高行僧也王入境首訪師彦春秋七百甲子先一日語門人曰許元度來也衆罔然莫惻王舉至笑曰許元度來何暮昔日浮

圖今如故王曰弟子姓蕭名譽師何以許元要見呼遂握手入室以三昧爲被王忽悟前才造塔之事於是同力增度爲母氏寶林夫人奏[illegible]爲寶林寺唐光宅中舍利見又改名光宅寺遭會昌之厄至乾符再興更號應天寺後沙門皓仁重加修飾爲九層六面高二十有三丈隋寺額以應天名之旁有鍛井意神龍之所守護者本朝熙寧十年八月丙申塔與寺俱災迨給事中程師孟出守是邦重修之因奏請爲寶林禪寺期歲塔成勝前十倍崇寧二年改建崇寧萬壽禪寺正和元年奉詔改萬壽錫土田紹興七年太上皇追崇徽考改名報恩光孝禪寺累降德音依原行恩例蠲租賦抑配對且不許人居占九年四月十八日復火至二十三年僧法恭募緣再興始復其舊乾道辛卯歲五月會主僧闕府前宰相蔣公芾爲師聞哲公有聲叢林以書疏備禮邀請師惠然而來首以塔爲佛事得府民許賓等三十餘人宗師趙公士誠爲倡助成之命江陰僧知億以董其役於是佛殿山門廊廡經臺鍾樓翻蓋九層之塔衆工畢舉華絢壯麗甲於東南而又增塑諸天環塔設像金壁輪奐

極其新巧近世之所罕睹約用費一千萬緡二年而工畢亦可謂神速矣【唐方干詩】山捧亭臺郭繞山遥盤蒼翠到山顛巖中古井雖通海窟裏陰雲不上天羅列衆星依木末周回萬室在簷前我來可要歸禪老一寸寒灰已達禪【嚴維詩】福地華嚴會王家少長行到宫龍節駐禮塔鷹行成薄界千峯靜梅天一雨青禪庭未可戀聖主寄蒼生【齊廉詩】寶勢聳如龜簷牙照錦暈路盤危蹬入僧觸斷雲歸萬井分塵界千巖在目闔浮生任多事到此合忘機【宋杜衍詩】中懷無絆外緣閑深掩禪扉客到難勝境可曾飛錫去好山多秪捲簾看晝升講座天花落夜步吟軒海月殘今日逢師堪論道歸心愁思一時寬【王安石詩】飛來頂上千尋塔聞說雞鳴見日升不畏浮雲遮望眼秪緣身在最高層

大善教寺　在縣東北二里一百步中有七層浮屠梁天監三年民黄元寶捨地有錢士女未嫁而死遺言以奩貲建寺僧澄貫主其役未期年而成賜名大善屋棟有題字云天監三年歲次甲申十二月庚子朔八日丁未建唐開元二十六年改名開元後唐長興元年吴越武肅王别創開

元乃復大善舊名宋建炎中大駕巡幸以州治爲行宮而守臣寓治于大善及移蹕臨安乃復以行宮賜守臣爲治所歲時内人及使命朝攢陵猶館於大善乾道中蓬萊館成乃止慶元三年寺塔俱燬于火發其塔中地得石刻乃越州龍興寺宋太始元年唐太平元年造塔宋淳化三年復燬景德元年重建石刻中多斷闕不可盡諳龍興寺與龍興橋相近或謂提舉廨舍是也疑龍興塔既焚後人取瘞塔所葬舍利佛骨耳　國朝永樂元年寺僧重修寺塔復煥然云

至大教寺在縣北三里六十步元至大四年佛印弘教大師本立雪庭購石氏故宅建之咸祐中賜額曰至大報恩寺殿壁刻宋高宗御書詩尚存**有韓性所撰記**其畧曰至大報恩寺沙門弘教大師立公之所建也寺在越城之西北卧龍飛來諸山横列其前由寺門右出數十步踰河梁西南是爲會稽之通衢行旅憧憧不絶釋子之遊方若有事于白華山者必道於此立師欲接以憩息之地乃購石氏故宅撤其舊廬更創新宇殿堂門廡齋庖庾器種種畢具買田千畝以充饘飧之需買山五百餘畝以供薪

樵之用朝晡伏臘百爲之具不待外求而可以垂久寺成於至大改元之四年請於帝賜之名曰至大報恩之寺而俾余爲之記師越之上虞人姓趙氏本立其名雪庭其號云

戒珠教寺 在縣東北五里百四十七步戢山南晉右軍王羲之故宅或曰其別業也門外有鵞池墨池南百歩許有題扇橋即賣扇老姥所居之地寺初名昌安大中六年改戒珠其創始年所莫考陳大建二年有天竺僧辯博神異及死瘞山上其形數現後梵語其門人曰必爲卧像屋以壓之我則不現僧定光乃立卧佛像果不復現故又名卧佛寺宋熙寧中郡守程師孟與僧法雲遊于寺僧立成詩句曰行到寺中寺坐觀山外山側有竹堂雪軒泰宇閣皆一寺邸登覽之勝今惟寺與橋存餘皆廢宋王十朋詩九日重登古戢山勞生又得片時閑菊花今歲殊不惡蓬鬢去年猶未斑藍水楚山詩與裏鑑湖秦望酒杯間醉中同訪右軍蹟題扇橋邊踏月還

天王教寺 在縣東北六里二百步昌安坊戢山東麓寺後山壁刻字有曰唐景福元年歲在壬子准敕建節度使相國隴西公生祠

堂其年十二月十六日開山建立盖董昌生祠也昌敗祠廢後唐天成四年吳越王錢鏐夢神人求祠宇或言祠本古天王院有魚池因建天王院宋大中祥符元年七月改通教院天聖初避章獻明肅王后父名又改廣教院建炎末與開元寺同時燬于火紹興中院僧惠廸募緣再建佛殿西北隅山壁舊有陸少師題名石刻云虞駮元王源之吳廷瞻曹季明沈永道孫元禮陳志行陸元鈞自戒珠寺雪軒過草堂登上方尋徑到此政和八年三月二十八日元鈞題今剥落不存 國朝永樂元年僧道法復建堂宇今併屬戒珠寺

永福教寺 在縣西北一里許臥龍山之陰上有白郡守墓嘉靖二十一年知府張明道改刱白郡守墓祠

天衣禪寺 去縣南三十里許承務鄉地名法華山前有十峯雙澗寺多異花名曰杜鵑每歲盛開觀者兢集王十朋會稽賦云天衣杜鵑云晉義熙十三年高僧曇翼結庵誦法華經多靈異內史孟顗請置法華寺至梁惠舉禪師亦隱此山中武帝徵之不至昭明太子統遺以金縷木蘭袈裟遂以天衣名寺後有十峯堂堂之前有唐李

邕撰碑今斷石尚存宋淳熙七年王子魏惠憲王薨詔攢于山中設置衛守崇寧中振宗大師義懷大興法席置熹金爐以接四方來學元至正十八年燬于兵火　國朝洪武六年僧曇敷復建且圯嘉靖間僧德瓚重剏殿廡始復舊勝云唐李邕碑

邕畧曰昔者法王道開蜿山相現信是大事職非小緣順喻非多證入淵遠故以三界爲宅五濁爲家四生爲子六度爲門轉罥熱惱之衆延巢清涼之都僉茲在茲廣矣大矣法華寺者晉義熙十三年釋曇翼法師之所造也師初依廬山遠公後詣關中羅什早入禪慧光遂佛來與沙門曇學俱遊會稽覩秦望西北山其峯五連其溪雙帶氣象靈勝林壑虛閑營卜蘭若專精法華感普賢菩薩爲下俚優婆提攜子於竹筐寄釋種於蓬室及杲日初上相光忽臨乘香上漢師想望太息沈吟永懷葉公好龍已遇真物羅漢測佛獲了聖心太守孟覬以狀奏聞因以爲寺則知妙法者真如之正體蓮華者平道之假名是故宗厥經署厥榜了無量義成不住因至若高僧慧基邑人陳載皆踵武宗跡傳燈夢明或五性範堂或七寶嚴殿立普賢座

進蓮佛藍園足以發慧印啓玄門入位畢臻出家偕應或慧舉以徵或照明再造或簡文瑞像或武帝香爐寶翦吟風珠幡交露僧繇墨意晝長毫之妙光宫女綖功織大身之寶相百寶盈於九隅群經備於三藏所以神鍾警夜保賢聖之大居祥烏肅賓迓軒蓋之雲集登山而野曠心空浴水而垢除意淨性通七事戒總八關金杖五分優劣既等繪綵四色功德豈殊頂者亳州刺史前此邦別乘太原王公名法海廣大慧去煩惱之外謙德慈悲之內實起普賢臺一級寫法華經千部廣化人吏大啓津途即普賢臺立法華社地效其靈山呈其秀夫名者事之華碑者物之表其或表不立則瞻仰失容名不興則纘述無地願言刻石是用齊山其詞曰會稽南山秦望北寺高僧還住聖跡標寄耆闍比峯法華取義羣佛護持歷國檀施陸寶大來海珎攃萃幡影連珠象光發瑞臺壓龍首殿開烏翅松巘蕭疎竹澗蒼翠綱紀有光禪律不墜掾曹正直別乘仁智作爲碑板賛述名字

宋吳融詩

寺近五峯陰穿緣一徑尋雲蔵古殿暗石護小房深宿鳥連僧定寒猿應客吟上方應見海月出試

登臨【王十朋詩】稽山高入雲鑑湖潤浮空禹秦有餘跡晉宋多鉅公我來歲及周夢寐懷清風茲欣天氣佳扶桑欲曈曨駕言天衣遊盍簪盡鵷鴻經夕戒行李如期集仙宫聯騎出城南行行指秦峯千巖競吐秀眼界清無窮招提在何許十里松陰濃林端忽鍾磬與客爲先容羣簪擁花界雙珮鳴寒空試將比天台大畧如恩豐首讀邕浩碑妙理闕昏蒙細觀元白詩丘壑羅胷中蕭壁尚堪面梁薪幾經烘慈宫現有相禪客談無同朝陽最嶄絕白雲林其胷杜鵑天下無至今映山紅翼僧始開山道業開清衷惠舉詔不起高價傾江東袈裟縷黃金宫女自刲工昭明親抱送禮意何太恭白馬忽渡江臺城喪英雄國破遺衣在丹青落塵容我輩皆書生意氣飄如虹蠟屐共尋幽寧求香火功載酒懷賀老招隱思戴顒賦詩效吹臺一飯敢不忠況我賢使君德宇尤疎通楚體餉百榼白衣走山中嗟余何爲者天資愧倥侗謬與酒中仙偶同蕺山松同年妙詞章況有山水供古詩如古琴山高水溶溶背囊小奚奴捧硯長鬚僮勝遊與佳作二美今具逢品題徧群英波瀾及孤蹤搠水弄花

比擬何凡庸茲會如蘭亭同行類尚龍盛事在青史奚用呼書工元韓性詩春流雙澗深曉色十分陰勝地青蓮宇千年靜者心梵香入空翠鳥聲出幽林去路白雲蒲禪宮何處尋

天章禪寺去縣西南二十五里承務鄉地名蘭渚山王右軍蘭亭曲水遺址在寺側舊有右軍畫像及書堂宋元時尚存宋至道二年仁宗降御書特賜天章寺額紹興八年高宗降御書蘭亭序碑元季寺燬于火碑像猶在國朝永樂六年僧智謙重建寺宇舊有供應田千餘畝今漸鬻于民間本朝高應詩天章開淨界蘭渚即叢林法雨千巖潤慈雲萬壑陰境方華藏香域比鷲臺深章聖親書額奎光照古今

青蓮教寺去縣西南七十里溫泉鄉地名蓮華峯唐乾符二年僧圓鑑建號蓮華院治平三年改賜青蓮院

明因禪寺去縣西南一百里新安鄉地名夏履橋晉開運元年王承益捨地僧玄奘建號遇明院宋治平三年改賜明因院

融光教寺在縣西北三十里本名柯橋接待院舊傳柯亭即其地云宋紹興六年僧智性創後改名靈秘院元末燬

廢　國朝洪武十四年僧海印重建正統間賜經一藏搆重屋以貯之賜今額

法雲教寺　去縣治西北十里舊名王舍城寺久廢吳越王時復葺宋開寶七年改名寶成寺大中祥符中改今名　建炎初燬于火僧道亨及契彛復修元末燬廢　國朝正統初佛殿圮壞僧月澄宗順重剏

本覺教寺　去縣西北一十八里梅山即梅福隱居之所後唐清泰三年建號靜明寺有雲峯堂上有適南亭郡牧程師孟建陸左丞作記又有子眞泉碑記歲久剥落不可考

本朝續詩　梅福多年寺停橈試一來路緣青嶂入門對白雲開野蔓蔵仙井山茶薦客盃平生耽勝賞日暮未言歸

王安仁詩　春風吹畫舫載酒入青山雲散晴湖曲江深綠樹灣寺晚鍾聲急松高鶴夢閒夕陽催暮景老衲閉柴關

智度教寺　去縣西北五十五里後唐天成三年建周顯德元年改名薝檀宋大中祥符元年賜今額有江聲月色二樓　又有大樹軒慈雲樓經遠堂瑞竹軒幽勝可遊

安康教寺　去縣西北五十五里清風鄉地名安昌後唐長興元年僧安晉禪師建號安昌院

臨江寺去縣西六十里一名牛峯寺寺在山巔有峯屹然　本朝王守仁改爲浮峯[illegible]

劉基詩　天下干戈靖未能遇山佳處且須登日烘灌木啼黃鳥風動殘花落紫藤埋迹自非逃世士息心也愛坐禪僧一聲長嘯雲霞裏頭上蒼崖似欲崩

王守仁詩　洞門深藹鎖青松飛磴纏空轉石峯停虎踞崖如出匣斷螭蟠項訝懸鐘金城絳闕應無處翠壁丹崖尚有蹤天下名區皆一到此山殊不厭來重

福安教寺去縣西北五十里塗山東麓地名西余後唐長興元年建號資福院宋治平元年改賜今額

上方教寺在縣西北四十五里清風鄉上方山晉天福二年僧寧光建號上方院歲久頹圮　國朝洪武十二年僧弘深重建佛堂法殿

靈秘教寺在縣西北五十里馬鞍山之西北梁大同十年將軍毛寶捨宅建號靈秘寺元至正十八年燬于兵燹　國朝永樂元年僧法命重建

鷲臺教寺在縣西四十五里地名葑里晉乾祐三年僧一清建號重臺院宋治平三年賜今額

崇教禪寺在縣西九十里天樂鄉地名山西梁

大同元年僧大訥建尋廢周顯德五年鎮海指揮使薛温重建號新興塔院宋治平三年改賜崇教院東百步

普香教寺在縣西北五十三里禹會鄉有越王城地名前梅宋乾德三年建開寶三年吳越王給觀音普開院額開寶六年改今額歸併寶林寺

集善教寺在縣西北四十五里地名蜀阜宋太平興國元年里人馬氏捨地能法師建元皇慶二年燬于火泰定二年重建至正十五年復建圓通閣元程文撰記畧曰按郡志山陰集善院宋太平興國七年建去縣二十五里今以舟行驗之其數幾倍在錢塘江上江北有山數仞狀類覆釜古傳自西蜀飛來故名蜀阜亦載郡志或曰此山孤起特立本名獨阜曰蜀訛耳院今改寺俗以地名故又稱蜀阜寺其開山僧日惠能死之後七十餘年僧曇晝稍遷其寺于西七百步即今址僧遠師又大割土田發帑藏以佐晝於是寺業寖廣徒衆益盛入皇慶癸丑不儆于火一夕而燼寺僧失業常住田五十畆不足以興寺久之有起而號于衆者曰我輩皆浮屠子豈可視廢墜而不舉衆是其言相與募金帛財賄集土

木庵石鳩工僧徒斬草萊正方位且營且搆積三十年而後殿堂門廡次舍悉復其舊又建圓通之閣于大殿之後余嘗登閣而四望塗山挹其東航塢拱其西前延鑑湖後倚錦江亦一方之勝也考古人之遺跡念王伯之既遠江山如故風景不殊使人慨然以悲既而神凝情釋憑闌徙倚仰攀行雲俯視飛鳥極幽遐之目空得喪之懷則又爽然自失矣殆不知閣之高身之寄也蓋山陰得蜀阜而勝蜀阜得寺而加勝寺得閣而勝甲於一方浮屠氏之卓錫養道于此固其所哉然而僻介郊野嘉蹟罕聞垂四百年庭無碑碣余故為追述其大槩而記之

本朝唐龍詩　同登梵閣孤往事問浮屠山色元來蜀江聲直到吳風簷鈴半落雨壁畫全無萬法皆空寂何須起嘆吁

廣福教寺在縣西三十五里地名壽勝埠初僧思純建宋治平四年賜壽勝院院額紹興三十二年改廣福院元季燬于兵火國朝洪武十五年僧得悅重建

延福教寺在縣西六十里新安鄉牛頭山之麓晉天福三年建宋開寶六年給安國院額大中祥符元年改賜延福院建炎中廢于火紹

興五年重建景德初陸太傅軫嘗肄業于此寺西北隅舊有陸太傅書院今廢

慶壽教寺在縣西六十五里地名烏石宋開寶七年僧思順建號烏石院大中祥符元年改賜慶壽院元至正十一年燬于火國朝洪武二十三年重建

延壽教寺在縣西八十二里地名江塘後唐天成四年僧思華建號普安院宋大中祥符元年改賜今額

等慈禪寺在縣西一百十二里天天樂鄉晉天福三年僧道山始建號天長院宋大中祥符元年改今額

興教寺在縣西一百十六里晉天福五年僧祖印建號興善院治平三年改賜今額

本朝謝肅詩

逍遥尋古剎寂寞見群峯好竹無人掃文花對客紅雲垂僧院白雀下佛壇空興盡方歸去春山落照中

王楚詩

古栢寒松是處逢門前山色倚層空老禪定後談玄寂一樹桐花落午風○勝遊清興竟如何翠濕荷裳露氣多試問禪心與僧臘古松無恙水無波

寶嚴講寺在縣西一百二十五里天樂鄉晉開運二年建漢乾祐元年吳越王給清化純一塔院額宋大中祥符元年改賜今額資

靜教寺在縣西一百四十里晉開運二年僧文遠建號延壽院宋治平三年改今額

戒定教寺在縣西北五里迎恩鄉　先名虹橋接待院宋紹興五年僧法宥建　國朝洪武十一年僧添育重修

崇福教寺在縣西北五十里地名錢清末建隆中建號浴堂院乾德二年改法水院大中祥符八年改崇福院元季燬于火　國朝洪武十四年僧仲芳重建

院社教寺在縣西三十五里地名阮社唐乾符三年僧守中建元季燬于兵燹歸併柯亭靈秘寺

琴峯禪寺在縣西南三十五里宋紹定五年吳越錢王后捨地僧道益建號琴峯寺歸併崇福寺

彌陀教寺在縣西三十里梅市鄉地名福嚴元泰定元年僧普吉創敕賜前額元季歸併柯亭靈秘寺

香林教寺在縣西四十五里地名興塘漢乾祐三年建號寶林院治平三年改今額元季燬于火歸併廣福寺

永興講寺在縣治西北四十里温泉鄉地名黃山晉天福八年僧紹澄建歸併青蓮寺

慈恩教寺在縣西一百二十二里後唐長興二

年謝君彥捨地建晉天福七年吳越給永安院額宋大中祥符元年改賜今額歸併延壽寺

惠悟教寺在縣西一百二十里天樂鄉地名黃灣周廣順元年建號全悟院宋治平三年改今額國朝永樂元年重建改觀音堂歸併資壽寺

報恩講寺在縣西一百二十三里天樂鄉地名麻溪宋乾德四年賞珎捨地建號彌陀院宋大中祥符元年改賜報恩院元季燬于火國朝洪武十三年重建歸併寶嚴寺報恩寺有二一在縣西三十五里唐乾符三年建崇寧五年重修

資教寺在縣西一百二十里天樂鄉晉天福七年建吳越王給城山院額宋大中祥符元年改賜今額國朝洪武中重建法堂佛殿

廣利講寺在縣西一百二十里清化山宋開寶九年柳公訓捨宅建吳越給清化西塔院額太中祥符元年改賜今額歸併寶嚴寺

安隱教寺在縣西北一十里隋開皇十三年建後唐高伯典重葺號安養院宋治平三年改賜今額歸併戒定寺

保安教寺在縣西北五十一里禹會鄉晉開運元年建號保寧院宋治平

三年改賜今額歸册延福寺**廣濟教寺**在縣西北五十五里禹會鄉晉天福六年建號聖壽院開運元年改嘉宥院宋大中祥符元年改賜今額**寶積禪寺**在縣北二十八里巫山鄉先名三江王山觀音堂宋乾道元年僧用欽請額大慶及廣顯教院元季燬于兵火**隆興教寺**在縣西七里靈芝鄉宋泰始元年建號香嚴寺唐改爲中興寺會昌五年毀廢宋大中祥符二年廢爲提舉司乾道五年改賜今額**花徑教寺**在縣西南二十五里迎恩鄉元大曆二年建**寶壽講寺**在縣西一百二十里天樂鄉唐貞元三年僧純一建周廣順三年吳越給永豐院額宋祥符初改賜今額**長壽禪寺**在縣東北二十五里感鳳鄉晉天福六年鄮彥超捨地僧法義建周廣順二年吳越給願果院宋大中祥符元年改今額**大慶尼寺**在縣南三里雲西坊晉永康元年建宋大中祥符元年增修元以來久廢**觀音院**在縣西北三里宋乾道九年民沈安中捨地建今廢**興教院**在縣南十五里承務鄉晉天福四年建號

道林院即烏窠禪師道場宋治平二年改賜今額久廢

奉聖院 在縣南二十五里承務鄉唐開元十六年建號戒檀院漢乾祐間改建明恩院宋大中祥符初改今額久廢

華藏院 在縣西南二十五里承務鄉唐咸通四年建號華嚴院宋治平三年改今額久廢

顯慈資慶院 在縣西南三十里承務鄉宋皇祐五年孫威敏公奏建墳寺改賜院額久廢

寶壽院 在縣西三十五里迎恩鄉唐大順三年建宋天禧初改建清化院景德初改今額久廢寶壽院有二一在縣西一百二十里唐貞元三年建周廣順三年給永豐院額大中祥符二年改賜今額

普嚴院 在縣西一百二十七里元至正初僧善至建

天妃宮 一在水溝營一在鐵甲營一在線場營一在塔下營

東嶽行宮 在縣東北三里宋大統二年邑人全少保捨地道士林虜茂建

開元宮 在縣東南二里許唐開元二十八年建即六十甲子殿宋時已廢

熒惑宮 在縣東北大節祠左嘉靖二十一年知府張明

道以陞考廟改勅、祐聖觀在卧龍山東麓前瞰箪醪河岸側有則水牌嘉靖二十年知府張明道改勅大節祠王瑞應宮在縣西北十里宋皇慶間建元至正己亥燬于兵燹雷殿在卧龍山上府城隍廟東玄帝殿舊在蓬萊閣下郡守汪綱移建卧龍山上崇善王祠前崇善王祠在卧龍山上吳越王錢鏐所建梁貞明三年封山神爲崇善王敕牒鏐自列其銜于後劉真君行祠在縣東南三里許宋淳熙間郭壽隆建太清蓬萊道院在縣東北六十步卧龍山麓元延祐三年邑人孟成之捨地道士張玄悟建明嘉靖十六年知府湯紹恩改名太乙仙宮二十一年知府張明道復題其額曰紫陽道院玉虛道院在縣東南二里元大德四年道士呂雷山建弘治間道士馮廸玄增修治平道院在縣東南三里元大德四年里人温平捨地道士徐仙翁建鮑府君廟舊在陽堂山東北嘉靖十六年知府湯紹恩改建於能仁寺西越武陵

王廟在謝公橋北祀梁武陵王紀嘉靖間知府洪珠改建社學

祠山大帝廟在府橋東宋時所建神張姓敦名佐禹治水有功土人思之立廟以祀

都土地廟在縣東北澄清坊如坻倉東一在戒珠寺前

五顯廟在縣治東南五顯坊內

關王廟在縣南教場內一在縣東南紫金坊內

龍口廟在鎮東閣之側

英濟侯王廟去縣東北三十三里陡門閘上邑人建以祀宋漕運官張行六六五者嘉靖十六年知府湯紹恩築三江閘以神有捍海功復立廟於新閘堤上內有湯太守生祠閘成民戴其功立祀之

靈惠侯廟在秦望山之麓去縣南三十里

聖姥廟去縣西南三十里

梛姑廟去縣西十里胡桑埭之東前臨鏡湖蓋湖山勝絕處也

靈助侯廟去縣西五十里錢清鎮上

銅井瑞澤龍王廟去縣西五十里

天妃廟去縣西北十五里

景氏二廟去縣西九里

感聖侯廟去縣西北二十里感聖湖上詳山川志

葛玄廟在縣

靈芝鄉大葛村**昭澤侯廟**去縣西南七十里溫泉鄉其神姓宋本富陽鉅族生有神靈成化間溫泉鄉多虎患故建**謝尚書廟**在離渚埠去縣西南三十五里**虞山廟**在夏履橋去縣西七十里**防風廟**去縣北二十五里禹戮防風此其遺跡**項羽廟**去縣西南三十里項里溪上詳山川志**福順王廟**在縣西北七里**贊禹龍王廟**在縣南二里

蛾眉庵在縣東北一里蛾眉山上**集慶庵**在縣西一里臥龍山下王公池側宋咸淳五年僧法雨建**圓覺庵**在縣西一里臥龍山麓元大德三年建**清涼庵**在縣西半里許**顯慈庵**在縣東南半里許**捨子庵**在縣南三里**覺道庵**在縣西一里臥龍山麓元大德三年僧浮耆建旁有三汲泉**石室庵**在縣北二里晝錦坊元至正二十五年建**妙心庵**在縣北三里新河坊宋咸淳十年建**淨聖庵**在縣東南一里許

净明庵在縣北四里許紅蓮庵在縣北四里許今廢奉貞庵在縣東北四里大乘庵在縣東南二里今改爲土穀祠市門庵在縣東南二里雲西庵在縣東南三里琶山庵在縣南八里許承務鄉宋乾道六年僧仕育建朱儲庵在縣北二十里感鳳鄉宋延祐二年建清遠庵在縣東北二十一里感鳳鄉地名石泗宋乾道二年待制陸佃捨地僧志誠建巳上三庵歸併寶林寺石宕庵在縣西九里迎恩鄉地名九里宋乾道五年僧惠明建積慶庵在縣北十五里靈芝鄉宋紹興二十年建湖山庵在縣西南十里迎恩鄉宋咸淳二年僧善維建巳上歸併戒定寺稽山庵在縣南十里承務鄉宋嘉定十年僧智惠建何山庵在縣南五里承務鄉上坊庵在縣南四十三里承務鄉宋咸淳六年僧一大建巳上歸併大善寺清秀庵在縣南十里承務鄉宋嘉定十五年董仕義捨地建今歸併至大寺峽山庵在縣西南二十里迎恩鄉元至正五年僧智惠

建今歸併大能仁寺盤峯庵在縣西南五十里温泉鄉國朝洪武二年里人惠生捨地僧文顯建今歸併天章寺清淨庵在縣西南七十里温泉鄉地名寨口宋元祐七年劉氏捨地僧法惠建今歸併青蓮寺湖門庵在縣西北三十里宋咸淳三年包氏捨地僧惠登建道堂庵在縣西北三十里梅市鄉地名福嚴宋咸淳二年建已上歸併柯橋寺道林庵在縣西七十里新安鄉宋淳祐二年曹宗榮捨地僧道林建清惠庵在縣西七十里新安鄉宋咸淳二年建深雲庵在縣西七十二里新安鄉元元統三年建圓明庵在縣西七十里新安鄉元至元六年建靈峯庵在縣西七十五里新安鄉地名珠鼎尖元至順二年建已上歸併明因寺清隱庵在縣西一百二十一里天樂鄉地名金竹嶺元天曆元年建萬善庵在縣西一百二十五里天樂鄉宋延祐二年建已上歸併等慈寺資福庵在縣西二十里梅市鄉宋咸淳二年建興浦庵在縣西北二十六里梅市鄉宋

咸淳三年建蟾山庵在縣東北二十五里感鳳鄉宋咸熙十六年建崇慶庵在縣東北二十五里感鳳鄉元至正元年建泡瀆庵在縣東北二十里亞山鄉宋建炎二年建永仁庵在縣東北十七里梁家庵在縣西北二十五里澄心庵在縣北十五里感鳳鄉元至正二十五年建

成家庵在縣西北二十二里梅市鄉宋咸淳元年建巳上歸併上方寺

災祥

漢永建六年彗星出于斗牽牛是年海賊浮于會稽

熹平元年十月熒惑入南斗斗爲吳越分是歲會稽許昭等聚衆自稱大將軍攻破郡縣

魏正始元年十月乙酉彗星見長二丈拂牽牛犯太

自是歲越大喪

晉

太康四年壬辰境內蟹化爲鼠食稻幾盡

義熙三年戊申若耶山有五色雲見是年丁未山陰地陷方四丈有聲如雷

大和元年六月火燒山陰倉米數百萬斛居民數千家

三年造縣倉得二大船船內並實以錢鑿者馳白官司恭遣人防守甚嚴旦發之船中竟空惟錢跡而已

唐

天寶三年乙酉山陰移風鄉產瑞氏後柳宗元因出瑞氏圖作

頌曰臣某等今日内出浙東觀察使賈全所進越州山陰縣移風鄉産瑞瓜二實同蔕圖示百寮者寶祚維新嘉瑞來應式彰聖化克表天心臣某等誠慶誠賀頓首頓首伏維皇帝陛下保合太和緝熙黎庶馨香上達淳化旁行嘉瓜發瑞來自侯服質惟同蔕見車書之永均地則移風知化育之方始雖七月而食豳土歌王業之難五色稱珎東陵詠嘉瓜之會未聞感通若斯昭著者也臣某等遭逢聖運親仰珎圖忻蹈之誠倍百恒品無任慶忭之至

大曆二年水灾

貞元二十一年夏鏡湖竭山崩

元和十二年水害稼

咸通元年乙卯夏六月有星隕境内光起丈餘狀如蛇

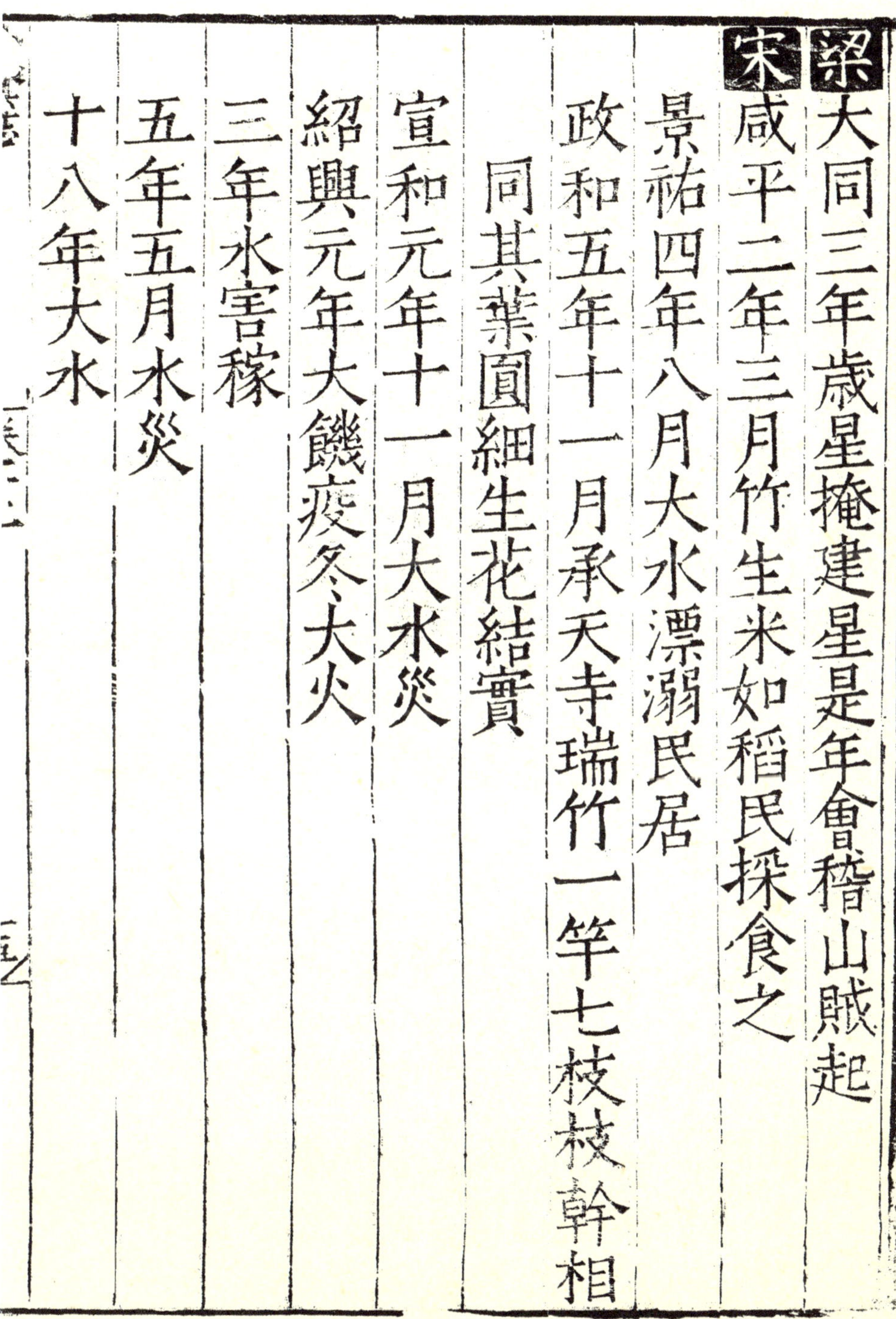
梁大同三年歲星掩建星是年會稽山賊起
宋咸平二年三月竹生米如稻民採食之
景祐四年八月大水漂溺民居
政和五年十一月承天寺瑞竹一竿七枝枝幹相
同其葉圓細生花結實
宣和元年十一月大水災
紹興元年大饑疫冬大火
三年水害稼
五年五月水災
十八年大水

十九年大饑
二十年大水流民廬舍淹没者數百人
隆興元年八月大風水災
乾道四年七月大水
慶元三年九月水害稼
嘉定二年境内大水漂民居五萬餘家壞民田十
萬餘畝
六年水災
九年大水没田廬害稼
十五年大水衢婺徽嚴暴流與江濤合圮田廬害

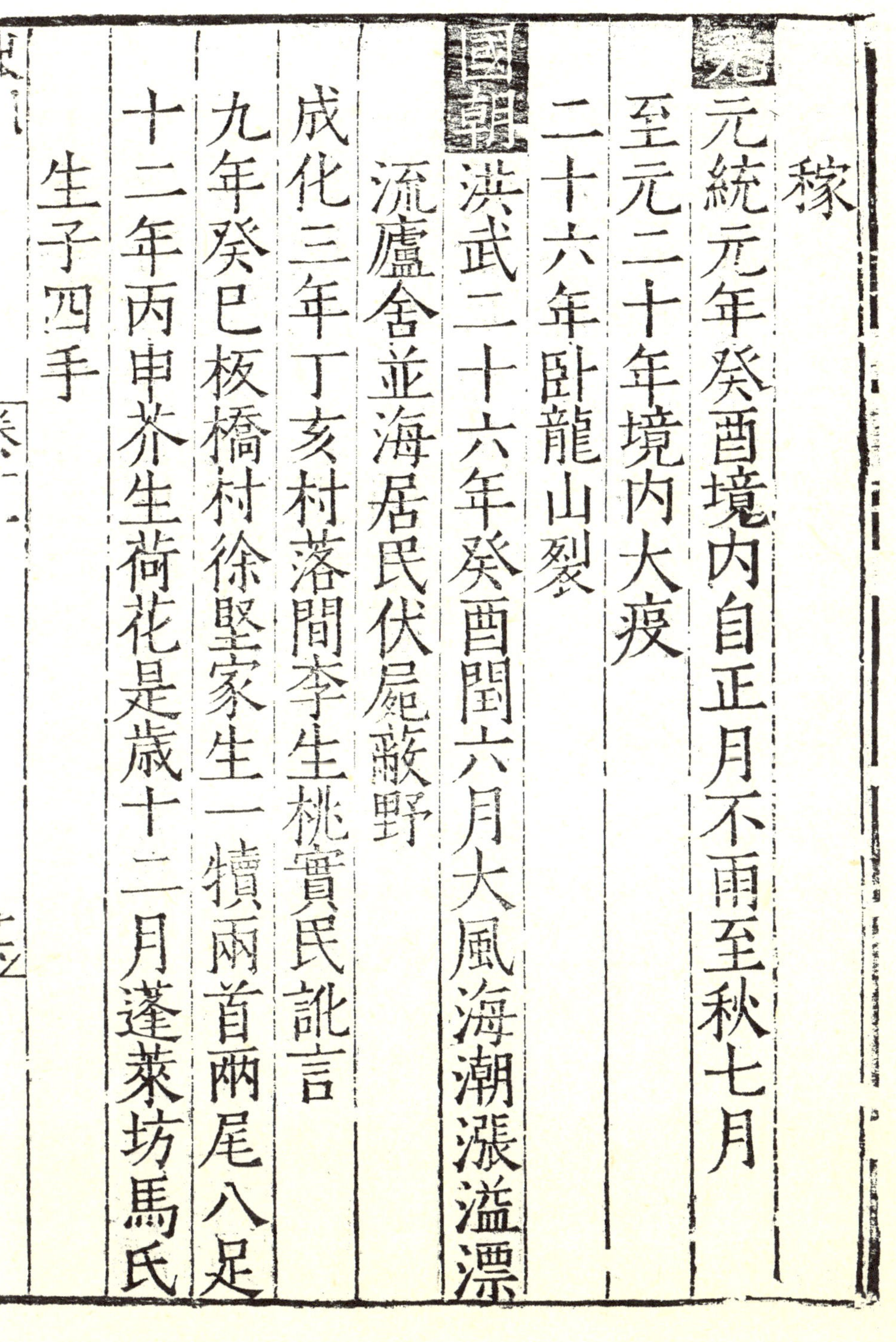

稼

元 元統元年癸酉境内自正月不雨至秋七月

至元二十年境内大疫

二十六年卧龍山裂

國朝 洪武二十六年癸酉閏六月大風海潮漲溢漂流廬舍並海居民伏屍蔽野

成化三年丁亥村落間李生桃實民訛言

九年癸巳板橋村徐堅家生一犢兩首兩尾八足

十二年丙申芥生荷花是歲十二月蓬萊坊馬氏生子四手

十三年丁酉春村落李樹生梔是歲隆興橋范某家杏樹開花四種夏六月大風海水溢害稼福嚴夏瑄家庭中血濺地上高可二尺廣二尋有司聞于　朝遣官致祭南鎮以禳之

十七年癸卯民間訛言有黑眚自杭州至閭里皆驚逾月而息

十八年地震

正德元年民間驚有怪物夜入人家爲妖彌月不止其實旱魃也

二年颶風大作海水漲溢頃刻高數丈許並海居

民漂没男女枕藉以死者萬計苗穗淹溺歲大歉

嘉靖三年二月地震大歉米斗一錢四分

十八年夏四月有魚涸于海際數拾餘民操其肉啖之獲異物如黿狀不閱月大水衢婺嚴暴流與江濤合決堤灌于河倏入城高丈餘並海居民淹没伏屍蔽野

二十一年八月天裂有光如電

縣掾王廷臣書梓監刻

山陰縣志卷第十二終

刻山陰縣志跋

許子曰志者史之流也故事尚核辭尚典法當備而不繁記繁而志寡君子病之爲其矜浮華騁奇詭文勝而意不傳也予爲斯志有直陋而無虛飾有闕文而無妄臆文雖不雅馴而邑之大致可考矣民治所關君子或有取焉客曰世徵良史善志實稀百年以來廢鈌不修豈無哲人蓋難之也子斷之專而成之亟也其無可訾乎許子曰無飾之素繪者因焉未雕之木匠者馮焉予之爲是也繼廢鈌而存其名迹俾後來者藉以爲質也已雖徵